業種別文書実例から**学ぶ**

印紙税の

課否判断 と 実務対応

監修 **小林 幸夫**
共著 **佐藤 明弘・宮川 博行**

税務研究会出版局

は　し　が　き

　印紙税は、日常の経済取引等に伴って作成される各種の文書のうち、法に規定する特定の文書を課税対象として、その課税対象となる文書を作成した者が課税文書に所定の収入印紙を貼付して納付する「自主納税方式」を採用しています。

　このため、各種の文書を作成した場合には、果たしてその文書が印紙税の課税文書となるものか否かの判断（課否判断）も、文書を作成した者が自ら行う必要があります。

　しかしながら、最近における経済取引の複雑化、広域化や、IT 化などに伴う事務処理方式の変更等もあって、文書の様式や形式、作成形態も多種多様なものとなり、課否判断に苦慮する文書が多くなってきています。

　また、印紙税調査において不納付が指摘された事例をみますと、現場担当者の知識不足などもあって課否判断が適切に行われていなかった事例や、階級定額税率が適用される文書の記載金額のとらえ方に誤りがあった事例などが多く見受けられているところですが、上記のように課否判断に苦慮する文書が多くなっていることも、不納付文書の指摘要因としてあげられるのではないかと考えられます。

　そこで、本書では、各業種において作成される文書実例の中で課否判断が比較的難しいものや、印紙税調査において指摘のあった文書実例をいくつかピックアップして、これらの文書の課否判断のポイントや、不納付となった要因や本来あるべきであった対応といった点などにも触れながら、印紙税の基本的な考え方とともに、課否判断に当たっての実務上の留意点などについて解説しています。

　なお、第 2 章の業種別実例における解説では、極力、総論でのポイントが、各業種ごとに一覧して理解できるように（関係箇所をあちこちひ

もとかなくて済むように）記載を工夫しております。

　このため、全体を通して重複する部分もいくつか散見される内容となっていますが、あらかじめご容赦いただきたいと存じます。

　本書が、印紙税の実務に携わる方々の参考となれば幸いです。

　　令和元年7月

　　　　　　　　　　　　　　　　　　　　編者代表　小林　幸夫

目　次

第1章　印紙税の課税範囲と課税文書に係る基本的な取扱い …………………… 1

1 印紙税の性格と課税範囲 ──────────── 2

2 課税文書に係る基本的事項 ──────────── 3

（1）課税文書とは　3

（2）課税文書に該当するかどうかの判断　7

（3）他の文書を引用している文書の判断　8

（4）一の文書の意義　11

（5）仮契約書、仮領収書などの取扱い　11

3 契約書に係る基本的事項 ──────────── 12

（1）契約書の意義　12

（2）契約書の写しなどの取扱い　13

（3）予約契約書　13

（4）申込書、注文書、依頼書等と表示された文書の取扱い　13

（5）契約当事者以外の者に提出する文書の取扱い　18

（6）変更、補充、更改契約書の取扱い　19

4 文書の所属の決定 ──────────── 21

（1）単一の事項が記載されている文書　21

（2）2以上の号の課税事項が併記又は混合記載されている文書　21

（3）2以上の号の課税事項を記載した文書の所属の決定　22

（4）変更、補充、更改契約書の所属の決定　27

5 記載金額　29

（1）契約金額の意義　29

（2）記載金額についての具体的な取扱い　31

6 課税標準と税率　42

（1）本則税率　42

（2）税率の軽減措置　42

7 納税義務者と納税義務の成立　45

（1）納税義務者　45

（2）一の文書に同一の号の課税事項が2以上記載されている場合の
作成者　45

（3）一の文書が2以上の号に掲げる文書に該当する場合の作成者
46

（4）取引の仲介人等の納税義務　46

（5）納税義務の成立時点（作成の時）　46

（6）課税文書の作成とみなす場合　47

（7）課税文書を国等と国等以外の者が共同作成した場合のみなし規
定（法4⑤）　49

8 納付手続　50

（1）印紙納税方式による場合　50

（2）申告納税方式による場合　51

9 過誤納金の還付と充当　52

目　次　　v

（1）過誤納金の確認　52

（2）過誤納金の還付を受ける方法　52

（3）過誤納金の充当　53

10 納税地 ────────────────── 54

（1）印紙の貼り付けにより納付する文書　54

（2）税印の押なつにより納付する文書　54

（3）印紙税納付計器により納付する文書　54

（4）申告納税方式によって納税する文書　54

11 過怠税 ────────────────── 55

（1）過怠税制度の趣旨目的　55

（2）過怠税の性格　55

（3）過怠税の賦課徴収　56

（4）申告納税方式に対する過怠税の不適用　56

第2章　主な業種別文書実例から学ぶ 課否判断と実務対応 ………… 57

1 各業種共通 ────────────────── 58

事例 1-1 調査業務委託契約書　58

事例 1-2 調査委託等契約書　62

事例 1-3 市場調査委託契約書　64

事例 1-4 研究委託契約書　66

事例 1-5 注文請書（据付工事の伴う機械装置売買契約）　68

事例 1-6 注文書（取引基本契約書に基づく注文書）　75

事例 1-7 注文書（見積書等に基づく注文書）　81

事例 1-8 警備請負契約書（電子契約書）　84

vi　　目　次

事例1-9 警備料金変更覚書（原契約書が電子契約書に該当する場合の契約金額の変更） 88

事例1-10 外国で作成される契約書 94

事例1-11 給油契約書（一般社団法人との契約書） 97

事例1-12 産業廃棄物の収集・運搬等に関する契約書 101

事例1-13 産業廃棄物処分に係る委託料の支払方法等に関する覚書 106

事例1-14 運転資金の消費貸借確認書 109

事例1-15 債務承認弁済契約書 111

事例1-16 ビル賃貸借契約書 115

事例1-17 建物賃貸借予約契約書 118

事例1-18 設計委託契約書 120

事例1-19 協定書（自動販売機設置） 124

事例1-20 契約上の地位承継覚書 127

事例1-21 消費税率引上げに係る変更契約書 130

2 製造業 ———————————————————————— 140

事例2-1 駐車場システム売買契約書 140

事例2-2 覚書（取扱数量とリベート支払契約） 143

事例2-3 商品別契約数量通知書 147

事例2-4 注文請書（特注品） 150

事例2-5 大型機械の売買契約書（その1） 153

事例2-6 大型機械の売買契約書（その2） 157

事例2-7 納品計算書 160

事例2-8 仕入単価決定書 163

事例2-9 加工注文書 166

事例2-10 見積書に基づく注文書 170

目　次　vii

3　卸売・小売業 ——————————————————————— 175

事例 3-1　仕切書　175

事例 3-2　指定商品一覧　178

事例 3-3　売上代金受取通帳　182

事例 3-4　リベート支払に関する覚書　186

事例 3-5　販売奨励金に関する覚書　190

事例 3-6　配送センター伝票（お客様控え）　193

事例 3-7　電気製品工事お承り伝票（お客様控え）　197

事例 3-8　時計修理承り票　199

事例 3-9　オーダー洋服のお引換証　202

事例 3-10　保証書兼計算書　205

事例 3-11　領収書（レシート）〔クレジットカード決済〕　207

事例 3-12　領収書（レシート）〔デビットカード決済〕　210

事例 3-13　領収書（レシート）、キャッシュアウト明細書（デビット
カード取引）　214

4　建設業 ——————————————————————————— 217

事例 4-1　建設工事請負契約書　217

事例 4-2　建物設計及び建築請負契約書　222

事例 4-3　契約書（細目協定）　225

事例 4-4　ビル建設注文書　229

事例 4-5　工事提携契約書　235

事例 4-6　請負契約変更契約書（契約金額の変更）　238

事例 4-7　見積書（承諾書）　242

事例 4-8　工事発注書（正契約書）　245

5　運送業 ——————————————————————————— 248

viii 目次

事例 5-1 送り状（兼貨物受取書） 248

事例 5-2 送り状控え（荷送人用） 253

事例 5-3 貨物受取書 255

事例 5-4 貨物引受書 257

事例 5-5 定期傭船契約書 259

事例 5-6 傭船料協定書 262

事例 5-7 車両賃貸借契約書 265

事例 5-8 運送契約単価変更覚書 268

6 ソフトウエア業 ——————————————— 272

事例 6-1 ソフトウエア等開発委託業務基本契約書 272

事例 6-2 プログラム等開発業務委託基本契約書 277

事例 6-3 システム開発委託契約書 280

事例 6-4 ソフトウエア保守契約書 283

事例 6-5 ソフトウエア OEM 契約書 289

事例 6-6 サイバーモール出店契約書 292

事例 6-7 バナー広告掲載契約書 296

事例 6-8 プログラム著作権譲渡契約書 299

事例 6-9 作業単価確認書 301

事例 6-10 保守条項を含む電子計算機等賃貸借契約書 305

7 金融業 ——————————————— 308

事例 7-1 受入通知書 308

事例 7-2 仮預り証 312

事例 7-3 保証審査結果通知書 316

事例 7-4 保証についてのご通知 319

事例 7-5 外国紙幣売買契約書 321

事例 7-6 ローンご完済のお知らせ 325

目　次　　ix

事例 7-7　入出金明細証明書（無通帳扱い）　329

事例 7-8　振込金受取書　331

8　不動産業 ──────────────────────────── 335

事例 8-1　土地売買契約書　335

事例 8-2　不動産売買契約書（売買物件の面積を取り決める契約書）　340

事例 8-3　覚書（不動産売買物件の平米単価を取り決める覚書）　342

事例 8-4　仮契約協定書　345

事例 8-5　土地交換契約書　348

事例 8-6　土地売買契約変更契約書　351

事例 8-7　土地売買契約書の写し　355

事例 8-8　土地購入資金消費貸借契約書　359

9　飲食その他のサービス業 ──────────────── 362

事例 9-1　御精算書　362

事例 9-2　ご宴会承り書　366

事例 9-3　警備に関する覚書　368

事例 9-4　ツアーご予約確認書　372

事例 9-5　宿泊受付通知書（案内書）等　374

事例 9-6　旅行申込金預り証　378

事例 9-7　エレベーターメンテナンス契約書　381

事例 9-8　メンテナンス契約の変更契約書　384

参考資料　「契約形態別の各種文書の課否判定」⋯⋯⋯⋯⋯⋯ 389

法令集 ⋯⋯⋯⋯⋯⋯⋯⋯⋯⋯⋯⋯⋯⋯⋯⋯⋯⋯⋯⋯⋯ 417

凡　例

本書で用いる法令等の略称は、おおむね以下のとおりです。

法　　……印紙税法

通　　則……印紙税法別表第一「課税物件表の適用に関する通則」

課税物件表……印紙税法別表第一「課税物件表」

第○号文書……印紙税法別表第一「課税物件表」の第○号の課税文書

令　　……印紙税法施行令

規　　則……印紙税法施行規則

租　特　法……租税特別措置法

基　　通……印紙税法基本通達

本書は、令和元年7月1日現在の法令等によっています。

ただし、消費税率は10%としています。

第1章

印紙税の課税範囲と
課税文書に係る
基本的な取扱い

印紙税の性格と課税範囲

　印紙税の課税対象となる文書は、契約書や領収書など、日常の経済取引等に伴い作成される様々な文書のうち、法で定める特定の文書ですが、金融取引など各種の経済取引や権利の授与その他の行為等（以下「経済取引等」といいます。）が行われた際に、その事実を明らかにするために作成される証書や帳簿などに当たるものです。

　具体的には、課税物件表において、不動産の譲渡に関する契約書、請負に関する契約書、手形や株券などの有価証券、保険証券、領収書、預貯金通帳など、特定の文書を20に分類・掲名した上、この課税物件表に具体的に掲名列挙された文書だけに課税することになっており、いわゆる課税物件限定列挙主義を採っています（法2）。

　課税物件限定列挙主義の印紙税法では、課税物件表に具体的に掲名列挙された文書だけに課税することになっていますから、それ以外の文書は、どのような文書を作成しても課税されません。

　また、印紙税の税率は、定額の税率（200円、400円、4,000円など）を基本としつつ、より担税力があると認められる特定の文書については、取引額に応じた階級定額税率を適用するとともに、特定の文書には免税点を設け、少額な取引に係る文書には課税しない仕組みとなっています。

2 課税文書に係る基本的事項

(1) 課税文書とは

　課税文書とは、次の三つのすべてに当てはまる文書をいいます。

イ　課税物件表に掲げられている第1号文書から第20号文書の20種類
　の文書により証明されるべき事項（課税事項）が記載されていること。

ロ　当事者の間において課税事項を証明する目的で作成された文書であ
　ること。

ハ　法第5条（非課税文書）などの規定により印紙税を課税しないこと
　とされている非課税文書でないこと。

　このように、課税文書とは、課税物件表に掲げられた第1号文書から
第20号文書のいずれかに該当する課税事項が記載されている文書であ
って、かつ、当事者間においてその課税事項を証明する目的で作成され
た文書をいうこととされています（基通2）。

　すなわち、課税文書とは、当事者の間において課税事項を証明する効
力を有する文書で、かつ、その課税事項を証明する目的で作成されたも
のをいいます。

　したがって、①課税物件表に掲げられた第1号文書から第20号文書
のいずれかに該当する課税事項が記載されていない文書や②当事者間に
おいて課税事項を証明する効果を有する文書であったとしても、その課
税事項を証明する目的以外の目的で作成された文書は課税文書とはなり
ません（「不課税文書」となります。）。

課否の判断から税率適用までの判定フロー図

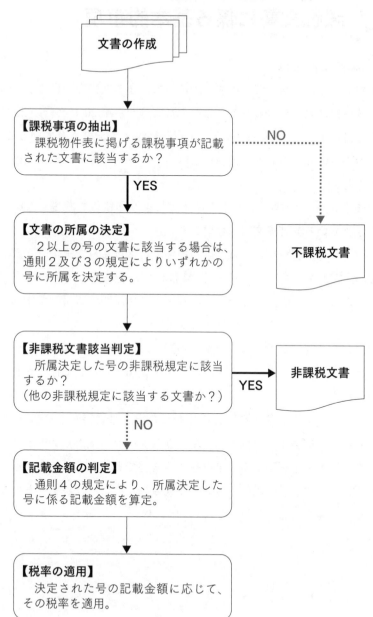

2. 課税文書に係る基本的事項　　5

（参考1）課否の判断から税率適用までの判定フロー図（第17号文書の例）

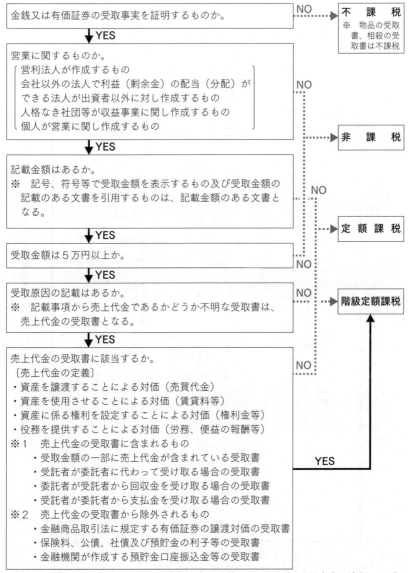

（注）非課税法人の作成するもの、有価証券又は第8、12、14、16号文書に追記した受取書は非課税である。また、2以上の号に該当する文書の場合は、第17号文書以外に所属が決定されることがある。

（参考2）課否の判断から税率適用までの判定フロー図（第7号文書の例）

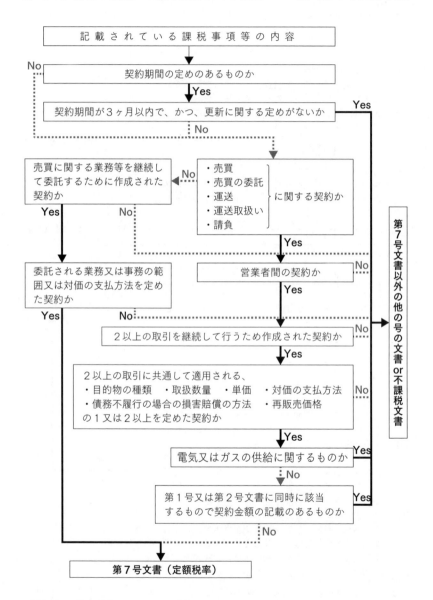

（注）この課否判定フロー図は、令第26条第1号及び第2号に該当するものについて説明したものです。

2. 課税文書に係る基本的事項　　7

（参考3）非課税文書とは

　　印紙税の非課税文書は、次の5グループに分けて定められています。
① 法別表第一（課税物件表）の非課税物件の欄に定める文書
② 国、地方公共団体又は法別表第二（非課税法人の表）に定める者が作成した文書
③ 法別表第三（非課税文書の表）の「文書名」欄に定める文書で、同表の「作成者」欄に定める者が作成した文書
④ 租特法により、非課税とされる文書
⑤ 印紙税法以外の法律（健康保険法第195条等）によって、非課税とされる文書
　　これらの文書が非課税とされているのは、①記載金額が少額な文書であること、②印紙税本来の趣旨からみて、文書の性質上課税対象にすることが適当でないと認められること、③特定の政策目的の上から非課税とすることが適当と認められること、などの理由によるものです。

（参考4）不課税文書の例（平成元年に課税廃止となったものの例）

① 委任状、委任に関する契約書
② 無体財産権の実施権又は使用権の設定又は譲渡に関する契約書
③ 物品又は有価証券の譲渡に関する契約書
④ 賃貸借・使用貸借に関する契約書（土地の賃貸借契約書を除く）
⑤ 物品切手
（注）上記①から③の文書であっても、令第26条の各要件を満たす文書は、第7号文書（継続的取引の基本となる契約書）となる場合があります。

---

(2) 課税文書に該当するかどうかの判断

　　課税文書に該当するかどうかの判断は、その文書に記載されている個々の内容に基づいて判断することとなります（基通3）。

　　契約書のような文書は、その形式、内容とも作成者が自由に作成することができますから（契約自由の原則）、その内容は様々です。したがって、課税文書に該当するか否かの判断（課否判定）は、その文書の全体

的な評価によって決するのではなく、その文書の内容として記載されている個々の事項のすべてを検討の上で、その個々の事項の中に課税物件表に掲げる課税事項となるものが含まれていないかどうかを検証し、一つでも課税事項となるものが含まれていれば、その文書は課税文書となります（基通3）。

また、単に文書の名称や呼称、あるいは形式的な記載文言により判断するのではなく、その記載文言の実質的な意味合いを汲み取って判断する必要があります。

この場合の実質的な判断は、その文書に記載又は表示されている文言、符号などを基礎として、その文言、符号などを用いることについての関係法律の規定追い、当事者間の了解、基本契約又は慣習などを加味して、総合的に行います。

〔実質判断の例〕

① 文書に取引金額そのものの記載はないが、文書に記載されている単価、数量、記号等により、当事者間において取引金額が計算あるいは認識できる場合は、それを取引金額と判定することとなります。

② 売掛金の請求書に「済」や「了」といった表示があり、その「済」や「了」の表示の意味合いについて、売掛金を領収したことの当事者間の了解がある場合は、その文書は、第17号の1文書（売上代金の受取書）に該当することになります。

---

(3) 他の文書を引用している文書の判断

イ 文書の内容に原契約書、約款、見積書その他その文書以外の文書を引用する旨の文言の記載がある場合は、引用されている文書の内容がその文書の中に記載されているものとして、その文書の内容を判断します（基通4①）。

2. 課税文書に係る基本的事項　9

> **〔他の文書を引用している文書の具体例〕**
>
> 1　『〇月〇日付の「貸付条件のご案内書」のとおり借用いたします。』
> と記載された借用書については、引用した「貸付条件のご案内書」に
> 記載されている内容が、
> > ①　金銭等の消費貸借を内容とするもの
> > > ⇒　第1号の3文書（消費貸借に関する契約書）に該当
> > ②　物品等の使用貸借又は賃貸借を内容とするもの
> > > ⇒　不課税文書に該当
> 2　『〇月〇日付の注文書のとおりお請けいたします。』と記載された注
> 文請書については、引用した「注文書」に記載されている内容が、
> > ①　請負についてのもの
> > > ⇒　第2号文書（請負に関する契約書）に該当
> > ②　物品の売買についてのもの
> > > ⇒　不課税文書に該当

ロ　なお、「記載金額」と「契約期間」については、印紙税法において
「当該文書に記載された金額」、「契約期間の記載のあるもの」といっ
た規定があることからも、原則として、その文書に記載された金額及
び契約期間をいうことを明らかにしていますので、たとえ引用されて
いる他の文書の内容を取り入れると金額及び期間が明らかとなる場合
であっても、その文書には記載金額及び契約期間の記載はないことに
なります（基通4②）。

ハ　上記ロの場合において、第1号文書（不動産の譲渡契約書等）、第2
号文書（請負に関する契約書）及び第17号の1文書（売上代金に係る
金銭又は有価証券の受取書）については、その文書に具体的な金額の
記載がない場合であっても、通則4のホ（2）又は（3）の規定によ
り、記載金額があることになる場合がありますので注意が必要です
（基通4②注書、「5. 記載金額（2）ホ、ト、チ」（p 32 ～ 33）参照）。

10　第1章　印紙税の課税範囲と課税文書に係る基本的な取扱い

「他の文書を引用している文書」の課否判断プロセスフロー図

- 「その文書」……課否判断の対象となる文書
- 「他の文書」……「その文書」上において引用している文書

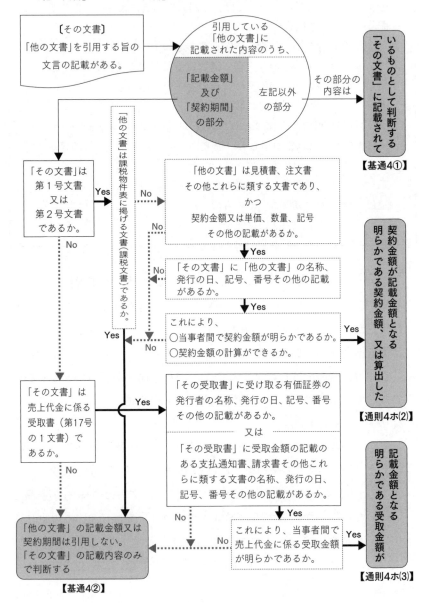

(4) 一の文書の意義

　課税物件表の第1号から第17号までの証書等については1通を、第18号から第20号までの通帳等については1冊を課税単位としています。

　そして、通則2及び3において、これら1通の証書等又は1冊の通帳等を「一の文書」と総称することにしており、原則として「一の文書に対しては1個の課税」ということを定めています。

　この場合の一の文書とは、その形態からみて物理的に1個の文書と認められるものをいい、文書の記載証明の形式、紙数の単複は問いません。

　したがって、1枚の用紙に2以上の課税事項が各別に記載証明されているもの又は2枚以上の用紙が契印等により結合されているものは、それが同時に作成されるものである限り、その全体を一の文書として取り扱うことにしています（基通5）。

　なお、1枚又は1綴りの用紙により作成された文書であっても、その文書に各別に記載証明されている部分を、作成後に切り離して行使又は保存することを予定しているものについては、それぞれを各別の一の文書と取り扱うので、1枚又は1綴りの文書であっても、その各別に記載証明される部分の作成日時が異なる場合は、後から作成する部分については新たな課税文書を作成したものとみなされ、印紙税の課税の対象となります（法4、基通5）。

(5) 仮契約書、仮領収書などの取扱い

　後日、正式文書を作成することとしている場合において、一時的にこれに代わるものとして作成する仮契約書・仮領収書などの仮の文書であっても、その文書が課税事項を証明する目的で作成されたものであるときは、課税文書になります（基通58）。

3 契約書に係る基本的事項

(1) 契約書の意義

課税物件表には、第1号の不動産の譲渡に関する契約書、消費貸借に関する契約書、第2号の請負に関する契約書、第14号の金銭又は有価証券の寄託に関する契約書などのように「○○に関する契約書」という名称で掲げられているものが多くありますが、ここにいう契約書は、一般的に言われるものよりかなり範囲が広く、そのため、通則5にその定義規定が置かれています。

すなわち、課税物件表に掲げられているこれらの契約書とは、契約証書、協定書、約定書その他名称のいかんを問わず、契約（その予約を含みます。以下同じ。）の成立若しくは更改又は契約の内容の変更若しくは補充の事実（以下「契約の成立等」といいます。）を証すべき文書をいい、念書、請書その他契約の当事者の一方のみが作成する文書又は契約の当事者の全部若しくは一部の署名を欠く文書で、当事者間の了解又は商慣習に基づき契約の成立等を証することになっているものも含まれます。

ここでいう契約とは、互いに対立する2個以上の意思表示の合致、すなわち一方の申込みと他方の承諾によって成立する法律行為です（基通14）から、契約書とは、その2個以上の意思表示の合致の事実を証明する目的で作成される文書をいうことになります。

したがって、通常、契約の申込みの事実を証明する目的で作成される申込書、注文書、依頼書などと表示された文書であっても、実質的にみて、その文書によって契約の成立等が証明されるものは、契約書に該当することになります。

なお、契約の消滅の事実を証明する目的で作成される文書は、印紙税法上の契約書には含まれず、課税の対象とはなりません（基通12）。

(2) 契約書の写しなどの取扱い

単なる控えとするための写し、副本、謄本等は、原則として課税文書にはなりませんが、写し、副本、謄本等であっても、契約当事者の双方又は相手方の署名押印があるなど、契約の成立を証明する目的で作成されたことが文書上明らかである場合には、課税文書になります（基通19②）。

すなわち、印紙税は、契約が成立したという事実を課税対象とするのではなく、契約の成立を証明する目的で作成された文書を課税対象とするものですから、一つの契約について2通以上の文書が作成された場合であっても、その2通以上の文書がそれぞれ契約の成立を証明する目的で作成されたものであるならば、すべて印紙税の課税対象になります。

つまり、契約当事者の一方が所持するものには正本又は原本と表示し、他方が所持するものには、写し、副本、謄本などという表示をしても、それが契約の成立を証明する目的で作成されたものであるならば、正本又は原本と同様に印紙税の課税対象になります。

(3) 予約契約書

後日改めて本契約を締結することとしている場合に作成する予約契約書は、印紙税法上は、本契約と全く同一に取り扱われます（通則5）。

予約契約書は、協定書、念書、覚書、承諾書等様々な名称を用いて作成される場合が多くありますが、予約とは、将来本契約を成立させることを約する契約ですから、その成立させようとする本契約の内容によって課税文書の所属が決定されます（基通15）。

また、予約としての契約金額の記載がある場合には、その金額も印紙税法上の記載金額に該当することになります。

(4) 申込書、注文書、依頼書等と表示された文書の取扱い

契約とは、申込みと承諾によって成立するものですから、契約の申込

事実を記載した申込書、注文書、依頼書などは、通常、課税対象にはなりません。

しかし、たとえ、これらの表題を用いている文書であっても、その記載内容によっては、契約の成立等を証する文書、すなわち、契約書になるものがあります。

契約の成立等を証する文書かどうかは、文書の記載文言等その文書上から客観的に判断するというのが印紙税の基本的な取扱いですから、申込書等と表示された文書が契約の成立等を証明する目的で作成されたものであるかどうかの判断も、基本的にその文書上から行うことになります（基通2、3）。

このような契約の成立等を証明する目的で作成される文書は当然に契約書に該当するのですが、実務上、申込書等と表示された文書が契約書に該当するかどうかの判断はなかなか困難なことから、一般的に契約書に該当するものを次のように例示しています（基通21）。

イ 契約当事者の間の基本契約書、規約又は約款等に基づく申込みであることが記載されていて、一方の申込みにより自動的に契約が成立することとなっている場合における当該申込書等（基通21 ②一）。

（イ）この場合の約款等に基づく申込みであることが記載されているかどうかは、申込書等に、約款等に基づく申込みである旨の文言が明記されているもののほか、約款等の記号、番号等が記載されていること等により、実質的に約款等に基づく申込みであることが文書上明らかなものも含まれます。

自動的に契約が成立するかどうかは、実態判断によります。すなわち、約款等で、例えば「申込書を提出した時に自動的に契約が成立するものとする。」とされている場合は、その申込書を提出した時に自動的に契約が成立するのは明らかですし、「申込書提出後、当方が審査を行った上了解したものについて契約が成立するものとする。」となっている場合は、その申込書を提出しても自動的に契

約が成立するものとはいえません。しかし、約款等にそのような明文の記載がない場合は、事実上その申込みによって自動的に契約が成立するかどうかを判断することになるわけです。

（ロ）ただし、契約の相手方当事者が別に請書等契約の成立を証明する文書を作成することが記載されているものは除かれます。一方の申込みにより自動的に契約が成立する申込書等であっても、それに対して相手方当事者がさらに請書等を作成することとしているものは、契約書には当たらないことに取り扱われます。

（ハ）なお、（ロ）の取扱いがある場合であっても、申込書等の文書上に、さらに請書等を作成する旨が記載されていることが必要であり、請書等を作成する旨が記載されていないときは、申込書等も契約書として、また、請書等も契約書として課税されます（このことは、次のロの場合においても同じです。）。

申込書等の契約書該当判定フロー図
その1 「基本契約書等に基づく申込書等」

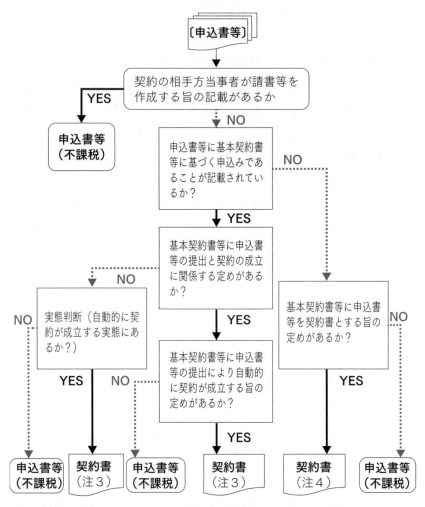

(注) 1 「申込書等」とは、申込書、注文書、依頼書などと表示された文書をいう。
　　 2 「基本契約書等」とは、契約当事者間の基本契約書、規約又は約款などをいう。
　　 3 自動的に契約が成立するか否かの実態判断に当たり、例えば「申込書等提出後、当方が審査を行った上、了解したものについて契約が成立する。」とされているものは、自動的に契約が成立するものには当たらない。
　　 4 契約書に該当する場合とは、例えば、基本契約書に「申込書等は、個々の取引の成立内容の確認の証とする。」旨の約定がなされている場合をいう。

ロ 見積書その他の契約の相手方当事者の作成した文書等に基づく申込みであることが記載されている当該申込書等（基通21②二）。

　この場合は、イの場合と異なり、申込みにより自動的に契約が成立するかどうかは、契約書に該当することの要件にはなっていません。

　これは、契約の相手方当事者が作成する見積書等がいわば契約の申込みであり、これに基づく申込書等は、申込みに対する承諾文書となり、請書と同様の性格を有するからです。

　ただし、契約の相手方当事者が別に請書等契約の成立を証明する文書を作成することが記載されているものは除かれます。

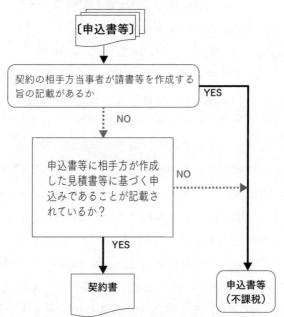

（注）1 「申込書等」とは、申込書、注文書、依頼書などと表示された文書をいう。
　　　2 「見積書等」とは、契約の一方の相手方（受注者）が契約するとした場合の受注条件を記載した見積書、見積仕様書などと称する文書をいう。

ハ　契約当事者双方の署名又は押印があるもの（基通21②三）。

　　当事者双方の署名又は押印があるものは、一般に契約当事者の意思の合致を証明する目的で作成されたものと認められますから、原則として契約書に該当します。

　　例えば、2部提出された申込書のうちの1部に署名又は押印して返却する申込書等がこれに該当します。

　　なお、申込書控等に署名又は押印して返却する場合であっても、その署名又は押印が意思の合致を証明する目的以外の目的でなされたことが明らかなもの（例えば文書の受付印と認められるもの）であれば契約書には該当しません。

　　ただ、例えば頭金、初回金などの受領の証として押印がなされる場合は、契約の成立に伴って押印されているものといえますから、契約書に該当することになります。

(5) 契約当事者以外の者に提出する文書の取扱い

　　印紙税法は、作成した文書に対して課税するものですから、同一内容の文書を2通以上作成した場合において、それぞれの文書が契約の成立等を証するものである限り、契約当事者の所持するものと、契約当事者以外の者が所持するものとを問わず、原則として課税文書に該当することになります。

　　しかしながら、契約当事者以外の者に提出する文書であって、かつ、当該文書に提出先や交付先が明確に記載されているものについては、課税文書に該当しないものとして取り扱っています（基通20）。

　　「契約当事者以外の者」とは、その契約に直接関与せず利害関係を有しない、例えば、監督官庁や融資銀行のような者をいうことになります。

　　なお、契約当事者以外の者に提出する文書であっても、提出先が明記されていないものは、課税されることになり、また、「〇〇提出用」と

契約当事者以外の者に提出されることが明記された文書であっても、例えば、監督官庁に提出しないで契約当事者が所持している場合や、当初、契約当事者間の証明目的で作成されたものが、たまたま結果的に契約当事者以外の者に提出された場合等は、課税の対象になりますので注意が必要です。

(注)「契約当事者」とは、その契約書において直接の当事者となっている者のみではなく、その契約の前提となる契約及びその契約に付随して行われる契約の当事者等、その契約に参加する者のすべてを含みます。

　　例えば、不動産売買契約における仲介人、消費貸借契約における保証人は、契約に参加する当事者であることから、ここにいう契約当事者に含まれることになり、その所持する契約書は課税の対象になります。

　　なお、この例でいう仲介人や保証人は、売買契約などの直接の当事者ではないので、契約書の作成者には該当せず、納税義務はありません（この場合は、売主と買主、貸主と借主が契約書の作成者であり連帯納税義務者となります。）。

(6) 変更、補充、更改契約書の取扱い

イ　変更契約書

　既に存在している契約（以下「原契約」といいます。）の内容を変更する契約書は、印紙税法上の契約書に含まれます（通則5）。

　「契約の内容の変更」とは、原契約の同一性を失わせないで、その内容を変更することをいいます。この場合において、原契約が文書化されていたか、単なる口頭契約であったかは問いません。

　なお、課税の対象となる変更契約書は、契約上重要な事項を変更するものに限られ、その重要な事項の範囲は基本通達の別表第二「重要な事項の一覧表」に定められています。ただし、ここに掲げられているものは例示事項であり、これらに密接に関連する事項や例示した事項と比較してこれと同等、若しくはそれ以上に契約上重要な事項を変更するものも課税対象になります。

ロ　補充契約書

　　原契約の内容を補充する契約書は、印紙税法上の契約書に含まれます（通則5）。

　　「契約の内容の補充」とは、原契約の内容として欠けている事項を補充することをいい、原契約が文書化されていたかどうかを問わないこと、契約上重要な事項を補充するものを課税対象とすることは、変更契約書の場合と同じです。

ハ　更改契約書

　　契約を更改する契約書は、印紙税法上の契約書に含まれます（通則5）。

　　更改とは、既存の債務を消滅させて新たな債務を成立させることです。

　　更改には、次のようなものがあります。

（イ）債権者の交替による更改

　　　甲の乙に対する債権を消滅させて丙の乙に対する債権を新たに成立させる場合をいいます。

（ロ）債務者の交替による更改

　　　甲の乙に対する債権を消滅させて甲の丙に対する債権を新たに成立させる場合をいいます。

（ハ）目的の変更による更改

　　　金銭の支払債務を消滅させて土地を給付する債務を新たに成立させるような場合をいいます。

4 文書の所属の決定

　ある文書が、印紙税の課税対象となるか、課税されるとしたらその税額はいくらか、ということは文書が課税物件表のどの号に定められた文書になるか、ということによって決まってきます。

　そこで印紙税法は、通則によって、課税文書の所属を決定する基準を定めています。

(1) 単一の事項が記載されている文書

　形式的に1通又は1冊になっている文書を、印紙税法上「一の文書」といっており（p 11 参照）、一の文書に課税物件のいずれか一つの号に定める事項だけが記載されている場合の文書は、その号に所属する文書となります（通則1）。

（例）1　土地売買契約書
　　　　　⇒　第1号文書（不動産の譲渡に関する契約書）
　　　2　金銭の受取書
　　　　　⇒　第17号文書（金銭又は有価証券の受取書）

　なお、「一の文書」とは、1枚の用紙に2以上の課税事項がそれぞれに記載されているもの又は2枚以上の用紙が契印などで結合されているものも含まれます。

　ただし、1枚の用紙や1綴りの用紙で作成された文書でも、その文書に各別に記載された部分を切り離して使用することを予定しているものは、それぞれ各別に一の文書となります。

(2) 2以上の号の課税事項が併記又は混合記載されている文書

　一の文書に2以上の号の課税事項が記載されているものを、次の三つに分類して、それぞれの事項は、それぞれの号に定める文書とすること

となっています（通則2）。

イ　課税物件表の2以上の号の課税事項が併記又は混合記載されている
　文書

> （例）不動産と売掛債権の譲渡契約書
> 　　　⇒　第1号文書と第15号文書

ロ　課税物件表の1又は2以上の号の課税事項と、その他の事項（不課
　税事項等）が併記又は混合記載されている文書

> （例）1　土地売買と建物移転補償契約書
> 　　　　　⇒　第1号文書とその他の文書
> 　　　2　保証契約のある消費貸借契約書
> 　　　　　⇒　第1号文書とその他の文書

ハ　記載事項が形式的、内容的にも一つであるが、課税物件表の2以上
　の号の課税事項に同時に該当する文書

> （例）継続する請負の基本契約書
> 　　　⇒　第2号文書と第7号文書

(3) 2以上の号の課税事項を記載した文書の所属の決定

　課税物件表の2以上の号の課税事項を記載した文書については、一つ
の号に所属を決定した上で、所属することとなった号の印紙税が課税さ
れます。

　したがって、2以上の号の課税事項に対して、それぞれの号の課税額
を合算して課税するのではなく、いずれか一つの号の課税文書に所属を
決定し、その所属する号の税額のみの負担を求めるものです。

　そのためには、その文書の所属する号について、最終的に一つの号に
決定する必要があり、その具体的な方法が次のとおり定められています
（通則3）。

イ　第1号又は第2号と第3号から第17号までの課税事項が記載された文書（ただしロとハの文書を除く。）　⇒　第1号（又は第2号）文書（通則3イ）

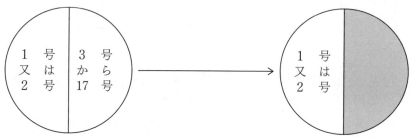

　　（例）不動産と売掛債権譲渡契約書
　　　　　第1号文書と第15号文書　⇒　所属決定　第1号文書

ロ　第1号又は第2号で契約金額の記載がないものと第7号の課税事項が記載された文書　⇒　第7号文書（通則3イただし書）

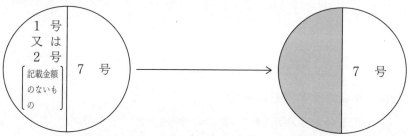

　　（例）継続する物品運送の基本的事項を定めた記載金額のない契約書
　　　　　第1号文書と第7号文書　⇒　所属決定　第7号文書
　　　　※　記載金額がある場合は上記イにより第1号文書に所属決定

ハ　第1号又は第2号と第17号の1（100万円を超える売上代金の受取金額の記載のあるものに限る。）の課税事項を記載した文書で、第17号の1の売上代金の受取金額が第1号若しくは第2号の契約金額を超えるもの又は第1号若しくは第2号の契約金額の記載がないもの　⇒　第17号の1文書（通則3イただし書）

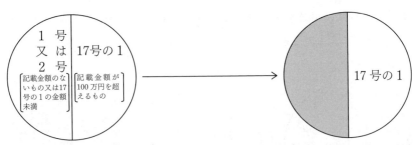

　（例）消費貸借契約と売上代金の受取書（売掛金800万円のうち600万円を領収し残額200万円を消費貸借とする文書）

　　　　第1号文書と第17号の1文書　⇒　所属決定　第17号の1文書

ニ　第1号と第2号の課税事項が記載された文書（ただしホを除く。）
　⇒　第1号文書（通則3ロ）

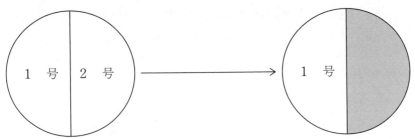

　（例）機械製作及び運送契約書

　　　　第1号文書と第2号文書　⇒　所属決定　第1号文書

ホ　第1号と第2号の課税事項を記載した文書で、それぞれ契約金額が区分記載されており、しかも、第2号文書の契約金額が第1号文書の契約金額を超えるもの　⇒　第2号文書（通則3ロただし書）

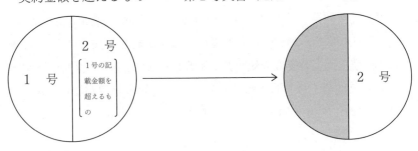

（例）運送及び請負契約書（運送料10万円、請負代金20万円）
　　　第1号文書と第2号文書　⇒　所属決定　第2号文書

ヘ　第3号から第17号までの2以上の課税事項を記載した文書（ただし、トの文書を除く。）　⇒　最も号数の少ない号の文書（通則3ハ）。

（例）継続する債権譲渡について基本的な事項を定めた契約書
　　　第7号文書と第15号文書　⇒　所属決定　第7号文書

ト　第3号から第16号と第17号の1の課税事項を記載した文書のうち売上代金の受取額（100万円を超えるものに限る。）の記載があるもの　⇒　第17号の1文書（通則3ハただし書）

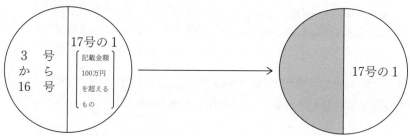

（例）債権の譲渡契約書にその代金200万円の受取事実を記載したもの第15号文書と第17号の1文書　⇒　所属決定　第17号の1文書

チ　第1号から第17号までと第18号から第20号までの課税事項を記載した文書（リ、ヌ、ルの文書を除く。）　⇒　第18号～第20号文書（通則3ニ）

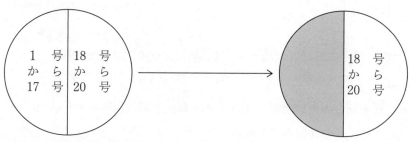

（例）生命保険証券兼保険料受取通帳
　　　第10号文書と第18号文書　⇒　所属決定　第18号文書

リ　契約金額が50万円（注）を超える第1号と第19号又は第20号の課税事項を記載した文書　⇒　第1号文書（通則3ホ、租特法91④）

（注）平成26年3月31日以前に作成された文書で印紙税の軽減措置が適用される第1号の1文書である場合には、10万円となる。

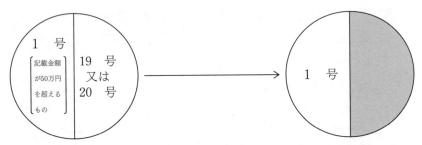

（例）契約金額が100万円の運送契約書とその代金の受取通帳
　　　第1号の4文書と第19号文書　⇒　所属決定　第1号の4文書

ヌ　契約金額200万円（注）を超える第2号と第19号又は第20号の課税事項を記載した文書　⇒　第2号文書（通則3ホ、租特法91④）

（注）平成26年3月31日以前に作成された文書で印紙税の軽減措置が適用される第2号文書である場合には、100万円となる。

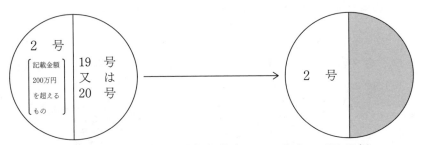

（例）契約金額が250万円の請負契約書とその代金の受取通帳
　　　第2号文書と第19号文書　⇒　所属決定　第2号文書

ル　売上代金の受取金額が100万円を超える第17号の1と第19号又は第20号の課税事項を記載した文書　⇒　第17号の1文書（通則3ホ）

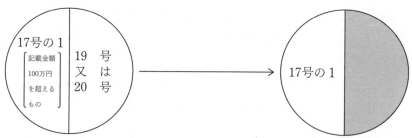

　（例）下請前払金 200 万円の受取書と請負通帳
　　　　第 17 号の 1 の文書と第 19 号文書　⇒　所属決定　第 17 号の 1 文書

ヲ　第 18 号と第 19 号の課税事項を記載した文書　⇒　第 19 号文書（基通 11）

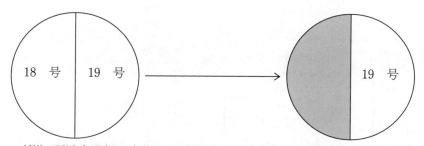

　（例）預貯金通帳と金銭の受取通帳が 1 冊となった通帳
　　　　第 18 号文書と第 19 号文書　⇒　所属決定　第 19 号文書

(4) 変更、補充、更改契約書の所属の決定

　変更契約書は、変更する事項がどの号に該当する重要な事項であるかにより文書の所属を決定することになるのですが、2 以上の号の重要な事項が 2 以上併記又は混合記載されている場合や、一つの重要な事項が同時に 2 以上の号に該当する場合には、それぞれの号に該当する文書として原契約書の所属の決定方法と同様に所属を決定することになります（この場合、原契約書の所属号には拘束されず、変更契約書について、改めて所属する号を決定することとなります。）。

28　第1章　印紙税の課税範囲と課税文書に係る基本的な取扱い

　また、補充契約書においても補充する事項がどの号に該当する重要な事項であるかにより文書の所属を決定することは、変更契約書の場合と同じです。

　なお、更改契約書については、その成立させる新たな債務の内容に従って課税文書の所属が決定されることになります。

変更・補充契約書の所属決定フロー図

```
                    ┌──────────────────┐
                    │  原契約書の記載事項は  │
                    └──────────────────┘
                      ↙              ↘
          ⬡ 単一の号の         ⬡ 複数の号の
            課税事項            課税事項
            のみを含む           を含む
                │                   │
                │          その複数の号のうち
          ◇ その課税事項      ◇ 一つの号のみの  ◇ 2以上の号の
            の「重要な事項」を     「重要な事項」を    「重要な事項」を
   Yes      変更・補充するもの     変更・補充     変更・補充
    │        であるか。  Yes    するもので  No  するもので  Yes
    ↓                   │      あるか。      あるか。    │
 変更・補充契約は          ↓                            ↓
 原契約と同一の      変更・補充契約は                それぞれの号に
 号に属する        その一つの                    該当し通則3に
【基通17②(1)】      号に属する                    より所属決定する
           No     【基通17②(2)】                 【基通17②(2)】
           ⋮
```

課税文書に		他の号に属する
該当しない	◇ 原契約の課税事項以外（他の号）の課税事項の	【基通17②(3)】
（「重要な事項」の	「重要な事項」を変更・補充するものであるか。	
変更・補充なし）	No ⟵ ⟶ Yes	
【基通17②(4)】		

（注）　フローチャート中の「重要な事項」とは、基通別表第二「重要な事項の一覧表」に掲載された「重要な事項」をいいます。

5. 記載金額　　29

5 記載金額

記載金額とは、契約金額、券面金額、その他その文書が証明する事項に関する金額として、文書に記載されている金額をいいます（通則4本文）。

(1) 契約金額の意義

第1号文書、第2号文書及び第15号文書においては契約金額が記載金額となり、その多寡によって税率の適用区分や文書の課否判断が分かれることがありますから、その文書において契約の成立等に関して直接証明する目的をもって記載されている金額がいくらであるかを慎重に判定する必要があります。

イ　第1号の1文書（不動産の譲渡契約書など）及び第15号文書（債権譲渡契約書など）のうちの債権譲渡に関する契約書

　（イ）「売買」

　　⇒　売買金額

　（例）土地売買契約書において、時価60万円の土地を50万円で売買すると記載したもの　・・・　（第1号文書）50万円

　　（注）60万円は評価額であり売買金額（契約金額）ではありません。

　（ロ）「交換」

　　⇒　交換金額

　　交換契約書に交換対象物の双方の価額が記載されているときはいずれか高い方（等価交換のときは、いずれか一方）の金額が、交換差金のみが記載されているときは当該交換差金が、それぞれ交換金額になります。

　（例）土地交換契約書において、

　①　甲の所有する土地（価額100万円）と乙の所有する土地（価額110万円）とを交換し、甲は乙に10万円支払うと記載したもの

・・・（第1号文書）110万円

②　甲の所有する土地と乙の所有する土地とを交換し、甲は乙に10万円支払うと記載したもの　・・・（第1号文書）10万円

(ハ)「代物弁済」

⇒　代物弁済により消滅する債務の金額

代物弁済の目的物の価額が消滅する債務の金額を上回ることにより、債権者がその差額を債務者に支払う場合は、その差額を加えた金額となります。

(例) 代物弁済契約書において、

①　借用金100万円の支払に代えて土地を譲渡するとしたもの

・・・（第1号文書）100万円

②　借用金100万円の支払に代えて150万円相当の土地を譲渡するとともに、債権者は50万円を債務者に支払うとしたもの

・・・（第1号文書）150万円

(ニ)「法人等に対する現物出資」

⇒　出資金額

(ホ) その他

⇒　譲渡の対価たる金額

(注) 贈与契約においては、譲渡の対価たる金額はありませんから、契約金額はないものとして取り扱われます。

なお、受贈者が贈与者の債務の履行を引き受けることを条件とする負担付贈与契約も同様に無償契約ですから、原則として記載金額のない契約書となりますが、負担の価格が贈与の目的物の価格と同等又はそれ以上である場合等その実質が売買契約又は交換契約と認められる場合は、記載金額のある契約書として取り扱われます。

ロ　第1号の2文書（土地賃貸借契約書など）

⇒　設定又は譲渡の対価たる金額

「設定又は譲渡の対価たる金額」とは、賃貸料を除き、権利金その他名称のいかんを問わず、契約に際して相手方当事者に交付し、後日

返還されることが予定されていない金額をいいます。したがって、後日返還されることが予定されている保証金、敷金等は、契約金額には該当しません。

ハ　第1号の3文書（消費貸借契約書）

　　⇒　消費貸借金額

　　消費貸借金額には利息は含まれません。

ニ　第1号の4文書（運送契約書など）

　　⇒　運送料又は傭船料

ホ　第2号文書（請負契約書）

　　⇒　請負金額

ヘ　第15号文書のうちの債務引受けに関する契約書

　　⇒　引き受ける債務の金額

(2) 記載金額についての具体的な取扱い

イ　1通の文書に、課税物件表の同一の号の課税事項の記載金額が2以上ある場合には、合計額が記載金額となります（通則4イ、基通24（1））。

（例）1　請負契約書　A工事200万円、B工事300万円

　　　　　　　　　　　　⇒　第2号文書　記載金額は500万円

　　　2　不動産と地上権の譲渡契約書

　　　　　　不動産800万円、地上権500万円

　　　　　　　　　　　　⇒　第1号文書　記載金額は1,300万円

ロ　1通の文書に、課税物件表の2以上の号の課税事項が記載されている場合には、次の区分によって計算します（通則4ロ）。

（イ）2以上の号の記載金額が、それぞれ区分して記載されている場合には所属することになる号の記載金額となります（通則4ロ（1）、基通24（2））。

32　第1章　印紙税の課税範囲と課税文書に係る基本的な取扱い

> （例）不動産と売掛債権譲渡契約書
> 　　　　不動産 700 万円、売掛債権 200 万円
> 　　　　　　⇒　第1号文書　記載金額は 700 万円

（ロ）2以上の号の記載金額が、区分して記載されていない場合には、その金額が記載金額となります（通則4ロ（2）、基通24（3））。

> （例）不動産と売掛債権譲渡契約書
> 　　　　不動産と売掛債権 900 万円
> 　　　　　　⇒　第1号文書　記載金額は 900 万円

ハ　契約金額の一部が記載されている場合は、その記載された一部の契約金額が、その文書の記載金額となります。

> （例）請負契約書に、「A工事 200 万円。ただし、附帯工事については実費による。」と記載されたもの
> 　　　　　　⇒　第2号文書　記載金額 200 万円

ニ　文書に記載された単価、数量、記号その他により、記載金額を計算することができる場合には、計算により算出した金額が記載金額となります（通則4ホ（1））。

> （例）物品加工契約書　A商品単価 500 円、数量 10,000 個
> 　　　　　　⇒　第2号文書　記載金額は 500 万円

ホ　第1号又は第2号に掲げる文書に、その文書に係る契約についての契約金額又は単価、数量、記号その他の記載のある見積書、注文書その他これらに類する文書（課税物件表に掲げる文書に該当するものは除く。）の名称、発行の日、記号、番号等の記載があることにより、当事者間においてその契約についての契約金額が明らかである場合又は計算をすることができる場合には、その明らかである契約金額又は計算により算出された契約金額が記載金額となります（通則4ホ（2））。

> （例）工事請負注文請書
> 　「請負金額は貴注文書第〇号のとおりとする。」とする工事請負に関する注文請書で、注文書に記載されている請負金額が 500 万円
> 　　　　　　　　⇒　第 2 号文書　記載金額は 500 万円

　ヘ　文書が売上代金に係る金銭又は有価証券の受取書である場合には、次の区分によって計算します（通則 4 ハ）。

　（イ）受取書の記載金額が、売上代金の金額とその他の金額に区分して記載されている場合には、売上代金の金額のみが記載金額となります（通則 4 ハ（1））。

> （例）物品の販売代金 500 万円、貸付金の返済金 300 万円
> 　　　　　　　　⇒　第 17 号の 1 文書　記載金額は 500 万円

　（ロ）受取書の記載金額が、売上代金の金額とその他の金額に区分されていない場合には、その記載金額が売上代金の金額となります（通則 4 ハ（2））

> （例）物品の販売代金と貸付金の返済金合計 800 万円
> 　　　　　　　　⇒　第 17 号の 1 文書　記載金額は 800 万円

　ト　売上代金として受け取る有価証券の受取書に、その有価証券の発行者の名称、発行の日、記号、番号その他の記載があることにより、当事者間においてその受取金額を明らかにすることができる場合には、その明らかにすることができる金額が記載金額となります（通則 4 ホ（3））。

> （例）領収書
> 　物品売買代金の受取書で、〇〇㈱発行の № × × の小切手と記載したもの（その小切手の券面金額 250 万円）
> 　　　　　　　　⇒　第 17 号の 1 文書　記載金額は 250 万円

　チ　売上代金として受け取る金銭又は有価証券の受取書にその売上代金に係る受取金額の記載がある支払通知書、請求書その他これらに類する文書の名称、発行の日、記号、番号その他の記載があることによ

34 第1章 印紙税の課税範囲と課税文書に係る基本的な取扱い

り、当事者間においてその受取金額が明らかである場合には、その明らかである受取金額が記載金額となります（通則4ホ（3））。

> （例）領収書
> 「令和○年○月分の販売代金として令和○年○月○日付請求書の金額を受領した」旨を記載したもの（請求書の金額は250万円）
> ⇒ 第17号の1文書　記載金額は250万円

リ　文書の記載金額が、外国通貨によって表示されている場合には、文書を作成した日の基準外国為替相場又は裁定外国為替相場により、本邦通貨に換算した金額が記載金額となります（通則4へ、基通24(10)）。

　（注）基準外国為替相場又は裁定外国為替相場は、日本銀行のホームページ（http://www.boj.or.jp/）で確認できます。

ヌ　予定金額等が記載されている文書で、記載されている金額が予定金額、概算金額、最低金額あるいは最高金額であっても、それぞれ記載金額となります。

　なお、最低金額と最高金額が双方とも記載されている場合は、最低金額が記載金額となります。

ル　手付金額又は内入金額が記載されている契約書については、手付金は契約締結の際に契約当事者間で授受される金銭で、解約手付け、証約手付け、成約手付け、違約手付け等、種々の目的のものがありますが、いずれも契約が履行されるときは代金などの一部に充てられるものです。

　また、内入金は契約代金の金額の支払いに先立って支払われる代金の一部弁済ですが、中には解約手付けの性質を持つものもあります。しかし、手付金も内入金もその契約金額そのものではありませんから、たとえ契約書に手付金額又は内入金額が記載されていても、記載金額に該当しないものとして取り扱われます。

　ただし、その記載があることにより契約金額が計算できる場合など

は、記載金額と判定される場合があります。

　なお、契約書に 100 万円を超える手付金額又は内入金額の受領事実が記載されている場合には、当該文書は、通則 3 のイ又はハのただし書の規定によって第 17 号の 1 文書（売上代金に係る金銭又は有価証券の受取書）に該当するものがあることに留意する必要があります。

ヲ　月単位等で契約金額を定めている契約書で、契約期間の記載のあるものはその月単位等での契約金額に契約期間の月数等を乗じて算出した金額が記載金額となり、契約期間の記載のないものは記載金額がないものとなります。

　なお、契約期間の更新の定めがある契約書については、更新前の期間のみを記載金額算出の基礎とし、更新後の期間は考慮しないものとします（基通 29）。

> （例）ビル清掃請負契約書において、「清掃料は月 10 万円、契約期間は 1 年とするが、当事者異議なきときは更に 1 年延長する。」と記載したもの　　⇒　第 2 号文書　記載金額 120 万円（10 万円× 12 ヶ月）

ワ　契約金額を変更する変更契約書の記載金額は、それぞれ次によります（通則 4 ニ、基通 30）。

（イ）その変更契約書に係る契約についての変更前の契約金額等の記載されている契約書が作成されていることが明らかであり、かつ、その変更契約書に変更金額（変更前の契約金額と変更後の契約金額の差額、すなわち契約金額の増減額）が記載されている場合（変更前の契約金額と変更後の契約金額の双方が記載されていることにより変更金額を明らかにできる場合を含みます。）

　①　変更前の契約金額を増加させるものは、その増加額が記載金額となります。

36 第1章 印紙税の課税範囲と課税文書に係る基本的な取扱い

> （例）土地売買契約変更契約書に
> 1　令和○年○月○日付土地売買契約書の売買金額 1,000 万円を 100 万円増額すると記載したもの　⇒　第1号文書　記載金額 100 万円
> 2　令和○年○月○日付土地売買契約書の売買金額 1,000 万円を 1,100 万円に変更すると記載したもの
> 　　　　　　　　　　　　　　⇒　第1号文書　記載金額 100 万円

　② 変更前の契約金額を減少させるものは、記載金額のないものとなります。

> （例）土地売買契約変更契約書に
> 令和○年○月○日付土地売買契約書の売買金額を 100 万円減額すると記載したもの、又は売買金額 1,000 万円を 900 万円に変更すると記載したもの　　　　　　　　⇒　記載金額のない第1号文書

（ロ）上記（イ）以外の変更契約書

　① 変更後の契約金額が記載されているもの（変更前の契約金額と変更金額の双方が記載されていることにより変更後の契約金額が計算できるものも含みます。）は、その変更後の契約金額が、その文書の記載金額となります。

> （例）土地売買契約変更契約書に
> 1　当初の売買金額 1,000 万円を 100 万円増額（又は減額）すると記載したもの　⇒　第1号文書　記載金額 1,100 万円（又は 900 万円）
> 2　当初の売買金額を 1,100 万円に変更すると記載したもの
> 　　　　　　　⇒　第1号文書　記載金額 1,100 万円

　② 変更金額だけが記載されているものは、その変更金額が、その文書の記載金額となります。

> （例）土地売買契約変更契約書に
> 当初の売買金額を 100 万円増額（又は減額）すると記載したもの
> 　　　　　⇒　第1号文書　記載金額 100 万円

5. 記載金額   37

変更契約書の記載金額の判定フロー図

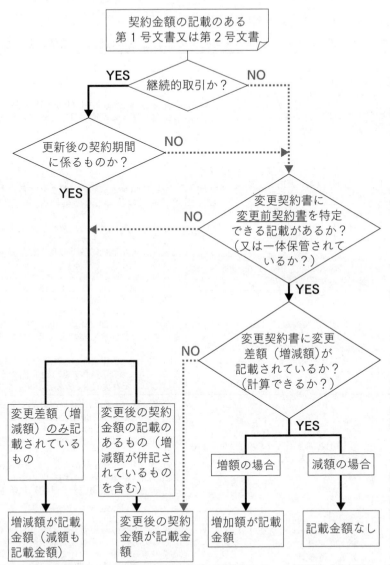

(注1) 変更前契約書とは変更前の契約金額が記載されている契約書（一般的には原契約書）をいいます。
(注2) 請負契約書などの月額単価変更契約書の記載金額の取扱いについては、増額変更の場合p38、減額変更の場合p39を参照。

38　第 1 章　印紙税の課税範囲と課税文書に係る基本的な取扱い

カ　月額単価を変更する契約書に係る記載金額は、原契約書の契約期間内の月額単価を変更するものか、そうでないものかによって異なる取扱いとなります。具体的な取扱いは次表に掲げるとおりです。

請負契約書などの月額単価変更契約書の記載金額の取扱い（増額変更の場合）

	事例	取扱い
原契約	本エレベーター保守契約の契約期間は、X 1 年 4 月 1 日から X 2 年 3 月 31 日までとし、双方異議がない場合は、更に一年延長することとし、その後もこれによるものとする。 　なお、保守料金は月額 100 万円とする。	記載金額 1,200 万円（100 万円× 12 月）の請負に関する契約書（第 2 号文書）となる。
1	「原契約書の契約単価を X 1 年 10 月 1 日以降月額 120 万円とする。」ことを内容とする覚書（契約書）	請負に関する契約書（第 2 号文書）と継続的取引の基本となる契約書（第 7 号文書）とに該当し、当該契約書に契約期間が記載されておらず、当該契約書上契約金額を計算できないことから、通則 3 のイのただし書により継続的取引の基本となる契約書（第 7 号文書）となる。
2	「原契約書の契約単価を X 2 年 4 月 1 日以降月額 120 万円とする。」ことを内容とする覚書（契約書）	
3	「原契約書の契約単価を X 2 年 10 月 1 日以降月額 120 万円とする。」ことを内容とする覚書（契約書）	
4	「原契約書の契約単価月額 100 万円を X 1 年 10 月 1 日から X 2 年 3 月 31 日まで月額 120 万円とする。」ことを内容とする覚書（契約書）	契約金額（＝記載金額）が計算できることから、通則 4 のニの規定により、記載金額 120 万円〔（120 万円－ 100 万円）× 6 月〕の請負に関する契約書（第 2 号文書）となる。 （注）X 1 年 10 月 1 日から X 2 年 3 月 31 日までの間（原契約書の契約期間内の 6 月間）に係る変更契約書となる。
5	「原契約書の契約単価月額 100 万円を X 1 年 10 月 1 日から X 2 年 9 月 30 日まで月額 120 万円とする。」ことを内容とする覚書（契約書）	変更金額（＝記載金額）が計算できることから、通則 4 のニの規定により、記載金額 840 万円（120 万円× 12 月－ 100 万円× 6 月）の請負に関する契約書（第 2 号文書）となる。 （注）X 1 年 10 月 1 日から X 2 年 9 月 30 日までの間（原契約書の契約期間内の 6 月間と更新後の契約期間内の 6 月間）に係る変更契約書となる。
6	「原契約書の契約単価月額 100 万円を X 2 年 4 月 1 日から X 3 年 3 月 31 日まで月額 120 万円とする。」ことを内容とする覚書（契約書）	通則 4 のニの適用要件である「当該文書に係る契約についての変更前の契約金額の記載のある文書」がないことから、通則 4 のニの規定は適用されない。 　したがって、いずれも契約金額（＝記載金額）1,440 万円（120 万円× 12 月）の請負に関する契約書（第 2 号文書）となる。
7	「原契約書の契約単価月額 100 万円を X 3 年 4 月 1 日から X 4 年 3 月 31 日まで月額 120 万円とする。」ことを内容とする覚書（契約書）	

請負契約書などの月額単価変更契約書の記載金額の取扱い（減額変更の場合）

	事例	取扱い
原契約	本エレベーター保守契約の契約期間は、X1年4月1日からX2年3月31日までとし、双方異議がない場合は、更に一年延長することとし、その後もこれによるものとする。 　なお、保守料金は月額100万円とする。	記載金額1,200万円（100万円×12月）の請負に関する契約書（第2号文書）となる。
1	「原契約書の契約単価をX1年10月1日以降月額90万円とする。」ことを内容とする覚書（契約書）	請負に関する契約書（第2号文書）と継続的取引の基本となる契約書（第7号文書）とに該当し、当該契約書に契約期間が記載されておらず、当該契約書上契約金額を計算できないことから、通則3のイのただし書により継続的取引の基本となる契約書（第7号文書）となる。
2	「原契約書の契約単価をX2年4月1日以降月額90万円とする。」ことを内容とする覚書（契約書）	
3	「原契約書の契約単価をX2年10月1日以降月額90万円とする。」ことを内容とする覚書（契約書）	
4	「原契約書の契約単価月額100万円をX1年10月1日からX2年3月31日まで月額90万円とする。」ことを内容とする覚書（契約書）	減額後の契約金額540万円（90万円×6月）が計算できるものの、減額の変更金額（▲10万円×6月＝▲60万円）が明かであるため、通則4のニの規定により、記載金額のない請負に関する契約書（第2号文書）となる。 （注）X1年10月1日からX2年3月31日までの間（原契約書の契約期間内の6月間）に係る変更契約書となる。
5	「原契約書の契約単価月額100万円をX1年10月1日からX2年9月30日まで月額90万円とする。」ことを内容とする覚書（契約書）	減額後の変更金額（＝記載金額）が計算できることから、通則4のニの規定により、記載金額540万円（90万円×6月）の請負に関する契約書（第2号文書）となる。 （注）X1年10月1日からX2年9月30日までの間（原契約書の契約期間内の6月間と更新後の契約期間内の6月間）に係る変更契約書となり、原契約書の契約期間内（X1年10月1日からX2年3月31日まで）の6月間の記載金額はないこととなる。
6	「原契約書の契約単価月額100万円をX2年4月1日からX3年3月31日まで月額90万円とする。」ことを内容とする覚書（契約書）	通則4のニの適用要件である「当該文書に係る契約についての変更前の契約金額の記載のある文書」がないことから、通則4のニの規定は適用されない。 　したがって、いずれも契約金額（＝記載金額）1,080万円（90万円×12月）の請負に関する契約書（第2号文書）となる。
7	「原契約書の契約単価月額100万円をX3年4月1日からX4年3月31日まで月額90万円とする。」ことを内容とする覚書（契約書）	

40　第1章　印紙税の課税範囲と課税文書に係る基本的な取扱い

ヨ　消費税及び地方消費税の金額が記載された契約書等の記載金額の取扱い

（イ）第1号文書、第2号文書及び第17号文書において、消費税及び地方消費税（以下「消費税等」といいます。）の金額が区分記載されている場合には、当該金額は記載金額に含めないものとします。

（例）1　領収書　「請負代金100万円、消費税等10万円、計110万円」
　　　　　　⇒　第17号の1文書　記載金額は100万円
　　　2　領収書　「領収金額110万円（消費税等を含む）」
　　　　　　⇒　第17号の1文書　記載金額は110万円
　　　※　区分記載されていないので、110万円が記載金額となる。

（ロ）消費税等のみが記載されている場合は、税率適用に当たっての記載金額はないものとします。

　　したがって、第1号文書、第2号文書では「契約金額の記載のないもの」として、第17号文書では「売上代金以外の受取書」であって「受取金額の記載のないもの」に該当して、それぞれ印紙税額は200円になります。

　　なお、第1号文書、第2号文書では、記載された金額が「1万円未満のもの」は非課税となり、第17号文書では記載された受取金額が「5万円未満のもの」は非課税となりますから、ご留意ください。

（ハ）手形（第3号文書）に係る金額について、消費税等の金額を区分記載しても、消費税等の金額を含めた総額が手形債権となり、記載金額とされます。

　　同様に債権譲渡契約（第15号文書）の債権額について、消費税等の金額を区分して記載しても、消費税等の金額を含めた総額が債権額となり、記載金額とされます（課税資産の譲渡等に係る売掛債権額には消費税額が含まれていますが、金銭債権の譲渡は消費税が非課税ですので、譲渡金額の総額が金銭債権の金額となります。）。

タ　無償等と記載された文書の記載金額の取扱い

　契約金額が「無償」、「0円」と記載されている場合には、契約金額がないという意味合いのものですから、記載金額とは取り扱われません。

　したがって、このように記載された文書は、免税点以下の金額が記載されたものとして非課税文書に該当するものではなく、記載金額のない契約書として課税されます。

　なお、「修理」、「加工」等の契約において、一切の対価を受けない場合には、請負契約には該当しないこととなりますから、例えば、「無償」等と記載された修理引受書などの文書は、第2号文書（請負に関する契約書）には該当しないこととなります。

課税標準と税率

(1) 本則税率

　印紙税の課税標準と税率は、課税物件表の各号の課税文書の区分に従って同表の課税標準及び税率欄に定められています（法7）。

　なお、課税物件表の第1号から第4号までと第17号の文書については、記載金額に応じて課税される階級別定額税率が、その他の号の文書については、1通又は1冊について定額税率（200円、400円、4千円、4万円）が適用されます。

(2) 税率の軽減措置

　租特法第91条の規定により、次のイからハの契約書の税率は、上記（1）の本則税率にかかわらず、軽減税率が適用されています。

　なお、平成9年4月1日から平成26年3月31日までに作成される契約書の軽減税率と、平成26年4月1日から令和2年3月31日までに作成される契約書の軽減税率とで、異なる税率が適用されていますから、ご留意ください。

イ　不動産の譲渡に関する契約書（第1号の1文書）

　　土地や建物などの不動産の譲渡（売買、交換など）に関する契約書に限られます。

　　したがって、第1号の1文書となるものであっても、鉱業権、無体財産権、船舶若しくは航空機又は営業の譲渡に関する契約書は、軽減税率の適用はありません。

　　同様に第1号文書であっても、地上権又は土地の賃借権の譲渡に関する契約書（第1号の2文書）、消費貸借に関する契約書（第1号の3文書）及び運送に関する契約書（第1号の4文書）も軽減税率の適用はありません。

ロ　建設業法第2条第1項に規定する建設工事の請負に係る契約に基づき作成される請負に関する契約書（第2号文書）

　　軽減措置の対象となる請負に関する契約書は、建設工事に係るものに限られ、具体的には、土木建築に関する工事で次のものをいいます（建設業法2①、同法別表）。

> 土木一式工事、建築一式工事、大工工事、左官工事、とび・土工・コンクリート工事、石工事、屋根工事、電気工事、管工事、タイル・れんが・ブロック工事、鋼構造物工事、鉄筋工事、舗装工事、しゅんせつ工事、板金工事、ガラス工事、塗装工事、防水工事、内装仕上工事、機械器具設置工事、熱絶縁工事、電気通信工事、造園工事、さく井工事、建具工事、水道施設工事、消防施設工事、清掃施設工事、解体工事

　　したがって、上記の建設工事に該当しない工事や、建築物等の設計、建設機械の保守、船舶の建造、機械器具の製造又は修理などの請負契約書には、軽減税率の適用はありません。

ハ　同じ号に係る他の課税事項が併記された契約書

（イ）不動産の譲渡に関する契約書に、第1号文書に係る他の課税事項が併記されたものは、合計した契約金額に応じて適用される印紙税の税率を判断します。

> （例）建物660万円（うち消費税60万円）、定期借地（賃借）権400万円、合計1,060万円と記載した「定期借地権付建物売買契約書」
> 　　⇒　軽減税率適用あり
> 　　　⇒　記載金額1,000万円の第1号の1文書、印紙税額5千円

（ロ）建設工事の請負に関する契約書に、建設工事以外の請負に関する事項が併記されたものは、合計した契約金額に応じて、適用される税率を判断します。

> （例）建物設計請負金額 220 万円（うち消費税 20 万円）、建物建築請負
> 金額 880 万円（うち消費税 80 万円）、合計 1,100 万円（うち消費税
> 100 万円）と記載した「建物設計及び建築請負契約書」
> 　　⇒　軽減税率適用あり
> 　　　　⇒　記載金額 1,000 万円の第 2 号文書、印紙税額 5 千円

（ハ）他の号に係る課税事項が併記された契約書

　　2 以上の複数の号に該当する契約書は、いずれか一の号にその所属を決定した後に、その契約書が軽減税率の適用となるかどうかを判断します。

> （例）土地金額 6,000 万円、建物建築請負金額 3,300 万円（うち消費税額
> 300 万円）、合計 9,300 万円と記載された「土地売買及び建物建築請負
> 契約書」
> 　　⇒　軽減税率適用あり
> 　　　　⇒　記載金額 6,000 万円の第 1 号の 1 文書、印紙税額 3 万円

ニ　軽減税率が適用されない契約書等

　（イ）契約金額が 10 万円以下（平成 26 年 3 月 31 日以前は 1,000 万円以下）の不動産譲渡契約書及び契約金額が 100 万円以下（平成 26 年 3 月 31 日以前は 1,000 万円以下）の建設工事請負契約書には、本則税率が適用されます。

　（ロ）不動産の譲渡又は建設工事の請負に係る契約に関して作成される文書であっても、次の文書は軽減税率の適用はありません。

　　①　不動産の譲渡代金又は建設工事代金の支払のために振り出す約束手形（第 3 号文書）

　　②　不動産の譲渡代金又は建設工事代金を受領した際に作成する金銭又は有価証券の受取書（第 17 号の 1 文書）

納税義務者と納税義務の成立

(1) 納税義務者

　課税文書の作成者は、作成した課税文書の印紙税を納める義務があります（法3①）。

　課税文書の作成者とは、通常は文書の作成名義人となりますが、これには例外もあります。具体的には、次の区分によって、それぞれに定められた者が作成者として納税義務者になります。

イ　事業主の業務に関して、従業員などの名義で作成する課税文書は、事業主
ロ　法人の業務に関して、法人の代表者名義で作成する課税文書は、法人
ハ　委任（事務委任を含む。）により代理人が、委任事務の処理のために代理人名義で作成する課税文書は、代理人
ニ　その他の課税文書は、課税文書に記載された作成名義人

　なお、一つの課税文書を2以上の者が共同して作成した場合には、共同作成者は、連帯して納税義務者となります（法3②）。

(2) 一の文書に同一の号の課税事項が2以上記載されている場合の作成者

　一の文書に、課税物件表の同一の号の課税事項が2以上記載されている場合においては、当該2以上の課税事項の当事者がそれぞれ異なるものであっても、当該文書は、これらの当事者の全員が共同して作成したものとなります（基通45）。

> （例）一の文書に甲と乙、甲と丙及び甲と丁との間のそれぞれ200万円、
> 300万円及び500万円の不動産売買契約の成立を証明する事項を区分
> して記載しているものは、記載金額1,000万円の第1号文書（不動産
> の譲渡に関する契約書）に該当し、甲、乙、丙及び丁は共同作成者と
> なります。

(3) 一の文書が2以上の号に掲げる文書に該当する場合の作成者

　一の文書が、課税物件表の2以上の号に掲げる文書に該当し、通則3の規定により所属が決定された場合における当該文書の作成者は、当該所属することとなった号の課税事項の当事者となります（基通46）。

> （例）一の文書で、甲と乙との間の不動産売買契約と甲と丙との間の債
> 権売買契約の成立を証明する事項が記載されているものは、第1号文
> 書（不動産の譲渡に関する契約書）に所属し、この場合には、甲と乙
> が共同作成者となり、丙は作成者とはなりません。

(4) 取引の仲介人等の納税義務

　例えば、不動産売買契約における仲介人、消費貸借契約における保証人は、契約に参加する当事者であり、契約当事者に含まれることになって、その所持する契約書は課税の対象になりますが、納税義務者とはなりません。

　この場合は、売買取引の売主と買主あるいは消費貸借契約の貸主と借主に納税義務が生ずることとなり、契約当事者が所持する契約書すべてに連帯納税義務が生じます。

(5) 納税義務の成立時点（作成の時）

　印紙税の納税義務は課税文書の作成の時に成立します（国税通則法15②十二）。

課税文書の作成とは、原則として、課税文書を物理的に作り（調製し）、文書の作成目的に従って行使することをいいます。

したがって、作成の時とは、次に掲げる時となります。

イ　金銭の受取書などのように、文書が取引の相手方に交付する目的で作られるものは、その交付の時

ロ　契約書などのように、文書が当事者の意思の合致したことを証明する目的で作られるものは、その証明の時（当事者の署名押印など）

ハ　通帳などのように、文書が継続して付込み証明する目的で作られるものは、最初の付込みの時

このように、印紙税法上の作成とは、文書の物理的な作成（調製）行為を意味するものではなく、文書に記載された事項の証明効果を発生させる行為をいいます。

したがって、ある文書が、たとえ課税文書としての体裁を整えていても、その作成目的に従って行使しない限り納税義務は成立しないことになります。

(6) 課税文書の作成とみなす場合

印紙税の納税義務は、課税文書の作成の時に成立しますが、すべてについてこの原則を当てはめると、税負担の不均衡が生じたり、印紙税納付の実態と著しくかけ離れたりする不都合が生ずることがあります。そこで、次の場合には印紙税法上課税文書の作成があったものとしています（法4）。

イ　手形を作成したものとみなす場合（法4①）

約束手形や為替手形を、手形金額を記載しないまま振り出したり、引き受けたりした後に、手形金額が補充される場合には、その補充をした者が、その補充をした時に、手形を作成したものとみなされます。

ロ　通帳などを作成したものとみなす場合（法4②）

通帳や判取帳を1年以上継続して使用する場合には、その通帳を作成した日から1年を経過した日（翌年の応当日）以後、最初の付込みをした時に、新たにそれらの通帳等が作成されたものとみなされます。

したがって、例えば、数年間使用することとしている駐車場の使用料の受取通帳に毎月の使用料の受領事実を付け込む場合は、最初の付込みの時に400円の印紙を貼り付け、以後1年経過した日（翌年の応当日）後の最初の付込み時に新たに400円ずつ印紙を貼り付ける必要があります。

ハ　通帳などへの付込みがある一定の金額を超える場合に、それぞれの課税事項に関する契約書等が作成されたとみなす場合（法4④）

　　通帳等に次の事項の付込みがされた場合において、その付込みがされた事項に係る記載金額が次に掲げる金額であるときは、その付込みがされた事項に係る部分については、通帳等への付込みがなく、次に掲げる課税文書の作成があったものとみなされます。

（イ）第1号（消費貸借に関する契約書等）の課税文書により証されるべき事項10万円（租特法第91条第2項の軽減措置が適用される不動産譲渡契約書の場合は50万円）を超える金額

　　　・・・第1号文書

　　　例えば、貸付金通帳に貸付金額30万円を付込み証明したときには、その30万円の付込みは、貸付金通帳への付込みにはならず、新たな「消費貸借に関する契約書（第1号の3文書）」を作成したものとみなされます。

（ロ）第2号（請負に関する契約書）の課税文書により証されるべき事項100万円（租特法第91条第3項の軽減措置が適用される建設工事請負契約書の場合は200万円）を超える金額

　　　・・・第2号文書

　　　例えば、注文請負通帳に請負金額150万円を付込み証明したとき

には、その 150 万円の付込みは、注文請負通帳への付込みにはならず、新たな「請負に関する契約書（第 2 号文書）」を作成したものとみなされます。

（ハ）第 17 号の 1（売上代金に係る金銭又は有価証券の受取書）の課税文書により証されるべき事項 100 万円を超える金額

・・・第 17 号の 1 文書

　例えば、金銭の受取通帳に受取金額 300 万円を付込み証明したときには、その 300 万円の付込みは、その金銭の受取通帳への付込みにはならず、新たな「売上代金に係る金銭又は有価証券の受取書（第 17 号の 1 文書）」を作成したものとみなされます。

(7) 課税文書を国等と国等以外の者が共同作成した場合のみなし規定（法 4 ⑤）

　国等（国、地方公共団体又は法別表第二に掲げる者（沖縄振興開発金融公庫など））が作成する文書は非課税となります。

　この国等が契約の一方の当事者である場合は、作成される契約書は国等と国等以外の者が共同して作成した文書となり、この場合には、契約書を相互に交換しているものと考え、国等が所持するものは国等以外の者が作成したものと、また、国等以外の者が所持するものは、国等が作成したものとみなされます。

　例えば、国等と営利法人 2 者との間で共同して文書を作成し、それぞれがその文書を所持することとした場合は、国等が所持する文書のみが課税され、その国等が所持する文書は営利法人 2 者の連帯納税義務となります。

8 納付手続

(1) 印紙納税方式による場合

イ　印紙の貼り付けによる納付

　　課税文書の作成者は、税印押なつなど特別の場合を除いて、文書の作成の時までに、課税される印紙税に相当する金額の印紙を文書に貼り付ける方法で印紙税を納付しなければなりません（法8①）。この場合に作成者は、文書と印紙の彩紋（模様）とにかけてはっきり印紙を消さなければなりません（法8②）。

　　収入印紙を消す方法は、文書の作成者又は代理人、使用人その他の従業者の印章又は署名によることとされています（令5）。

　　なお、消印は収入印紙の再使用を防止する目的のものですから、ここでいう印章には、通常の印鑑のほか、日付印や役職名などが表示された印など、その文書に押した印鑑と異なる印で消してもよく（基通65）、また、例えば、共同作成文書の場合は、作成者全員で消す必要はなく、一人の者が消すことでも構いません。

ロ　税印による納付の特例

　　課税文書の作成者は、特定の課税文書に対し、印紙を貼り付けることの代わりに印紙税額を金銭で納付して、特定の税務署長に、税印を押してもらうことができます（法9）。

ハ　印紙税納付計器の使用による納付の特例

　　課税文書の作成者は、一定の手続により所轄税務署長の承認を受けて印紙税納付計器を設置し、印紙税額をあらかじめまとめて金銭で納付の上、課税文書に印紙を貼り付ける代わりに、この計器を使用し印紙税額を表示した納付印を押すことができます（法10）。

(2) 申告納税方式による場合

イ　書式表示による申告と納付の特例

　　課税文書の作成者は、一定の条件に合った課税文書の印紙税について、所轄税務署長の承認を受けて、課税文書に一定の書式を表示し、事後に課税文書の作成数量に基づき金銭で申告納税することができます（法11）。

ロ　預貯金通帳等の申告と納付の特例（一括納付）

　　一定範囲の預貯金通帳等の作成者は、所轄税務署長の承認を受けて、毎年4月1日から翌年3月末日までの間に作成される預貯金通帳等に一定の書式を表示し、4月1日現在の口座数を基にして計算した印紙税額を申告し、金銭で納税することができます（法12）。

過誤納金の還付と充当

　国税に関する過誤納金の還付と充当については、原則として、国税通則法の定めるところによります（国税通則法56、57）。
　しかしながら、印紙税は他の一般の国税と異なり、納税義務の成立と同時に税額も確定する印紙納税方式を原則としているので、国税通則法の規定だけでは実情に適さない場合があります。

(1) 過誤納金の確認

　印紙税法は、国税通則法の例外規定を設けて、申告納税方式以外の方法によって納付した印紙税は、一定の手続により、過誤納の事実について、納税地の所轄税務署長の確認を受けることにしています（法14）。
　例えば、次のような場合には、この手続によって過誤納金の還付を受けることができます。
イ　印紙税の納付の必要がない文書に、誤って印紙を貼り付けたり、納付印を押したりした場合
ロ　課税文書に正当額以上の金額の印紙を誤って貼り付けた場合
ハ　課税文書の用紙にあらかじめ印紙を貼り付けたり、税印を押したり、納付印を押したりしたものが、破れたり、汚したり、書き損じたりその他の理由によって課税文書として使用する見込みがなくなった場合

(2) 過誤納金の還付を受ける方法

　過誤納の事実があることについて所轄税務署長の確認を受けるため、「印紙税過誤納確認申請書」を提出するとともに、印紙税が過誤納となっている文書を提示することが必要です。
　「印紙税過誤納確認申請書」の用紙は税務署に用意してあります（又

は国税庁ホームページから入手することもできます。)。

　したがって、印紙税の過誤納金の還付を受けようとする人は、印紙税が過誤納となっている文書と印鑑を税務署に持参すればよいようになっています。

　税務署長は、提示された文書について印紙税の過誤納の事実を確認した場合には、その文書に貼られている印紙に「過誤納処理済」等と表示した印を押して返戻するほか、過誤納金を還付することになります。

　この場合、還付は現金を直接渡すことはしないで、銀行を通じてなされますから、還付金を受け取るまでには若干の日数をみていただくことが必要です。

(3) 過誤納金の充当

　過誤納金は、課税文書に税印の押なつを受ける場合や、印紙税納付計器を使用する場合に、納付する印紙税に充当するよう税務署長に請求することができます（法14②）。

54　第1章　印紙税の課税範囲と課税文書に係る基本的な取扱い

10 納税地

(1) 印紙の貼り付けにより納付する文書

イ　課税文書に作成場所が明らかにされているもの

　　課税文書に記載されている作成場所（法6四）

ロ　課税文書に作成場所が明らかにされていないもの

　① 　課税文書に作成者の本支店、出張所、事業所その他これらに準ず

　　るものの所在地が記載されているものその所在地（令4①一）

　② 　①以外のもの課税文書の作成の時の作成者の住所（令4①二）

ハ　共同作成した課税文書でその作成場所が明らかにされていないもの

　① 　作成者が所持しているもの所持している場所（令4②一）

　② 　作成者以外の者が所持しているもの作成者のうち、課税文書に最

　　も先に記載されている者がその文書を作成したものとした場合の上

　　記ロの①か②に規定する場所（令4②二）

(2) 税印の押なつにより納付する文書

　税印押なつの請求を受けた税務署長の所属する税務署の管轄区域内の
場所（法6二）

(3) 印紙税納付計器により納付する文書

　印紙税納付計器を設置した場所（法6三）

(4) 申告納税方式によって納税する文書

　その承認をした税務署長の所属する税務署の管轄区域内の場所（法6
一）

　（注）納税地は、税務署が特定されれば足りるので、（2）と（4）の場合は、具
　　体的な場所を特定していません。

11 過怠税

(1) 過怠税制度の趣旨目的

　印紙税は、印紙納付を原則とする自主納付制度であり、印紙税不納付などの事実に対する処罰は、故意犯だけに限られます。

　しかしながら、故意犯だけを処罰の対象としていたのでは、納税の確実な履行と納税秩序の維持を図ることは困難なことから、故意過失の区別なく印紙納付による印紙税を納付しなかったり、印紙を消さなかった事実に対して、過怠税を課税することによって、行政的に法秩序の維持と適正な納税の履行を確保しようとするものです。

(2) 過怠税の性格

　過怠税は、二つの性格を持っており、その第1は、印紙を貼り付けて納付する印紙税を納付しなかったことに対する税額の追徴という性格です。

　他の国税で納付不足があった場合には、すべて更正などの処分によって、不足の税額を追徴することになっていますが、これに対して、印紙納付の方法によって納税する印紙税は、1件当たりの税額が少額であるため、特に本税としての印紙税の追徴を単独で行わないで、次に述べる行政的制裁としての金額と併せて徴収しようとするものです。

　第2は、財政権の侵害行為や侵害行為を誘発するおそれのある行為に対する行政的制裁の性格を持っていることです。

　すなわち、故意過失の区別なく、印紙税を納付しなかった行為や貼り付けた印紙を消さなかった行為は、いずれも納税秩序を維持するための義務に違反した行為です。他の国税でも、このような義務違反行為に対し行政制裁として各種の附帯税を課していますが、これと同様の趣旨で、違反者から一定の金額の制裁金を徴収しようとするものです。

（3）過怠税の賦課徴収

過怠税は、印紙不貼付過怠税と印紙不消印過怠税とに分かれます。

印紙不貼付過怠税は、課税文書に印紙を全く貼り付けなかったり、貼り付けた印紙の金額が不足であったりした場合に課税され、過怠税額は納付しなかった印紙税額とその2倍の金額の合計額となります（全体では納付しなかった印紙税額の3倍となります（法20①）。）。

なお、課税文書の作成者から印紙税を納付していないことの申出があり、その申出が調査を受け、過怠税の賦課決定があることを予知してされたものでない場合の過怠税額は、納付しなかった印紙税額とその印紙税額の10％の金額の合計額となります（全体では納付しなかった印紙税額の1.1倍となります（法20②、令19）。）。

印紙不消印過怠税は、課税文書に印紙を貼り付けたが、印紙に所定の消印をしなかった場合に課税されるもので、過怠税額は消印しなかった印紙の額面金額に相当する金額です（法20③）。

過怠税の徴収に当たり、過怠税の合計額が1,000円に満たないときには、1,000円とし（ただし、上記なお書きの場合を除きます。）、賦課課税方式によって徴収されます（法20④、国税通則法32）。

〔参考〕

　過怠税を納付した企業等では、決算の際にはその納付した過怠税を販売費及び一般管理費などとして損益計算書等に計上することとなりますが、この過怠税については、所得税や法人税の所得計算上は必要経費や損金に算入することができないことになっています（所法45①、法法38②）。

　したがって、所得税や法人税の申告に当たっては、その納付した過怠税の金額全額（3倍の過怠税の場合は3倍の金額、1.1倍の過怠税の場合は1.1倍の金額）を、決算利益等に加算する調整（申告調整）を行う必要があります。

（4）申告納税方式に対する過怠税の不適用

申告納税方式により納付される印紙税には、過怠税は適用されません。

この場合には、他の国税と同様に国税通則法の規定に従って、処理される（加算税が賦課される）ことになります。

第2章

主な業種別文書実例から学ぶ課否判断と実務対応

58　第2章　主な業種別文書実例から学ぶ課否判断と実務対応

1 各業種共通

事例1-1　調査業務委託契約書

《文書の内容》

　㈱甲商事では、新規の販路開拓のため、乙情報サービス㈱との間で、次のような契約を結び、市場調査等の業務を委託しています。

調査業務委託契約書

　株式会社甲商事（以下「甲」という）と乙情報サービス株式会社（以下「乙」という）は、■■に関する調査に関し、以下のとおり合意したので、本契約を締結する。

（調査の委託）

第1条　甲は、乙に対し、■■に関する調査（以下「本件調査」という）を委託し、乙はこれを受託した。

（調査の報告）

第2条　乙は、甲の要求又は指示に従って調査を行い、その調査報告は、次項に定めるとおりに行うものとする。

2　令和〇年〇月〇日までに、本件調査の結果を甲の定める様式に従って書面にて報告（以下「本件成果物」という）する。

3　甲は、乙より本件成果物を提出された後、速やかにこれを検収する。本件成果物が甲の定める基準を満たさず、甲が検収するに至らなかった場合は、乙は速やかにこれを修正するものとする。

4　前項に定める検収又は本契約が終了（終了事由を問わない）した場合、甲又は乙は、相手方当事者から提供された資料等を速やかに返却するものとする。

（報酬及び費用）

第3条　甲は、乙に対し、前条第3項に定める検収が終了した後、〇日以内に、本件調査の報酬として●●●,●●●円を、乙の指定する下記口座に振り込む方法により支払う。

【振込先口座】●●銀行△△支店：当座 xxxxxxx

2　甲は、本件調査に関して乙に生じた通信費、交通費、調査費及びその他の費用を負担する。かかる費用の支払方法は、前項と同様とする。

（調査の遂行）

第4条　乙は、本件調査を、法令を遵守し、善良なる管理者の注意をもって遂行する。

2　本件調査の方法については、甲乙協議の上、目的に応じて別途定めるものとする。

（以下略）

《取扱い》

第2号文書（請負に関する契約書）に該当し、契約金額（報酬額）に応じた印紙税が課税されます。

《解説》

1　請負契約と委任契約の判定基準

（1）請負契約は、当事者の一方（請負人）が仕事の完成を約し、相手方（注文者）が仕事の完成に対して一定の報酬の支払を約束する契約です（民法632）。

契約の類型としては、他人の労務を利用することを目的とする労務供給型の契約に分類され、仕事の内容は、有形のもの（建物の建築、物品の製造加工・修理など）だけでなく、無形のもの（商品の運送やシステムの開発など）も含まれ、仕事の完成と報酬との支払が対価関係に立つ契約をいいます。

請負契約の例としては　各種工事、エレベーター保守、機械等の据付・修理、コンピュータソフトの開発、洋服の仕立て、広告宣伝、音楽の演奏、宿泊、結婚披露宴の引受けなどが挙げられます。

（2）委任契約は、当事者の一方（委任者）が法律行為をすることを相手方（受任者）に委任し、相手方がこれを承諾することを内容とする

60　　第 2 章　主な業種別文書実例から学ぶ課否判断と実務対応

契約です（民法 643）。

　委任者が受任者に法律行為でない事務を委託する場合は準委任といい、委任に関する規定が準用されます（民法 656）。

　委任契約が成立すると、受任者は、契約で定められた事務を処理する義務を負い、「委任の本旨に従い、善良な管理者の注意をもって、委任事務を処理する義務」（善管注意義務）（民法 644）や「委任者の請求があるときは、いつでも委任事務の処理の状況を報告し、委任が終了した後は、遅滞なくその経過及び結果を報告しなければならない」という報告義務等を負います（民法 645）。

　報酬については、「受任者は、特約がなければ、委任者に対して報酬を請求することができない」とされていますが（民法 648 ①）、報酬の支払についての特約条項が設けられることがほとんどです。

　委任契約は、一般的には、相手方の知識、経験、才能等に基づく契約をいい、その例としては、工事監理、コンサルタント、諸種の調査・研究、経営指導、診療嘱託の引受けなどが挙げられます。

（3）委任か請負かの判断はむずかしい面がありますが、一般に、仕事の内容が特定していて、報酬の支払が仕事の結果と対応関係にあるものは請負と、また、仕事の内容が相手方の処理に委ねられていて、仕事の成否を問わずに報酬が支払われるものは委任と解釈されます。

　したがって、請負は仕事の完成が目的、委任は一定の目的に従って事務を処理すること自体が目的、すなわち、委任は、結果よりも内容期待といわれています。

〔参考〕請負と委任の区分判定基準

請負…　仕事の完成が目的で、仕事の完成（成果物等）に対して対価が
　　　　支払われるもの。
　　　　　成果物（報告書など）を検収の上これに対して報酬を支払うも
　　　　のなど、仕事の完成が目的とされ、受託者に仕事の完成に至るま
　　　　での危険負担が課せられているものなどが、請負と判定されます。

> 委任… 他人の専門的知識（経験、知識、才能など）を信頼して、一定
> の目的に従って何らかの事務の処理を依頼するもの（事務を処理
> すること自体が目的で、必ずしも仕事の完成を目的とせず、結果
> よりも事務処理の内容に期待するもの）。

2 事例の「調査業務委託契約書」の取扱い

　事例の「調査業務委託契約書」においては、その第2条（調査の報告）において、乙は、甲の要求又は指示に従って調査を行い、調査報告を行うものとするとされ、その場合、甲の定める様式に従って書面（成果物）での報告が義務づけられ、甲は、乙より本件成果物を提出された後検収し、成果物が甲の定める基準を満たさなかった場合は、乙は速やかにこれを修正するものとされています。

　また、第3条（報酬及び費用）において、甲は、乙に対し、検収が終了した後、調査の報酬を支払うこととしていることから、仕事の完成（成果物等）に対して対価が支払われるものと認められます。

　したがって、この契約内容は、請負契約となるものと認められますから、第2号文書（請負に関する契約書）に該当することとなります。

62　第2章　主な業種別文書実例から学ぶ課否判断と実務対応

事例1-2　調査委託等契約書

《文書の内容》

　甲製造㈱では、新たな技術開発のため、乙研究㈱と次のような契約を結び、新技術に関する調査を委託しています。

調 査 委 託 契 約 書

　甲製造株式会社（以下甲という）と乙研究株式会社（以下乙という）とは、□□技術の調査に関し、次のとおり契約を締結する。

第1条　甲は、××における□□技術に関する調査を乙に委託し、乙はこれを受託する。
第2条　乙は、甲の要求又は指示に従って調査を行い、甲に対する調査報告は、乙の調査進行に従って随時行うものとする。
第3条　調査委託料は、○○○円とする。
第4条　本契約の有効期間は、令和○○年○○日から令和○○年○○日とする。

（以下略）

《取扱い》

　委任契約書に該当し、印紙税は課税されません。

《解説》

1　請負契約と委任契約の判定基準

　※　事例1-1の解説1（p 59）を参照。

2　事例の「調査委託契約書」の取扱い

　事例の「調査委託契約書」は、新たな技術開発のための新技術についての調査分析を委託する契約であり、一般に委任に該当する文書と認められます。

1. 各業種共通　　63

　また、この文書には、成果物の提出と報酬の支払が対価関係に立つ旨の明確な約定がないことからみても、請負契約には該当しないものと判断されます。

　したがって、課税文書には該当しません。

64　第2章　主な業種別文書実例から学ぶ課否判断と実務対応

事例 1-3　市場調査委託契約書

《文書の内容》

　甲製造㈱では、新製品を開発し販売するに当たり、同製品に係る市場の状況の調査について、その調査事務を乙情報㈱に委託するため、次のような契約書を作成しています。

市場調査委託契約書

　甲製造株式会社（以下甲という）と乙情報株式会社（以下乙という）とは、○○製品の市場調査に関し、次のとおり契約を締結する。

第1条　甲は、○○製品の販売調査、価格調査、消費調査等（具体的には、別紙に掲げる調査）を乙に委託し、乙はこれを受託する。
第2条　乙は調査終了後、速やかに成果物としての調査報告書を作成し甲に引き渡す。甲は、その引渡しに対して報酬（調査委託料）を支払う。
第3条　調査委託料は、3,000,000円（税抜き）とする。

（以下略）

《取扱い》

　第2号文書（請負に関する契約書）に該当し、1,000円の印紙税が課税されます。

《解説》

1　請負契約と委任契約の判定基準

　※　事例1−1の解説1（p 59）を参照。

2　事例の「市場調査委託契約書」の取扱い

　事例の「市場調査委託契約書」は、新製品の開発・販売に当たって、その製品に関わる市場の調査等（販売調査、価格調査、消費調査など）、

一定の事項についての調査分析を委託する契約ではありますが、第2条において、調査の結果を報告書等にとりまとめて提出させ、その成果物に対して報酬が支払われることになっていることから、仕事の完成が目的と判断されます。

したがって、第2号文書（請負に関する契約書）に該当します。

〔参考〕各種の調査委託契約に係る取扱い

　市場調査、技術調査、品質調査、地質調査等一定の事項についての調査分析を委託する契約は、一般的には委任契約に該当すると考えられますが、その契約条項の内容如何によっては、請負契約と判定される場合があることに留意が必要です。

66 第2章 主な業種別文書実例から学ぶ課否判断と実務対応

事例1-4 研究委託契約書

《文書の内容》

甲㈱では、生物活性に関する実用面の有用性を研究するため、専門的な知識・経験を有する乙研究㈱との間で、次のような契約を結び、その研究を委託することとしています。

研究委託契約書

甲株式会社（以下「甲」という）は、乙研究株式会社（以下「乙」という）に、下記のとおり、研究を委託する。

記

第1条　甲は、生物活性についての試験、検定並びに実用面での有用性評価（細目は、別紙のとおり（省略））を乙に委託し、乙はこれを受諾した。

第2条　甲は、乙に、次の研究費を支払う。

　　1　委託研究費の金額　　年額金 2,800,000 円

　　2　研究の期間　　令和　年　月　日から令和　年　月　日まで

　　3　委託研究費の支払方法

　　　　　　　　令和　年　月　日までに、金 700,000 円

　　　　　　　　令和　年　月　日までに、金 700,000 円

　　　　　　　　令和　年　月　日までに、金 700,000 円

　　　　　　　　令和　年　月　日までに、金 700,000 円

（以下略）

《取扱い》

委任に関する契約書に該当し、印紙税は課税されません。

《解説》

1　請負契約と委任契約の判定基準

※　事例1-1の解説1（p 59）を参照。

2　事例の「研究委託契約書」の取扱い

　ある研究を委託し、併せて、その有用性の判定を依頼する場合のように、相手方の有する知識、経験、才能などを利用して、ある目的について研究するという事務の処理を委託する契約は、一般には委任と判断されることになります。

　したがって、事例の「研究委託契約書」は、課税文書には該当しません。

　なお、研究を委託するということであれば、何らかの研究結果の報告が伴うものですが、例えば、研究報告書の作成、提出という仕事の完成に重きを置き、これに対して報酬を支払うことを内容としている場合には（そのような約定が明記されていれば）、請負契約書（第2号文書）に該当するものと判断されます。

68   第2章　主な業種別文書実例から学ぶ課否判断と実務対応

事例1-5　注文請書（据付工事の伴う機械装置売買契約）

《文書の内容》

　甲機械製造㈱では、乙加工㈱からの注文を受けて、次のような注文請書を作成し、乙加工㈱に対して交付しています。

注 文 請 書

X1年●月30日

乙加工株式会社　殿

甲機械製造株式会社　　　㊞

下記のとおりお請けいたします。

品名	数量	納期
○○機械装置（カタログ No.460498）	一　式	X1年9月20日

　なお、代金、受渡条件等は、X1年●月10日付注文書 No.4567 記載のとおり。

（参考）乙加工㈱から甲機械製造㈱への注文書の内容

No.4567

注 文 書

X1年●月10日

甲機械製造株式会社　殿

乙加工株式会社　　　㊞

下記のとおり注文いたします。

品名	数量	納期
○○機械装置（カタログ No.460498）	一　式	X1年9月20日
据付・試運転調整付		

1　代金は、据付・試運転調整費込み一式　20,000,000 円
2　受渡場所、受渡条件　▲▲工場○○棟（据付引渡し）

《取扱い》

記載金額2,000万円の第2号文書（請負に関する契約書）に該当し、1万円（軽減税率）の印紙税が課税されます。

《解説》

1　課税文書に該当するかどうかの判断

課税文書に該当するかどうかの判断（課否判定）は、その文書に記載されている個々の内容に基づいて判断することとなります（基通3）。

したがって、課税文書に該当するか否かの判断は、その文書の全体的な評価によって決するのではなく、その文書の内容として記載されている個々の事項のすべてを検討の上で、その個々の事項の中に課税物件表に掲げる課税事項となるものが含まれていないかどうかを検証し、一つでも課税事項となるものが含まれていれば、その文書は課税文書となります（基通3）。

例えば、メインの契約が、不課税契約である物品（機械）の売買であり、付随的にその据付工事（請負）の約定が定められている場合は、文書の全体を一つとして、すなわち、物品売買契約書として判断するだけではなく、その付随的な約定事項（請負事項など）も判断対象とします。

また、単に文書の名称や呼称、あるいは形式的な記載文言により判断するのではなく、その記載文言の実質的な意味合いを汲み取って判断する必要があります。

なお、この場合の実質的な判断は、その文書に記載又は表示されている文言、符号などを基礎として、その文言、符号などを用いることについての関係法律の規定や、当事者間の了解、基本契約又は慣習などを加味して、総合的に行うこととなります。

2　他の文書を引用している文書の取扱い

（1）他の文書の引用がある場合の原則的な取扱い

ある文書に原契約書、規約、約款、見積書、注文書等の文書を引用することが記載されている場合は、引用されている他の文書の内容

は、その文書に記載されているものとして判断されます（基通4①）。

　なお、記載金額と契約期間については、印紙税法において「当該文書に記載された金額」、「契約期間の記載のあるもの」といった規定があることからも、原則として、その文書に記載された金額及び契約期間をいうことを明らかにしていますので、たとえ引用されている他の文書の内容を取り入れると金額及び期間が明らかとなる場合であっても、その文書には記載金額及び契約期間の記載はないことになります（基通4②）。

（2）引用している他の文書の契約金額がその文書の記載金額となる場合（特例）

　第1号文書（不動産の譲渡契約書等）、第2号文書（請負に関する契約書）及び第17号の1文書（売上代金に係る金銭又は有価証券の受取書）については、その文書に具体的な金額の記載がない場合であっても、通則4のホ（2）又は（3）の規定により、記載金額があることになる場合があります（基通4②注書）。

　例えば、第2号に掲げる文書に、その文書に係る契約についての契約金額又は単価、数量、記号その他の記載のある見積書、注文書その他これらに類する文書（課税物件表に掲げる文書に該当するものは除きます。）の名称、発行の日、記号、番号等の記載があることにより、当事者間においてその契約についての契約金額が明らかである場合又は計算をすることができる場合には、その明らかである契約金額又は計算により算出された契約金額が第2号に掲げる文書における記載金額となります（通則4ホ（2））。

　事例の注文請書の場合も、基通4条2項の注書の適用があり、通則4のホ（2）の規定により、引用している「注文書」に記載されている契約金額が、この「注文請書」に記載された契約金額として取り扱われます。

3 契約書の意義

契約書とは、契約証書、協定書、約定書その他名称のいかんを問わず、契約（その予約を含みます。）の成立若しくは更改又は契約の内容の変更若しくは補充の事実（以下「契約の成立等」といいます。）を証すべき文書をいい、念書、請書その他契約の当事者の一方のみが作成する文書又は契約の当事者の全部若しくは一部の署名を欠く文書で、当事者間の了解又は商慣習に基づき契約の成立等を証することになっているものも含まれます（通則5）。

ここでいう契約とは、互いに対立する2個以上の意思表示の合致、すなわち一方の申込みと他方の承諾によって成立する法律行為です（基通14）から、契約書とは、その2個以上の意思表示の合致の事実を証明する目的で作成される文書をいいます。

なお、契約の消滅の事実を証明する目的で作成される文書は、印紙税法上の契約書には含まれず、課税文書とはなりません（基通12）。

4 請負と売買の判断基準

物品の売買契約の場合には、継続する2以上の取引に係る売買契約となるもので、継続的取引の基本となる契約書（第7号文書）になるものを除いては、不課税文書になります。

ところで、大型機械の売買契約などでは、据付工事や組立てを伴う場合、注文に基づき自己の材料で物品を製作して引き渡す場合（いわゆる製作物供給契約）などがあり、課税文書である請負契約となるのか、不課税文書である物品の譲渡契約となるのか、疑義が生ずるところです。

物品などの移転が請負契約によるものなのか、売買契約によるものなのかによって、印紙税の負担に差が生じてくるので、この判断も重要となってきます。

そこで、契約当事者の意思が、仕事の完成に重きをおいているのか、物の所有権移転に重きをおいているのかによって、請負か売買かを判断することとされています。

しかし、具体的な取引においては、必ずしもその判別が明確なものばかりとはいえないため、その判別が困難な場合には、次のような基準で判断することとしています（基通別表第一第2号文書の2）。

（1）請負契約に該当するもの

イ　注文者の指示に基づき一定の仕様又は規格等に従い、製作者の労務によって工作物を建設することを内容とするもの

　　⇒　家屋の建築、道路の建設、橋りょうの架設など

ロ　注文者が材料の全部又は主要部分を提供（有償、無償を問いません。）し、製作者がこれによって一定物品を製作することを内容としたもの

　　⇒　生地提供の洋服の仕立て、材料支給による物品の製作など

ハ　製作者の材料を用いて注文者の設計又は指示した規格等に従い一定物品を製作することを内容とするもの

　　⇒　船舶・車両・機械・家具等の製作、洋服等の仕立てなど

ニ　一定物品を一定の場所に取り付けることによって所有権を移転することを内容とするもの

　　⇒　大型機械の取付け、据付調整など

ホ　修理又は加工を内容とするもの

　　⇒　建築・機械の修繕、塗装

（2）売買契約に該当するもの

イ　一定物品を一定の場所に取り付けることによって所有権を移転することを内容とするものであるが、取付行為が簡単であって、特別の技術を要しないもの

　　⇒　テレビを購入した時の配線など

ロ　製作者が工作物をあらかじめ一定の規格で統一し、これにそれぞれの価格を付して注文を受け、当該規格に従い、工作物を製作し、供給することを内容とするもの

　　⇒　建売住宅の供給（不動産の譲渡契約となる）など

ハ　あらかじめ一定の規格で統一された物品を、注文に応じ製作者の材料を用いて製作し、供給することを内容とするもの

　　⇒　カタログ又は見本による機械、家具等の製作など

5　不課税契約と課税契約とが混合記載された契約における記載金額の取扱い

　通則4のロにおいて、「当該文書が2の規定によりこの表の2以上の号に該当する文書である場合には、（記載金額の計算については）次に定めるところによる」と規定されており、①2以上の記載金額が、それぞれ区分して記載されている場合には、所属することとなる号に係る区分記載した金額が記載金額と、また、②2以上の記載金額が、区分して記載されていない場合には、その全額が所属することとなる号の記載金額となります。

　この通則4のロでは、課税契約と課税契約が混合記載されている場合を想定した規定振りとなっており、売買契約と請負契約が混合記載された契約書（事例のように、規格品である大型機器の売買と据付けの請負が約定されている契約書）など、不課税契約と課税契約が混合記載されている契約書の記載金額については、その全額が課税契約となる号の記載金額になるのではないかという疑義が生じます。

　しかしながら、これについては、通則4のロの規定に準じて、請負金額が区分記載されていれば、請負金額部分を記載金額とする第2号文書に該当するものとするのが妥当かと考えます。

　なぜなら、混合契約における記載金額の判定に当たっては、「それぞれ区分記載された契約金額がそれぞれの記載金額となる。」という前提の下に通則4の条文が規定されていると考えるのが自然だからです。

　なお、個別の売買契約書は、平成元年前は、旧第19号文書として課税されていたものであり、事例のようなケースについては、平成元年前は通則4のロの規定がそのまま適用となり、据付費のみを記載金額とする第2号文書として取り扱われていたところです。

6 事例の「注文請書」の取扱い

　事例の「注文請書」は、引用している「注文書」に記載されている内容から、カタログ品である大型機械の売買契約（不課税事項）と据付・試運転調整の請負契約（課税事項）とが混合記載されているものと認められ、請負に関する契約書（第2号文書）となります。

　なお、契約金額についてみると、○○機械装置（動産）の売買金額と、据付・試運転調整費の金額とが、明確に区分記載されていないことから、その合計金額が請負に関する契約書（第2号文書）の記載金額となるので留意する必要があります。

　したがって、事例の文書の記載金額は注文書記載の合計金額の2,000万円となりますが、据付工事については、税率の軽減措置の特例（措特法91）の適用がありますので、1万円の印紙税が課税となります。

〔参考〕

　○○機械装置（動産）の売買金額と、据付・試運転調整費の金額とを、明確に区分記載することで、据付・試運転調整費の金額のみを、請負に関する契約書（第2号文書）の記載金額とすることができます。

　例えば、「○○機械装置 15,000,000 円、据付・試運転調整費等一式 5,000,000 円、合計 20,000,000 円」と記載することで、据付・試運転調整費等一式部分の契約金額 5,000,000 円が記載金額となり、1,000 円（軽減税率適用）の印紙税の納付に抑えることができます。

　なお、○○機械装置がいわゆるカタログ品ではなく、注文者からの特注品である場合には、機械装置の製造も請負と判断されることから、この場合には、機械装置の代金と据付・試運転調整費等一式部分の金額とを区分記載したとしても、その合計金額が、請負に関する契約書（第2号文書）の契約金額（＝記載金額）となります。

1. 各業種共通　　75

事例 1-6　注文書（取引基本契約書に基づく注文書）

《文書の内容》

甲製造㈱では、外注先の乙部品加工㈱に対して、外注の都度、次のような注文書を作成して交付しています。

No. 5498

注　文　書

Ｘ 2 年 2 月 20 日

乙部品加工株式会社　御 中

甲製造株式会社　㊞

　Ｘ 1 年 3 月 31 日付取引基本契約書第 4 条に基づき、下記のとおり注文いたします。

1　注文内容
　　○○部品　単価 5,000 円　数量 1,000 個
2　受渡条件　受渡期日；Ｘ 2 年 6 月 30 日、受渡場所；○○工場

（参考）注文書で引用しているＸ 1 年 3 月 31 日付の「取引基本契約書」の内容

取引基本契約書

　甲製造株式会社（以下「甲」という）と乙部品加工株式会社（以下「乙」という）とは、甲と乙との間の売買及び請負取引（以下「取引」という）について、次のとおり取引基本契約を締結する。

第 1 条（基本原則）

　取引は、相互利益の尊重に基づき、かつ、信義誠実の原則に従って行うものとする。

第 2 条（基本契約と個別契約）

　この基本契約書は、甲と乙との間の取引契約に関する基本事項を定めたもので、甲乙協議して定める個々の取引の契約（以下「個別契約」という）に対して適用し、甲及び乙はこの基本契約及び個別契約を遵守しなければならない。

なお、この基本契約で定める事項と個別契約で定める事項が異なる場合、個別契約が優先して適用されるものとする。

第3条（個別契約）

1　個別契約には、発注年月日、目的物の名称、仕様、数量、納期、納入場所、検査その他の受渡条件及び代金の額、単価、決済日、決済方法等を、また、原材料等を支給する場合には、その品名、数量、支給日、その他の引渡条件、代金の額等を、それぞれ定めなければならない。

2　前項の規定にかかわらず、個別契約の内容の一部を、甲乙協議の上、あらかじめ付属協定書等に定めることができる。

第4条（個別契約の成立）

　個別契約は、甲より前条の取引内容を記載した注文書を乙に交付することによって成立する。

第5条（単価）

　単価は、目的物ごとに数量、仕様、納期、代金支払方法、品質、材料価格、労務費、運送費、市場の動向等を考慮し、製造原価に適正な管理的経費及び利益を加え、甲乙協議の上定めるものとする。

第6条（代金の支払方法）

　代金の支払方法は、甲乙協議の上、別途定めるものとする。

（中略）

第10条（契約期間）

　この基本契約書の契約期間は、調印の日から1年間とし、期間満了の2ヶ月前までに甲又は乙から書面による変更、解約の申し出のない場合には、この基本契約書と同一の条件で継続するものとし、その後もこの例によるものとする。

（以下略）

《取扱い》

　記載金額500万円の第2号文書（請負に関する契約書）に該当し、2,000円の印紙税が課税されます。

1. 各業種共通　　77

《解説》

1　課税文書に該当するかどうかの判断

※　事例1－5の解説1　（p 69）を参照。

2　契約書の意義

※　事例1－5の解説3（p 71）を参照。

3　申込書、注文書などの取扱い

　契約とは、申込みと承諾によって成立するものですから、契約の申込事実を記載した申込書、注文書、依頼書などは、通常、課税対象にはなりません（基通21①）。

　しかし、たとえ、これらの表題を用いている文書であっても、その記載内容によっては、契約の成立等を証する文書、すなわち、契約書になるものがあります。

　契約の成立等を証する文書かどうかは、文書の記載文言等その文書上から客観的に判断するというのが印紙税の基本的な取扱いであり、申込書等と表示された文書が契約の成立等を証明する目的で作成されたものであるかどうかの判断も、基本的にその文書上から行うことになります（基通2、3）。

　このような契約の成立等を証明する目的で作成される文書は当然に契約書に該当するのですが、実務上、申込書、注文書等と表示された文書が契約書に該当するかどうかの判断はなかなか困難なことから、一般的に契約書に該当するものを基本通達で例示しています（基通21②）。

（1）そのうちの一つが、契約当事者の間の基本契約書、規約又は約款等に基づく申込みであることが記載されていて、一方の申込みにより自動的に契約が成立することとなっている場合における当該申込書等（基通21②一）です。

　　この場合の基本契約書、規約又は約款等に基づく申込みであることが記載されているかどうかは、申込書等に、基本契約書、規約又は約款等に基づく申込みである旨の文言が明記されているもののほか、基

本契約書、規約又は約款等の記号、番号等が記載されていること等により、実質的に約款等に基づく申込みであることが文書上明らかなものも含まれます。

この場合において、自動的に契約が成立するかどうかは、実態判断によります。

例えば、基本契約書、規約又は約款等で、「申込書を提出した時に自動的に契約が成立するものとする。」とされている場合は、その申込書を提出した時に自動的に契約が成立することは明らかであり、「申込書提出後、当方が審査を行った上了解したものについて契約が成立するものとする。」となっている場合は、その申込書を提出しても自動的に契約が成立するものとはいえません。

しかし、基本契約書、規約又は約款等にそのような明文の記載がない場合は、事実上その申込みによって自動的に契約が成立するかどうかを判断することになります。

（2）なお、一方の申込みにより自動的に契約が成立する申込書等であっても、それに対して相手方当事者がさらに請書等を作成することとしているものは、契約書には当たらないことに取り扱われます。

（注）この取扱いがある場合であっても、申込書等の文書上に、さらに請書等を作成する旨が記載されていることが必要であり、請書等を作成する旨が記載されていないときは、申込書等も契約書として、また、請書等も契約書として当然課税されることとなるので、留意が必要です。

4　事例の「注文書」の取扱い

事例の「注文書」は、引用記載している原契約書「取引基本契約書」の第4条において、「個別契約は、甲より前条の取引内容を記載した注文書を乙に交付することによって成立する。」となっており、甲社から注文書を乙社に差し入れた段階で「自動的に契約が成立する」ことになっているものと評価できます。

このことから、事例の「注文書」自体が契約書に該当することとな

り、その記載内容によっては、課税文書と判断されます。

すなわち、事例の「注文書」の内容が、甲社と乙社との間での物品の売買取引に係るものである場合（乙社製の部品をそのまま納品を受ける場合）には、物品等の譲渡契約書に当たり不課税文書となります。

一方、甲社から乙社への注文内容がいわゆる特注品の注文である場合には、甲社と乙社との契約は、その特注品に係る請負契約となりますから、この場合には、請負に関する契約書（第2号文書）に該当することとなり、契約金額（＝記載金額；事例の「注文書」では、単価 5,000 円× 1,000 個＝ 5,000,000 円）に応じた印紙税が課されます。

以上より、注文書自体が契約書に該当することとなり、課税文書と判断されることとなります。

〔参考 1〕

事例の（参考）の原契約書「取引基本契約書」は、「甲と乙との間の売買及び請負取引」についての契約であることから一見、請負に関する契約書（第2号文書）と継続的取引の基本契約書（第7号文書）に同時に該当するのではないかと思われます。

第7号文書に該当するかどうかの課税要件は、「2以上の取引に共通して適用される取引条件のうち、①目的物の種類、②取扱数量、③単価、④対価の支払方法、⑤債務不履行の場合の損害賠償の方法又は⑥再販売価格」のいずれかの取引条件を定めるものです（令26一）。

しかしながら、この文書では、「①目的物の種類」についてみると、「売買及び請負取引」というのみで、何の売買取引なのか、何の請負取引なのかが定かとなっておらず、抽象的に記載されていることから「目的物の種類」を定めるものには当たらないものです。また、他の取引条件のいずれについても、具体的な定めとなっておらず、第7号文書には該当しません。

ただ、この基本契約書は、売買及び請負取引に係る原始的な契約書ですから、記載金額がない第2号文書（請負に関する契約書）には該当し、200 円の印紙税が課税されると考えます。

なお、同契約書の第10条に「契約期間」の定めがありますが、「契約期間」は第2号文書の重要事項（基通別表第二「重要な事項の一覧表」4（8））に該当するものですから、この点からみても、第2号文書（請負に関する契約書）に該当することになります。

〔参考2〕

　事例の（参考）の原契約書「取引基本契約書」の第4条の条文を、「個別契約は、甲より前条の取引内容を記載した注文書を乙に交付し、乙がこれを承諾することによって成立する。」とした場合、甲から注文書を乙に差し入れた段階では「自動的に契約が成立する」ことにはなっていないと評価できることから、注文書自体は契約書には該当せず不課税文書と判断されることとなります。

　なお、契約の相手方当事者が別に請書等契約の成立を証明する文書を作成することが、その注文書（申込文書）の中に記載されているものは、未だ申込段階での文書と評価できることから、可能な場合、できる限りその旨を明記することが肝要です。

1. 各業種共通　　81

事例 1-7　注文書（見積書等に基づく注文書）

《文書の内容》

甲製造㈱では、外注先の乙部品加工㈱に対して、外注の都度、次のような注文書を作成して交付しています。

No. ___003781___

注　　文　　書

X1年2月20日

乙部品加工株式会社　御 中

甲製造株式会社　　㊞

X1年1月20日付第00398号の貴見積書に基づき、下記のとおり注文いたします。

加工明細	単価	数量	金額	摘要
○○部品加工	5,000 円	100 個	500,000 円	

受渡期日		受渡場所		代金支払期日	

《取扱い》

記載金額50万円の第2号文書（請負に関する契約書）に該当し、200円の印紙税が課税されます。

《解説》

1　課税文書に該当するかどうかの判断

※　事例1－5の解説1（p 69）を参照。

2　他の文書を引用している文書の取扱い

※　事例1－5の解説2（p 69）を参照。

3　契約書の意義

※　事例1－5の解説3（p 71）を参照。

82　第2章　主な業種別文書実例から学ぶ課否判断と実務対応

4　申込書、注文書などの取扱い

　契約とは、申込みと承諾によって成立するものですから、契約の申込事実を記載した申込書、注文書、依頼書などは、通常、課税対象にはなりません（基通21①）。

　しかし、たとえ、これらの表題を用いている文書であっても、その記載内容によっては、契約の成立等を証する文書、すなわち、契約書になるものがあります。

　契約の成立等を証する文書かどうかは、文書の記載文言等その文書上から客観的に判断するというのが印紙税の基本的な取扱いであり、申込書等と表示された文書が契約の成立等を証明する目的で作成されたものであるかどうかの判断も、基本的にその文書上から行うことになります（基通2、3）。

　このような契約の成立等を証明する目的で作成される文書は当然に契約書に該当するのですが、実務上、申込書、注文書等と表示された文書が契約書に該当するかどうかの判断はなかなか困難なことから、一般的に契約書に該当するものを基本通達で例示しています（基通21②）。

（1）一般的に契約書に該当するものの例示の一つが、見積書その他の契約の相手方当事者の作成した文書等に基づく申込みであることが記載されている当該申込書等です（基通21②（2））。

　　これは、契約の相手方当事者が作成する見積書等がいわば契約の申込みであり、これに基づく申込書等は、申込みに対する承諾文書となり、請書と同様の性格を有すると評価されるものです。

　　ただし、この場合も、契約の相手方当事者が別に請書等契約の成立を証明する文書を作成することが、当該注文書（申込文書）の中に記載されているものは、未だ申込段階での文書と評価できることから、契約書から除かれ、課税されません。

（2）なお、例えば、注文者甲から請負者乙に対する見積書に基づく注文書に、別途「7日以内に連絡なき場合は受諾いただいたものとみな

します。」との文言の記載がある場合、この文言が請書の交付を求める記載と同様の意味合いがあるのか否か疑義が生じます。

この文言の意味合いについては、改めて契約の諾否を求めるものではなく、請負者乙から注文者甲へなされた第一次申込み（見積書）を撤回又は取り消すことのできる期間を7日以内と定めたものと評価され、注文者甲が請負者乙に注文書を差し入れる時点で「契約成立（両者の意思の合致）を証明する目的で作成された文書」と認められることから、その注文書は印紙税法上の契約書に該当します。

また、例えば「異議のある場合は7日以内に連絡ください。」などといった記載表示がある場合も、請負者乙に契約の諾否を改めて求めるものではないので、同様に契約書となります。

さらに、例えば、「7日以内に諾否の連絡をください。」などといった記載表示がある場合は、本契約の成立については別途請負者乙が契約の諾否を確認する手段を講じるということを明示したものと評価され、この注文書を差し入れる時点では「契約の成立（両者の意思の合致）を証明する目的で作成された文書」とは認められないことから、その注文書は契約書には該当しない取扱いとなります。

5 事例の「注文書」の取扱い

事例の「注文書」は、契約の相手方当事者が作成する見積書等に基づく注文であることが明記されていますから、この注文書は、相手方（乙部品加工㈱）の申込み（部品加工の見積書）に対する甲製造㈱の承諾文書となり、請書と同様の性格を有する文書と評価されます。

そして、部品の加工を委託する内容ですから、第2号文書（請負に関する契約書）に該当します。

84　　第2章　主な業種別文書実例から学ぶ課否判断と実務対応

事例1-8　**警備請負契約書（電子契約書）**

《文書の内容》

　甲商事㈱では、警備会社の乙警備保障㈱との間で、次のような契約書を締結しています。なお、この契約書は電子的に作成され、互いにデータで保存しています。

警　備　請　負　契　約　書

　甲商事株式会社（以下「甲」という）と乙警備保障株式会社（以下「乙」という）は、下記のとおり警備請負契約について約定する。

記

第1条　警備物件所在地　●●市○○所在、甲商事本社ビル

第2条　警備料金　月額80万円　（外消費税等80,000円）

第3条　甲は毎月20日までに、乙名義の銀行口座へ口座振込により料金を支払うものとする。

第4条　契約期間はX1年4月1日よりX3年3月31日までの2年間とする。

　この契約の成立を証するために本契約書を電磁的に作成し、各自電子的に保存し管理するものとする。

　　X1年3月31日

　　　　　　　　　　甲

　　　　　　　　　　乙

《取扱い》

　不課税文書となります。

《解説》

1　印紙税の課税対象

（1）印紙税の課税対象となる文書は、契約書や領収書など、日常の経済取引等に伴い作成される様々な文書のうち、印紙税法で定める特定

の文書（経済取引が行われた際に、その事実を明らかにするために作成される証書や帳簿など）です。

印紙税は、課税文書の作成の背後に経済取引等による利益が存在するものと考え、また、文書を作成することに伴う取引当事者間の法律関係の安定化という面にも着目し、文書の作成行為の背後に税を負担する能力（担税力といいます。）を見出して課税しようとするものです。

（2）このように、印紙税はこれらの文書の作成の背後にある経済取引等によって生ずる経済的利益に税源を求めようとするものですが、直接的にはこれらの経済取引等に関して作成する文書を課税対象としています。

したがって、いくら高額な取引が存在したとしても、文書を作成しなければ、課税されることはありません。

反面、一つの取引において複数の文書を作成すれば、例えば、甲と乙の契約において、甲は本店及び営業所用の2通必要、乙は1通必要ということで、合計3通作成すれば、すべてが課税されることになります。

これらのことから、印紙税は、「文書課税」と言われているわけです。

2 電子契約書の取扱い

電子契約とは、コンピュータやICTの方法により紙媒体の契約書に代わり電子データ（電子契約書）が作成される契約をいいます。

最近における事務処理の機械化や電子商取引の進展等により、これまで専ら文書（書面）により作成されてきたものが電磁的記録により作成・記録されるいわゆるペーパーレス化が急激に進展しており、電子契約書の作成も多くなってきています。

ただ、上記1のとおり、印紙税は作成された文書（書面）を課税対象としていますから、通常は書面による文書がその対象となるものです。

したがって、文書課税である印紙税では、電磁的記録により作成・記

録された文書は、課税の対象とされないこととなりますから、電子的に作成された文書（電磁的記録）であって、その文書に印紙税法の課税物件表に掲げられた課税事項が記載（電磁的に記録）されたものであったとしても、書面としての文書の作成がない限り、印紙税の課税の対象とはなりません。

〔参考1〕

　印紙税法第2条は、印紙税の課税物件を「文書」と規定しており、類推解釈の禁止される租税法において電子契約書がこれに当たると解することはできません。

　なお、平成17年に、当時の内閣総理大臣小泉純一郎氏により、「文書課税である印紙税においては、電磁的記録により作成されたものについて課税されないこととなる」（内閣参質162第9号）との国会答弁がなされており、現行法上電子契約書が印紙税法の課税文書とならないことが確認されています。

　また、印紙税法基本通達第44条において、『法に規定する課税文書の「作成」とは、単なる課税文書の調製行為をいうのではなく、課税文書となるべき用紙等に課税事項を記載し、これを当該文書の目的に従って行使することをいう。』とされており、文書課税であることが明かにされています。

〔参考2〕

　例えば、注文請書の書面での調製行為を行った場合であっても、注文請書の現物の交付がなされない以上、たとえ注文請書を電磁的記録に変換した媒体を電子メールで送信したとしても、ファクシミリ通信により送信した文書と同様に、課税文書を作成したことにはなりません。

　また、ファクシミリ通信により送信したものを受信側でプリントしたものや、電磁的に記録された電子契約書をプリンターからプリントアウトしたものは、電子データの複製物（コピー）に過ぎませんので、課税文書とはなりません。

なお、プリントアウトした電子データの複製物（コピー）に、改めて取引の相手方から印鑑を押してもらうようなことをした場合には、課税文書を作成したことになり、印紙税が課税されますから、留意が必要です。

3　事例の「警備請負契約書」の取扱い

　事例の「警備請負契約書」は、継続する警備請負取引についての基本的な事項を定めるもので、第2号文書（請負に関する契約書）と第7号文書（継続的取引の基本となる契約書）の課税事項を満たす記載内容となっていますが、契約当事者間において「電磁的に作成し、各自電子的に保存し管理するものとする。」とされていて、電磁的に作成され記録される文書と認められ、電子契約書に該当しますから、印紙税の課税文書とはなりません。

88　第２章　主な業種別文書実例から学ぶ課否判断と実務対応

| 事例 1-9 | 警備料金変更覚書（原契約書が電子契約書に該当する場合の契約金額の変更） |

《文書の内容》

　甲商事㈱では、警備会社の乙警備保障㈱との間で、警備請負契約を締結していますが、契約の更新に当たって月額の契約金額を変更する覚書を作成する（時間的な制約もあり書面で作成する）こととしています。なお、原契約書である「警備請負契約書」は電子的に作成され、互いにデータで保存しています。

　※　原契約書である「警備請負契約書」の内容は、事例１－８と同一の内容です。

警備料金変更覚書

　甲商事株式会社（以下「甲」という）と乙警備保障株式会社（以下「乙」という）は、下記のとおり、Ｘ１年３月31日付「警備請負契約書」（以下「原契約書」という）の契約内容について、下記のとおり変更することを約定する。

記

第１　原契約書第２条の警備料金について、次のとおり変更するものとする。

　　変更前　月額　80万円　（外消費税等80,000円）

　　変更後　月額　100万円　（外消費税等100,000円）

第２　上記の変更後の警備料金については、Ｘ２年４月１日からＸ３年３月31日まで適用するものとする。

　　Ｘ２年３月31日

　　　　　　　　　　甲

　　　　　　　　　　乙

1. 各業種共通　　89

《取扱い》

　記載金額1,200万円の第2号文書（請負に関する契約書）に該当し、2万円の印紙税が課税されます。

《解説》

1　契約書の意義

　※　事例1－5の解説3（p71）を参照。

2　変更契約書の取扱い

　既に存在している契約（以下「原契約」といいます。）の内容を変更する契約書は、印紙税法上の契約書に含まれます（通則5）。

　「契約の内容の変更」とは、原契約の同一性を失わせないで、その内容を変更することをいいます。この場合において、原契約が文書化されていたか、単なる口頭契約であったかは問いません。

　印紙税法は、契約上重要な事項を変更する変更契約書を課税対象とすることとし、その重要な事項の範囲は基通別表第二「重要な事項の一覧表」に定められていますが、ここに掲げられているものは例示事項であり、これらに密接に関連する事項や例示した事項と比較してこれと同等、若しくはそれ以上に契約上重要な事項を変更するものも課税対象になります。

　変更契約書は、変更する事項がどの号に該当する重要な事項であるかにより文書の所属を決定することになるのですが、2以上の号の重要な事項が2以上併記又は混合記載されている場合や、一つの重要な事項が同時に2以上の号に該当する場合には、それぞれの号に該当する文書として原契約書の所属の決定方法と同様に所属を決定することになります（この場合、原契約書の所属号には拘束されず、変更契約書について、改めて所属号を決定することとなります。）。

3　月単位等で契約金額を定めている契約書の記載金額

　月単位等で契約金額を定めている契約書で、契約期間の記載のあるも

のはその月単位等での契約金額に契約期間の月数等を乗じて算出した金額が記載金額となり、契約期間の記載のないものは記載金額がないものとなります。

なお、契約期間の更新の定めがある契約書については、更新前の期間のみを記載金額算出の基礎とし、更新後の期間は考慮しないものとします（基通29）。

4 契約金額を変更する変更契約書の記載金額の取扱い

契約金額を変更する変更契約書の記載金額は、それぞれ次によります（通則4ニ、基通30）。

（1）その変更契約書に係る契約についての変更前の契約金額等の記載されている文書が作成されていることが明らかであり、かつ、その変更契約書に変更金額（変更前の契約金額と変更後の契約金額の差額、すなわち契約金額の増減額）が記載されている場合（変更前の契約金額と変更後の契約金額の双方が記載されていることにより変更金額を明らかにできる場合を含みます。）

イ 変更前の契約金額を増加させるものは、その増加額が記載金額となります。

ロ 変更前の契約金額を減少させるものは、記載金額のないものとなります。

（2）上記（1）以外の変更契約書

イ 変更後の契約金額が記載されているもの（変更前の契約金額と変更金額の双方が記載されていることにより変更後の契約金額が計算できるものも含みます。）は、その変更後の契約金額が、その文書の記載金額となります。

ロ 変更金額だけが記載されているものは、その変更金額が、その文書の記載金額となります。

5 第1号又は第2号文書に係る記載金額の特例（文書の引用に係る特例）

文書の内容に原契約書、約款、見積書その他その文書以外の文書を引用する旨の文言の記載がある場合は、引用されている文書の内容がその文書の中に記載されているものとして、その文書の内容を判断します（基通4①）。

なお、「記載金額」と「契約期間」については、印紙税法において「当該文書に記載された金額」、「契約期間の記載のあるもの」といった規定があることからも、原則として、その文書に記載された金額及び契約期間をいうことを明らかにしていますので、たとえ引用されている他の文書の内容を取り入れると金額及び期間が明らかとなる場合であっても、その文書には記載金額及び契約期間の記載はないことになります。

ただし、第1号又は第2号に掲げる文書に、その文書に係る契約についての契約金額又は単価、数量、記号その他の記載のある見積書、注文書その他これらに類する文書（課税物件表に掲げる文書に該当するものは除きます。）の名称、発行の日、記号、番号等の記載があることにより、当事者間においてその契約についての契約金額が明らかである場合又は計算をすることができる場合には、その明らかである契約金額又は計算により算出された契約金額が記載金額となります（通則4ホ（2））。

※ 事例1－5の解説2の（2）（p70）参照。

6 事例の「警備料金変更覚書」の取扱い

（1）事例の「警備料金変更覚書」で変更することとなる月額料金は、原契約書の契約期間である「X1年4月1日よりX3年3月31日までの2年間」のうちの後半の期間「X2年4月1日よりX3年3月31日まで」の1年間に適用されるものです。

そして、原契約書の警備請負契約書を引用しており、かつ、変更前の契約金額と変更後の契約金額の双方が記載されていることにより変更金額（増加金額）を明らかにできる場合に当たる内容であることか

ら、記載金額の特例、すなわち、上記4（1）イの取扱いが適用されるようにも考えられます。

ただ、原契約書は電子契約書であり、電子契約書は文書ではありません（事例1－8の解説2（p 85）を参照）から、上記4（1）にある「変更契約書に係る契約についての変更前の契約金額等の記載されている文書が作成されている」場合に当たらないこととなります。

したがって、上記4（2）イの取扱いの適用があることになります（変更後の契約金額が記載されているものに該当します）から、その変更後の契約金額（月額100万円）にその適用期間（契約期間1年間＝12ヶ月）を乗じた金額、1,200万円が契約金額（＝記載金額）として取り扱われることになります。

（2）また、原契約書の警備請負契約書に記載されている内容（事例1－8の内容）だけをみますと、第2号文書（請負に関する契約書）と第7号文書（継続的取引の基本となる契約書）とに同時に該当する内容となっており、こういった場合の文書の記載金額については、通常であれば、上記5のただし書の取扱いの適用があるのですが、原契約書の警備請負契約書は電子契約書であり課税される「文書」に該当しないものです。

したがって、上記5のただし書「その文書に係る契約についての契約金額又は単価、数量、記号その他の記載のある見積書、注文書その他これらに類する文書（課税物件表に掲げる文書に該当するものは除きます。）の名称、発行の日、記号、番号等の記載があることにより、当事者間においてその契約についての契約金額が明らかである場合又は計算をすることができる場合」にも当たらないことになります。

このことから、変更前の契約金額は原契約書から引用されるものではなく、この覚書において、初めて明らかにされる変更前の契約金額となるものです。

結果、この覚書には、変更前の契約金額（月額80万円）と変更後の

契約金額（月額 100 万円）の双方が記載されていることとなります
が、上記（1）に記載のとおり、上記 4（1）の適用はなく、上記 4
（2）イが適用されることから、変更後の契約金額（月額 100 万円）
に、その適用期間（契約期間 1 年間＝ 12 ヶ月）を乗じた金額、1,200
万円が契約金額（＝記載金額）として取り扱われることになります。

〔参考〕

　事例の覚書が、自動更新後の期間（「X 3 年 4 月 1 日より X 4 年 3 月
31 日までの 1 年間」）に係るもので、変更後の契約金額（月額 100 万
円）が同期間に適用されるものである場合にも、同様に 1,200 万円が契
約金額（＝記載金額）として取り扱われることになります。

　なお、適用期間の始期のみを定める場合（例えば「変更後の契約金額
（月額 100 万円）は X 3 年 4 月 1 日より適用する」とした場合）は、契
約金額（＝記載金額）の定めがないものとなりますので、通則 3 のイに
より、第 7 号文書（継続的取引の基本となる契約書）に所属決定され、
4,000 円の印紙税負担となります。

94　第 2 章　主な業種別文書実例から学ぶ課否判断と実務対応

事例 1–10　外国で作成される契約書

《文書の内容》

　甲不動産販売㈱は、自社所有の土地売買について、米国所在法人であるＤＫ corporation との間で、次のような契約書を締結することとしています。なお、この契約書は米国ニューヨーク市所在のＤＫ corporation 本社にて締結予定です。

不動産売買契約書

　売主甲不動産販売株式会社（以下「甲」という）と、買主ＤＫ corporation（以下「乙」という）とは、甲所有の不動産について、下記条項により売買契約を締結する。

　物件所在地；東京都××区△△町 2 丁目 4 番 6 号、地目；宅地、地積 30 坪

第 1 条（売買価格）

　　物件の売買価格は、52,000,000 円とする。

第 2 条（手付金）

　　買主は手付金として、20,000,000 円をＸ 1 年■月末日までに売主に交付する。

第 3 条（残金）

　　買主は残金として×2 年■月末日までに売主に支払う。

（中略）

　上記の契約を証するため、本契約書を 2 通作成し、各自署名押印の上各 1 通を所持する。

　　　Ｘ 1 年●月●日

　　　　（売　主）甲　東京都中央区△△町ＸＸＸＸ

　　　　　　　　　　　甲不動産販売株式会社

　　　　（買　主）乙　ＮｅｗＹｏｒｋ ×××××

　　　　　　　　　　　ＤＫ corporation

《取扱い》

　課税文書には該当しません。

《解説》

1　文書の作成場所が法施行地外の場合の取扱い

　印紙税法は国内法ですから、その適用地域は日本国内（いわゆる本邦地域内）に限られます。

　したがって、課税文書の作成が国外で行われる場合には、たとえ、その文書に基づく権利の行使やその文書の保存が国内で行われるものであっても、印紙税法の適用はなく、課税されないこととなります（基通49）。

　ただし、その文書に日本国内（いわゆる本邦地域内）以外の作成場所が記載されていたとしても、現実には日本国内（いわゆる本邦地域内）で作成されたものについては、印紙税法が適用されます。

2　課税文書の作成とは

　印紙税法の課税文書の「作成」とは、単なる課税文書の調製行為をいうのではなく、課税文書となるべき用紙等に課税事項を記載し、これをその文書の目的に従って行使することをいいます（基通44①）。

　そのため、相手方に交付する目的で作成する課税文書（例えば、請書、受取書など）は、その交付の時になりますし、契約書のように当事者の意思の合致を証明する目的で作成する課税文書は、その意思の合致を証明する時になります（基通44②）。

　契約書は、通常双方署名押印等する方式の文書となりますから、契約の当事者の一方が課税事項を記載し、これに署名押印した段階では、契約当事者の意思の合致を証明することにはならず、もう一方の契約当事者が署名等をするときに課税文書が作成されたことになります。

3　外国で作成される契約書に係る具体的な取扱い

　外国の企業と日本の企業が、双方が署名押印する形式の契約書（共同作成文書）を作成する場合については、上記2のとおり、双方の署名押

印等がそろった時点がその契約書の作成時点となりますから、契約書が作成された場所が印紙税法施行地内（日本国内）であれば、課税文書となりますし、同法施行地外（外国）であれば、印紙税は課税されないことになります。

　例えば、先に国内の者が日本国内で課税文書（2通）の調製行為（文書作成と署名押印等）をした上で、外国の取引相手先に送付をし、その後、その外国の取引相手先が署名押印をして、2通のうち1通の契約書を国内の者に返送してくる場合には、国内の者の手元において保存することになる契約書については課税文書とはなりません。

　（注）この場合、いつ、どこで作成されたものであるかを明らかにしておかなければ、印紙税の納付されていない契約書について、後日その課否をめぐりトラブルが発生することも懸念されますから、契約書上に外国での作成場所を記載する、外国での作成事実を付記しておく等の措置が必要となります。

　また、文書の作成方法が上記のケースとは逆の場合、つまり、外国の取引相手先が外国で課税文書の調製行為を行い、先に外国の者が署名等をした上で、契約書2通を国内の者が送付を受け、国内の者がこれに署名押印等して（意思の合致を証明して）、1通の契約書を外国の取引相手先に送付する場合には、国内の者が保存するものだけではなく、外国の者に返送する契約書も課税文書となり、納税義務が生じますから、留意が必要です。

1. 各業種共通　97

事例1-11　給油契約書（一般社団法人との契約書）

《文書の内容》

㈱乙石油販売は、一般社団法人甲協会との間で、ガソリン等車両用燃料油の販売契約を結ぶこととし、次のような契約書を作成することとしています。

給油契約書

　一般社団法人甲協会（以下「甲」という）と株式会社乙石油販売（以下「乙」という）とは、甲が所有する車両等に使用する燃料油の売買取引に関して、次のとおり契約を締結する。

1　取引燃料油の種類　　ガソリン及び軽油その他の燃料
2　価格（単価）　　　　別表1記載の価格表による
3　月間購入予定数量　　別表2記載の予定数量による
4　支払条件、支払期日　毎月末締め、毎翌月20日に乙口座へ振込
5　契約期間　X1年4月1日〜X2年3月31日
　　但し、甲、乙双方より別段の申し入れがない場合は、更に1年延長するものとし…

（以下略）

《取扱い》

課税文書には該当しません。

《解説》

1　第7号文書（継続的取引の基本となる契約書）の課税要件

　特約店契約書、代理店契約書、業務委託契約書、銀行取引約定書、信用取引口座設定約諾書、保険特約書その他の契約書で、特定の相手方との間で継続的に生ずる取引に適用する基本的な取引条件を定めたもので、令第26条第1号から第5号に定める要件を満たすものが第7号文書（継続的取引の基本となる契約書）となります。

98　第2章　主な業種別文書実例から学ぶ課否判断と実務対応

　このうち、令第26条第1号の契約書である場合は、次の要件をすべて満たすものが該当します。

（1）営業者の間における契約であること

（2）売買、売買の委託、運送、運送取扱又は請負のいずれかの取引に関する契約であること

（3）2以上の取引を継続して行うための契約であること

（4）2以上の取引に共通して適用される取引条件のうち目的物の種類、取扱数量、単価、対価の支払方法、債務不履行の場合の損害賠償の方法又は再販売価格のうち1以上の事項を定める契約であること

（5）電気又はガスの供給に関する契約ではないこと

　（例）工事請負基本契約書、エレベーター保守契約書、清掃請負契約書等

2　「営業者」の意義

　上記1（1）のとおり、令第26条第1号の契約書の要件には、「営業者の間における契約であること」がありますから、まず、この要件に該当しない限り、第7号文書（継続的取引の基本となる契約書）に該当することはないことになります。

　この要件にいう「営業者」とは、継続的、反復的に同種の営利行為を行う者、すなわち営業活動を行う者をいい、この場合の「営業」とは課税物件表第17号の非課税物件欄に規定する「営業に関しないもの」の「営業」と同義のものとなります。

　課税物件表第17号の非課税物件欄に規定する「営業」に関しない受取書に該当するか否かを、受取書の作成者（発行主体）によって分類すれば、次表のとおりです。

1. 各業種共通　　99

作成者別の営業に関しないもの（受取書）の判定区分表（第17号文書関係）

作成者	区　分			例　示	課否判定
法　人	国・地方公共団体			財務省、東京都、大阪市等	非課税 （法5②）
	法別表第二に掲げる法人			特定の独立行政法人、国立大学法人、信用保証協会、日本赤十字社	
	会社以外の法人	利益（剰余金）の配当（分配）ができない法人		公益社団（財団）法人、一般社団（財団）法人、社会福祉法人、医療法人、学校法人、宗教法人、NPO法人	非課税 〔営業に関し〕 〔ないもの〕
		利益（剰余金）の配当（分配）ができる法人	出資者との取引	農業協同組合 消費者生活協同組合 信用協同組合	非課税 〔営業に関し〕 〔ないもの〕
			出資者以外の者との取引	事業協同組合 商店街振興組合 税理士法人	課税 （営業）
	会社（営利法人）			株式会社、有限会社、合資会社、合名会社、合同会社	課税 （営業）
人格のない社団	公益及び会員相互間の親睦等の非営利事業を目的とする人格のない社団			親睦団体 法人でない自治会	非課税 〔営業に関し〕 〔ないもの〕
	その他の人格のない社団	非収益事業に関するもの		設立準備中（設立登記前）の会社 法人でないマンション管理組合	非課税 〔営業に関し〕 〔ないもの〕
		収益事業に関するもの			課税 （営業）
個　人	商人（商行為を行う者）としての行為			飲食店経営者 物品販売業者 不動産賃貸業者	課税 （営業）
	商人（商行為を行う者）としての行為でないもの			医師・弁護士、芸術家、芸能人、文筆業などいわゆる「自由業」、店舗を持たない農林漁業等の原始生産業者	非課税 〔営業に関し〕 〔ないもの〕
	自宅等の私的な財産の譲渡等を行う行為			事業者ではない個人	非課税 〔営業に関し〕 〔ないもの〕

100 第2章 主な業種別文書実例から学ぶ課否判断と実務対応

3 事例の「給油契約書」の取扱い

　事例の「給油契約書」の一方当事者（車両用燃料等購入者）は、一般社団法人甲協会となっており、この法人は、上記2の分類表によれば、課税物件表第17号文書（金銭又は有価証券の受取書）を発行した場合には、「営業に関しない受取書」となる発行者となりますから、一般社団法人甲協会は上記1の第7号文書（継続的取引の基本となる契約書）の該当要件（1）の「営業者」には該当しない者となります。

　したがって、事例の「給油契約書」は第7号文書（継続的取引の基本となる契約書）には該当せず、単なる物品の譲渡契約書となるものであり、また、他の課税事項の記載もないことから、不課税文書となります。

1. 各業種共通　101

事例 1-12　産業廃棄物の収集・運搬等に関する契約書

《文書の内容》

　甲観光ホテル㈱では、産業廃棄物処理事業者である乙興業㈱との間で、ホテル施設等から排出される産業廃棄物に関して、次のような契約書を取り交わしています。

産業廃棄物収集運搬委託契約書

　排出事業者：甲観光ホテル株式会社（以下「甲」という）と、収集運搬業者：乙興業株式会社（以下「乙」という）は、甲の事業場から排出される一般廃棄物及び産業廃棄物（以下「廃棄物」という）の収集運搬に関して、以下のとおり契約を締結する。

（法令の遵守）

第1条　甲及び乙は、廃棄物の収集運搬業務を遂行するに当たって、廃棄物の処理及び清掃に関する法律その他の関係法令を遵守しなければならない。

（契約の有効期間）

第2条　本契約の有効期間は、X1年4月1日からX2年3月31日までの1年間とする。

　　　ただし、期間満了の1ヶ月前までに、甲又は乙から相手方に対し、書面による解約の申し出がない限り、同一条件で契約を更新するものとし、その後も同様とする。

（乙の事業範囲）

第3条　廃棄物の積込み場所及び荷下ろし場所（以下「積み下ろし場所」という）並びに当該積み下ろし場所における乙の事業範囲は、別表1のとおりとする。積み下ろし場所を管轄する自治体における乙の事業範囲を証するものとして、許可証の写しを本契約書に添付する。

（委託する廃棄物の種類、数量及び単価）

第4条　甲が乙に収集運搬を委託する廃棄物の種類、予定数量及び収集運搬単価は、次表のとおりとする。

廃棄物の種類	収集予定数量	収集運搬単価（kg当たり）
一般廃棄物	－	18.50 円 /1kg
ビン・缶	－	31.00 円 /1kg
古紙	－	19.50 円 /1kg
ダンボール	－	16.00 円 /1kg
合　計	13.4 トン / 月	

（運搬の最終目的地）

第5条　乙が本契約に基づいて収集運搬する廃棄物の最終目的地は、別
　　　表2に記載する処分業者丙（以下「丙」という）の事業場とする。

（中略）

（料金の支払等）

第14条　本契約における廃棄物の処理料金は第4条に定める収集運搬
　　　単価に基づき算出するものとし、処理料金に課される消費税及び地方
　　　消費税は、甲が負担するものとする。

2　甲は、乙から前条の業務終了報告書を受け取った後、乙に対して第
　　　1項の処理料金を支払うものとする。ただし、具体的な支払方法につ
　　　いて別に定めがある場合は、これに従うものとする。

（以下略）

《取扱い》

　記載金額が 2,572,800 円の第1号の4文書（運送に関する契約書）に該
当し、印紙税額は 1,000 円です。

《解説》

1　産業廃棄物の収集・運搬等に関する契約書の取扱い

　産業廃棄物処理に関する契約書については、その契約の形態により、
第1号の4文書（運送に関する契約書）、第2号文書（請負に関する契約
書）、第7号文書（継続的取引の基本となる契約書）に分類されます。

（1）産業廃棄物収集・運搬委託契約（個別契約の場合）

　　　産業廃棄物の処理依頼者と収集・運搬業者との間で、産業廃棄物を
　　　排出場所から収集し処分場所へ運搬することを約する契約は、第1号

の 4 文書（運送に関する契約書）に該当します（産業廃棄物の収集については、運搬契約に付随するものであり、請負契約ではなく、全体が運送契約に該当することとなります。）。

（2）産業廃棄物処分委託契約（個別契約の場合）

　産業廃棄物の処理依頼者と処分業者との間で、報酬を得て産業廃棄物を処分することを約する契約は、第2号文書（請負に関する契約書）に該当します。

（3）産業廃棄物収集・運搬及び処分委託契約（個別契約の場合）

　① 収集・運搬及び処分業者が同一の者の場合

　産業廃棄物の収集・運搬及び処分までの一連の作業を請け負う契約の場合は、原則として第2号文書（請負に関する契約書）に該当します。

　ただし、収集・運搬と処分に係る契約金額が、それぞれ明確に区分記載されている場合（それぞれの排出予定数量と単価とが記載されていて、それぞれの契約金額が計算できる場合を含みます。）には、収集・運搬と処分に係る契約は別の契約内容が混合記載されているものとして取り扱われ、第1号の4文書（運送に関する契約書）と第2号文書（請負に関する契約書）に該当し、通則3のロの規定により、契約金額の高い方の号に所属決定されます。

　② 収集・運搬と処分業者が別の者である場合

　産業廃棄物を収集し、処分場所へ運搬する契約と処分場所へ持ち込まれた廃棄物を処分する契約とが併せて記載されている契約書となることから、第1号の4文書（運送に関する契約書）と第2号文書（請負に関する契約書）とに同時に該当し、通則3のロの規定により、契約金額の高い方の号に所属が決定されます。

　なお、この場合の契約書の作成者（納税義務者）は、所属が決定された号に係る契約当事者となります。

（4）産業廃棄物収集・運搬及び処分に関する契約（基本契約の場合）

104　第2章　主な業種別文書実例から学ぶ課否判断と実務対応

　産業廃棄物に係る契約は上記（1）から（3）のとおり、収集・運搬及び処分等の内容によって、第1号の4文書（運送に関する契約書）又は第2号文書（請負に関する契約書）に該当することとなりますが、収集・運搬及び処分に関する2以上の取引を継続して行うために作成される契約書で、2以上の取引に共通して適用される取引条件のうち目的物の種類、取扱数量、単価、対価の支払方法、債務不履行の場合の損害賠償の方法等を定める文書は、第7号文書（継続的取引の基本となる契約書）にも該当します（ただし、上記の場合であっても、営業者間での契約でない場合、契約期間が3ヶ月以内で更新の定めのないものは第7号文書から除かれます。）。

　この場合には、通則3のイの規定により、記載金額があるかないかで、所属が決定されることとなり、記載金額がある場合には第1号の4文書（運送に関する契約書）又は第2号文書（請負に関する契約書）に、記載金額がない場合には第7号文書（継続的取引の基本となる契約書）に所属が決定されることになります。

2　事例の「産業廃棄物の収集・運搬等に関する契約書」の取扱い

　事例の「産業廃棄物の収集・運搬等に関する契約書」は、継続して一般廃棄物及び産業廃棄物等を、廃棄物保管場所である各ホテル等の事業場施設から収集し、指定処理施設又は民間処分場までの運搬を委託する内容ですから、第1号の4文書（運送に関する契約書）と第7号文書（継続的取引の基本となる契約書）とに同時に該当する文書です。

　したがって、上記1（4）の取扱いの適用となりますが、契約金額（最低金額）が計算できます（月間収集予定数量（13.4トン／月）×16円（ダンボール1kgの単価⇒各廃棄物の単価中で最低の単価）×12ヶ月で算出できます。）から、記載金額が2,572,800円の第1号の4文書（運送に関する契約書）に所属決定となります（通則4ホ、基通26）。

　なお、契約金額の記載がない（最低金額等を算出することができない場合を含みます。）場合は、第7号文書（継続的取引の基本となる契約書）に

該当し、4,000円の印紙税負担となります。

〔参考1〕

　記載されている単価及び数量、記号その他によりその記載金額が計算
できる場合で、その単価及び数量などが予定単価又は予定数量となって
いるときであっても、その予定単価又は予定数量に基づいて契約金額を
算出することとなります（基通26）。

　（例）予定単価1万円、予定数量100個　⇒　100万円
　　　　予定単価1万円、最低数量100個　⇒　100万円
　　　　最低単価1万円、予定数量100個　⇒　100万円

〔参考2〕

　契約金額（算出される契約金額）が500万円以下となる場合は、印紙
税額は2,000円以下となりますので、事例のように、「単価」と「収集
予定数量」を記載することによって契約金額が算出できる契約書とする
ことの方が、記載金額のない（算出される金額がない）契約書として第
7号文書（継続的取引の基本となる契約書）とするよりも、印紙税負担
をやわらげることが可能です。

106　第 2 章　主な業種別文書実例から学ぶ課否判断と実務対応

| 事例 1-13 | 産業廃棄物処分に係る委託料の支払方法等に関する覚書 |

《文書の内容》

　甲観光ホテル㈱では、産業廃棄物処理事業者である乙興業㈱との間で、ホテル施設等から排出される産業廃棄物に関する処分に係る基本契約書を取り交わしてきていますが、このほど、委託料の支払に関して、丙サービス㈱を交えた、次のような覚書を作成することとしています。

　なお、原契約書においては、営業者間において産業廃棄物の処分（請負）に関する 2 以上の取引を継続して行うことを前提に締結していますので、第 2 号文書（請負に関する契約書）と第 7 号文書（継続的取引の基本となる契約書）に該当し、この原契約書には契約金額が記載されていることから、通則 3 のイの規定により、第 2 号文書に所属が決定されています。

産業廃棄物処分に係る委託料の支払方法等に関する覚書

　甲観光ホテル株式会社（以下「甲」という）と乙興業株式会社（以下「乙」という）及び丙サービス株式会社（以下「丙」という）とは、X 1 年●月●日付で、甲及び乙との間で締結した「産業廃棄物の処分委託基本契約書」（以下「原契約書」という）に関し、次のとおり覚書を締結する。

（委託料の請求方法）

第 1 条　原契約書第 5 条に定める収集・処分等の委託料は、乙が甲に請求することに代えて、丙が甲に対して請求するものとする。

（委託料の支払方法）

第 2 条　原契約書第 6 条に定める甲が乙に支払う委託料は、甲が乙に支払うことに代えて、甲が丙に支払うものとし、丙はこれを受領後、乙へ支払うものとする。

（中略）

1. 各業種共通　107

　　本覚書の証として、本書3通を作成し、甲、乙、丙記名押印の上、各
自1通保有する。
　　　X2年3月31日
　　　　　　　　　　　　　甲　甲観光ホテル株式会社　　　　　　　㊞
　　　　　　　　　　　　　乙　乙興業株式会社　　　　　　　　　　㊞
　　　　　　　　　　　　　丙　丙サービス株式会社　　　　　　　　㊞

《取扱い》
　　第7号文書（継続的取引の基本となる契約書）に該当し、印紙税額は
4,000円です。

《解説》

1　産業廃棄物の収集・運搬等に関する契約書の取扱い

　※　事例1－12の解説1（p102）を参照。

2　変更契約書の取扱い

　※　事例1－9の解説2（p89）を参照。

3　事例の「産業廃棄物処分に係る委託料の支払方法等に関する覚書」
**　の取扱い**

（1）事例の「産業廃棄物処分に係る委託料の支払方法等に関する覚
　書」は、甲が既に締結した「産業廃棄物処分委託基本契約書」（以下
　「原契約書」といいます。）において処分業者である乙興業㈱へ支払う
　こととしていた委託料（処分料金）について、処分契約の当事者以外
　の者（丙サービス㈱）を介して支払うこととするため、甲、乙及び丙
　の三者間で、取り交わす「覚書」となります。

　　そして、この「覚書」は、原契約書に定める産業廃棄物の処分（請
　負）に係る委託料について、その「支払方法」（基通別表第二の重要事
　項に該当）の変更の事実を証明する目的で作成される文書ですので、
　契約金額の記載のない第2号文書に該当します。

　　また、継続する請負業務に係る「対価の支払方法」（基通別表第二の

108 第2章 主な業種別文書実例から学ぶ課否判断と実務対応

重要事項に該当）の変更の事実を証明する目的で作成される文書でも
ありますので、第7号文書にも該当します。

　したがって、この「覚書」は、通則3のイのただし書の規定によ
り、第7号文書に所属が決定されます。

（2）なお、令第26条第1号に規定する「対価の支払方法を定めるも
の」とは、対価の支払に関する手段方法を具体的に定めるものをいい
ますが、この「覚書」のように委託料の支払経路を変更するものも、
「対価の支払方法を定めるもの」（支払方法の変更）に該当します。

（3）また、この「覚書」は作成された3通がそれぞれ課税文書に該当
しますが、丙サービス㈱はこの文書の課税事項である処分（請負）契
約の当事者ではありませんから、課税文書の作成者（納税義務者）と
はなりません。

　よって、3通に課される印紙税は、甲観光ホテル㈱と乙興業㈱とが
連帯して納めることとなります。

1. 各業種共通　　109

事例 1-14　運転資金の消費貸借確認書

《文書の内容》

　機械設備の製造メーカーである乙㈱は、事業の運転資金を自社の関連会社である甲㈱より臨時的に融通してもらう際に、次のような金銭消費貸借確認書を念のため作成しています。

金銭消費貸借確認書

　甲株式会社（以下甲という）と、乙株式会社（以下乙という）とは、次のとおり金銭消費貸借契約を締結した。

　甲は乙に対し下記のとおり金品を貸与し、乙はこれを受領した。

記

借　入　金　額	金　四　億　円　也
使　　　　　途	運転資金
借　　入　　日	令和　　年　　月　　日
返　済　期　日	令和　　年　　月　　日
利　　　　　息	元金に対する年　　パーセントの割合
弁　済　方　法	甲の住所又は指定する場所に持参又は送金して支払う。

（中略）

　本契約を証するため、本契約書二通作成し、甲、乙各自署名又は記名捺印の上各一通を所持する。

《取扱い》

　第1号の3文書（消費貸借に関する契約書）に該当し、印紙税額は4億円に対応した10万円となります。

《解説》

1　同一法人内で作成する文書の取扱い

　同一法人等の内部の取扱者間又は本店、支店及び出張所間等で法人等

の事務の整理上作成する文書（手形、倉荷証券、船荷証券、複合運送証券を除きます。）については、課税文書に該当しないものとして取り扱われます（基通59）。

ところで、事例の文書は、同一法人等の内部での事務整理文書ではなく、関連会社ではあるものの独立した法人間で交わされる正式な契約書に該当するものです。

したがって、関連会社間で取り交わされる臨時的な文書であって、お互いに関連会社間での又はグループ会社間での内部的な仮の文書であると整理していたとしても、印紙税法上の契約書に該当します。

2　事例の「金銭消費貸借確認書」の取扱い

事例の文書の契約内容をみますと金銭の消費貸借契約に該当することが明らかですから、第1号の3文書（消費貸借に関する契約書）に該当し、記載金額に応じた印紙の貼り付けが必要となります。

1. 各業種共通　　111

事例 1-15　債務承認弁済契約書

《文書の内容》

　乙商事㈱は販売設備更新のための資金を取引銀行から借りていたところ、このたび弁済期限がきたのですが、どうしても資金繰りがつかないため、弁済を一時猶予してもらうこととなり、次のような弁済契約書を結ぶこととなりました。

債務承認弁済契約書

　債権者㈱甲銀行（以下「甲」という）と債務者乙商事㈱（以下「乙」という）は、本日、以下のとおり債務を承認し、その弁済について以下のとおり契約を締結する。

第1条　甲及び乙は、X1年●月●日付金銭消費貸借契約に基づき、乙に貸し渡した金1億円のうち、弁済未済額がX3年●月●日現在、金5千万円であることを双方ともに確認した。

第2条　本件債務金については、年率■％の利息を付し、乙はX6年●月●日までに、甲指定口座に振り込むことにより、年賦均等返済するものとする。

　　　X4年●月●日まで　　　15,000,000 円
　　　X5年●月●日まで　　　15,000,000 円
　　　X6年●月●日まで　　　20,000,000 円

第3条　X1年　月　日付の金銭消費貸借契約書については、本契約書により変更を加えた部分を除くほかは、なお、従前の効力を有するものとする。

　　　　　　　　　　　　　　（中略）

〔甲〕住所　　　　　　　　　　〔乙〕住所

　　氏名　㈱甲銀行　㊞　　　　　　氏名　乙商事㈱　㊞

《取扱い》

　記載金額のない第1号の3文書（消費貸借に関する契約書）に該当し、

印紙税額は 200 円です。

《解説》

1　債務承認弁済契約書の取扱い

債務承認弁済契約書については、その承認をする債務の原契約の内容に応じて、それぞれ次に掲げるような取扱いとなります。

（1）原契約書が消費貸借契約書である場合

消費貸借に基づく既存の債務金額を承認し、併せてその返還期日又は返還方法（代物弁済によることとするものを含みます。）等を約するものは第1号の3文書（消費貸借に関する契約書）に関する契約書に該当します（基通別表第一第1号の3文書の3）。

この場合の返還を約する債務金額（債務残高）については、その文書上にその債務金額を確定させた契約書が他に存在することを明らかにしているものに限り、記載金額に該当しないものとして取り扱われます。

（2）原契約書が物品売買契約書である場合

債務承認弁済契約書で物品売買に基づく既存の代金支払債務を承認し、併せて支払期日又は支払方法を約するものは、物品の譲渡に関する契約書（不課税文書）に該当することとなります。

なお、この場合において、代金支払債務を消費貸借の目的とすることを約するものである場合には、準消費貸借契約となり、第1号の3文書（消費貸借に関する契約書）の課税事項にも該当してきますので、課税の対象となり、債務承認金額（既存の代金支払債務の残高）が消費貸借契約の債務として新たに証明される金額となることから、記載金額として取り扱われることになります（基通別表第一第1号の3文書の11）。

（注）準消費貸借契約は、契約当事者の合意だけで成立する契約ですから、消費貸借の目的物の引渡しを要せず、既存の債務額を消費貸借の目的とするものであれば、その債務額が契約金額に該当することとなります。

（3）原契約書が請負契約書である場合

　　債務承認弁済契約書で請負取引に基づく既存の代金支払債務を承認
し、併せて支払期日又は支払方法を約するものは、請負取引に関する
重要事項を定める契約書となり、第2号文書（請負に関する契約書）
に該当することとなります。

　　この場合の債務承認金額（既存の代金支払債務の残高）は、その文書
上にその債務金額を確定させた契約書が他に存在することを明らかに
しているものである場合には、契約金額（記載金額）としては取り扱
われません。

　　なお、代金支払債務を消費貸借の目的とすることを約するものであ
る場合には、上記（2）のなお書と同様、準消費貸借契約となり、第
1号の3文書（消費貸借に関する契約書）の課税事項にも該当してきま
すので、通則3のロにより所属の決定を行うことになります。

　　この場合には、債務承認金額（既存の代金支払債務の残高）は、消費
貸借契約の債務として新たに証明される金額となることから、結果的
に債務承認金額を記載金額とする第1号の3文書として取り扱われる
ことになります。

2　事例の「債務承認弁済契約書」の取扱い

（1）事例の「債務承認弁済契約書」は、原契約が消費貸借契約の場合
　　のケースになりますが、弁済期限の延長、すなわち当初の消費貸借契
　　約の内容のうちの一部（弁済方法又は対価の支払方法）を変更するもの
　　であり、第1号の3文書（消費貸借に関する契約書）の重要事項（基通
　　別表第二）を変更するものとなりますから、第1号の3文書（消費貸
　　借に関する契約書）に該当することとなります。

（2）ところで、消費貸借に関する契約書は、記載された契約金額に応
　　じて印紙税額が異なることとなるため、この契約書の印紙税額を算定
　　するには、記載されている金額（1億円又は5,000万円）が契約金額に
　　当たるかどうかということが問題となります。

この債務承認弁済契約書は、既に成立している消費貸借契約について、弁済未済額（5,000万円）を確認するとともに、弁済期限の延長及び支払方法の変更をするものであり、契約金額（借用金額1億円）を変更するものではありません。

また、この契約書に記載されている金額（1億円又は5,000万円）は、原契約となる消費貸借契約の中で既に成立している契約金額であり、この契約書によって新たに成立する金額でもありません。

このように、この契約書に記載されている金額は、この契約書によってその成立を証明しようとする金額ではなく、また、変更又は補充の目的となっている金額でもないという理由から、債務金額を確定させた原契約書を引用している限り、契約金額には該当しないものとして取り扱われます。

したがって、この契約書は、記載金額の記載のない第1号の3文書（消費貸借に関する契約書）となります（基通別表第一第1号の3文書の3）。

(注) 債務承認弁済契約書等、同じような名称を用いた文書でも、原契約書が次のようなものである場合には、今回作成する文書（債務承認弁済契約書等）の中で、新たに契約金額を証明しようとすることになりますから、たとえ債務承認金額等と記載されていても、単なる債務承認に係る金額とはいえないこともあります。
① 原契約書で契約金額の定めのない場合
② 原契約が口頭契約であるような場合
③ 原契約書が電子契約書であり、印紙税の課税文書でない場合
④ 原契約書が外国で作成された契約書であり、印紙税の課税文書でない場合

　したがって、上記①から④に該当するようなケースであれば、今回作成する文書（債務承認弁済契約書等）は、契約金額の記載のある消費貸借契約書として取り扱われることとなりますから、注意が必要です。

1. 各業種共通　　115

事例 1-16　ビル賃貸借契約書

《文書の内容》

㈱乙商会では新規事業の営業拠点となる支店事務所として、賃貸ビルの一室を賃借することとなり、このほどビルのオーナーである甲ビル㈱との間で、次のような賃貸借契約を結ぶこととなりました。

ビ ル 賃 貸 借 契 約 書

　甲ビル株式会社（以下甲という）と株式会社乙商会（以下乙という）とは、ビルの賃貸借契約を次のとおり締結する。

第1条（賃貸借室）（略）

第2条（賃貸借契約期間）

1　賃貸借契約期間は賃貸借開始の日（X1年●月●日）から5ヶ年とする。

2　甲又は乙が賃貸借契約満了3ヶ月前までに相手方に対し特段の意思表示がない限り、賃貸借契約は期間満了の翌日から更に2ヶ年継続するものとし、以後も同様とする。

3　甲は前項継続の際には第3条の賃料を増額できるものとし、以後も同様とする。

（中略）

第9条（敷金及び保証金）

1　賃貸借契約に基づく債務を担保するため、乙は敷金、保証金として次のとおり甲に預け入れるものとする。ただし、甲は敷金及び保証金に対し利息はつけない。

　　敷　金　　　78,000,000 円
　　保証金　　　78,000,000 円

2　保証金は賃貸借契約開始の日から10年間据え置きの上、X10年●月末日を第1回返還日とし、以後毎年●月末日に10分の1ずつ乙に分割返還する。

3　敷金は、契約満了時に現状回復費用等を控除の上、速やかに乙に返還する。

（以下略）

116　第 2 章　主な業種別文書実例から学ぶ課否判断と実務対応

《取扱い》

　記載金額 7,800 万円の第 1 号の 3 文書（消費貸借に関する契約書）に該当し、印紙税額は、6 万円です。

《解説》

1　建物賃貸借契約に係る建設協力金・保証金等の取扱い

（1）賃貸ビルを建設するに当たってその建設資金等に充てるため、あらかじめビルの借受け希望者から建設協力金を受け取り、完成の際には優先的に貸し渡すことを約するもの、あるいは既に完成しているビル、設備を借り受けるについて保証金等の名目で金銭を徴収している場合があります。

　　賃貸ビルに係る賃貸借契約書は、権利金等の受領事実が記載されているなどして、第 17 号文書（金銭又は有価証券の受取書）等に該当するものを除き、不課税文書に該当することとなります。

　　ただし、その賃貸契約書の中に記載されている、建設協力金、保証金といわれるものは、その契約内容次第で法律的性格が異なってくることから、その内容によっては課税文書に該当するケースがあります。

（2）一般に「保証金」といわれるものは、一定の債務の担保として、債権者その他一定の者にあらかじめ交付される金銭であって、敷金、委託保証金などがその典型例といえます。

　　つまり、賃貸借契約の場合であれば、賃借料や賃借人に責任のある損害により発生する債務を担保するための金銭であり、これは賃貸借契約に包含される本来の保証金となるため、この保証金について印紙税法上特に問題にされることはありません。

（3）しかしながら、賃貸借契約の契約期間が終了していないのに、一定期間経過後に返還することとしたものは、一定の債務を担保するためという目的を達することはできないので、この場合の保証金等と称するものは、名目は保証金等であっても、その実質は、金銭を借用し

ていること、すなわち消費貸借契約と判断されることになります。

（4）また、契約期間が終了しても、その後一定期間経過後でなければ返還しないという約定のもとの保証金は、確かに契約期間の終了時までは債務を担保するという本来の目的は達せられるものの、契約期間の終了後に返還すべき金銭を一定期間消費貸借の目的とするものと判断されることになります。

（5）このように、建設協力金や保証金等として一定の金銭を受領した場合に、賃貸借契約期間などに関係なく、一定期間据置後に返還することを約しているものは、第1号の3文書（消費貸借に関する契約書）に該当するものとして取り扱われます。

　したがって、建物の賃貸借契約書にこうした保証金等の事項を記載すれば、第1号の3文書（消費貸借に関する契約書）として取り扱われることになります（基通別表第一第1号の3文書の7）。

2　事例の「ビル賃貸借契約書」の取扱い

　事例の「ビル賃貸借契約書」においては、第2条で賃貸借期間を5年としているにもかかわらず、その第9条において、敷金と保証金を預け入れることとして、そのうち保証金について「……10年間据え置きの上、……以後毎年……分割返還する。」と記載されています。

　これは、もはや賃貸借契約における債務の担保契約とはいえず、契約期間の終了後に返還すべき金銭を一定期間消費貸借の目的とするものと判断されます。

　したがって、その保証金の額（7,800万円）を消費貸借金額とする契約と評価され、第1号の3文書（消費貸借に関する契約書）として課税の対象となります。

　なお、第9条の敷金は、契約満了時に借主が負担すべき現状回復費用等を控除の上で返還することとしていることから、契約期間中の債務を担保するという、本来の保証金と評価されますので、消費貸借金額とはなりません。

118 第2章 主な業種別文書実例から学ぶ課否判断と実務対応

事例1-17 建物賃貸借予約契約書

《文書の内容》

㈱乙商会では、新規販売事業のショールームとして、現在建設中の賃貸ビルの一室を賃借することとなり、このほどビルの建築主との間で、次のような賃貸借予約契約を結ぶこととなりました。

建物賃貸借予約契約書

　甲建設株式会社（以下「甲」という）と株式会社乙商会（以下「乙」という）との間に、甲の建築する東京都○○区○○町○○丁目○○番地○○地上のビルディング（以下「本ビル」という）内の一部を乙が賃借するにつき、次のとおり建物賃貸借予約契約を締結する。

第1条　乙の賃貸借部分は別紙のとおりとする。ただし、面積については竣工時の最終図面によるものとする。

第2条　乙は建設協力金として甲に金3,000万円也を差し入れる。

　　　建設協力金はX1年●月●日より5年間（無利息）据え置き、据置期間経過後は15年間にわたり毎1ヶ年終了日の属する月の末日に均等分割償還するものとする。

　　　据置期間満了日以後は、残存額100円につき日歩5厘の割合をもって利息を付するものとし、前記償還日に既往の分を支払う。

第3条　賃料は月額500,000円也（別表基準による）とし、賃貸借本契約締結の際公租公課の増徴その他一般経済事情によりこれを改訂できるものとする。

第4条　乙は第2条の建設協力金とは別に敷金として前条賃料の6ヶ月分相当額を賃貸借開始の前日までに甲に預け入れる。敷金は無利息とし、賃貸借期間中甲が預かるものとする。

第5条　建設協力金、敷金及び賃料は本ビル完成後の乙の賃貸借部分の実面積に応じ、それぞれの基準に従って増減するものとする。

第6条　賃貸借契約の期間は20年間とする。

　　　賃貸借の始期は本ビル完成の日（X1年■月■日の予定）とし、甲乙両者は同日付をもって別添による賃貸借契約を締結し、甲は乙に対し同日賃貸借部分の引渡しを行う。

> （以下略）

《取扱い》

　記載金額3,000万円の第1号の3文書（消費貸借に関する契約書）に該当し、印紙税額は2万円です。

《解説》

1　建物賃貸借契約に係る建設協力金・保証金の取扱い

　※　事例1－16の解説1（p 116）を参照。

2　事例の「建物賃貸借予約契約書」の取扱い

　建物の賃貸借の予約については、課税事項に当たりません。

　ただ、事例の「賃貸借予約契約書」の第2条に規定する建設協力金に関する事項は、その授受される金銭が、建物の賃貸借期間（20年間）に関係なく、一定期間（5年間）据え置いた後分割返還されることとなっています。

　これは、もはや賃貸料等を保全するための担保金（いわゆる保証金）とはその性格を異にし、その実質が消費貸借契約であると認められます。

　したがって、その建設協力金の額（3,000万円）を消費貸借金額とする契約と判断され、第1号の3文書（消費貸借に関する契約書）として課税の対象となります。

　なお、第4条の敷金は、契約満了時に返還される本来の保証金と評価されますので、消費貸借金額とはなりません。

120　第 2 章　主な業種別文書実例から学ぶ課否判断と実務対応

事例 1-18　設計委託契約書

《文書の内容》

　甲商事㈱では、徹底した物流合理化を図る観点から、新規流通倉庫の建設に当たり、乙設計㈱に対して詳細な設計を委託することとし、次のような契約を結ぶこととしています。

設計委託契約書

　委託者甲商事株式会社（以下「甲」という）と受託者乙設計株式会社（以下「乙」という）とは、次の条項によって設計委託契約を締結する。

（総　則）

第 1 条　乙は、別冊設計委託要項に基づき、設計期間内に、設計（設計名●●）を完成するものとする。

　　なお、設計委託要項に明示されていないものがある時は、乙は、甲の指示に従うものとする。

2　乙は、設計委託要項に基づき設計委託料内訳明細書及び設計日程表を作成し、契約締結後〇〇日以内に甲に提出して、その承認を受けるものとする。

3　乙は、この契約の履行上知り得た事項を第三者に漏洩してはならない。

（設計期間）

第 2 条　設計期間は、Ｘ 1 年〇月〇日～Ｘ 1 年〇月〇日とする。

（契約金額）

第 3 条　設計委託料は、金 8,000,000 円（消費税及び地方消費税別）とする。

（権利義務の譲渡）

第 4 条　乙は、この契約によって生ずる権利又は義務を、第三者に譲渡し、又は承継させてはならない。

（委任又は下請負の禁止）

第 5 条　乙は、この契約の履行について、全部又はその主要な部分を第三者に委任し、又は請け負わせてはならない。ただし、甲の承諾を得た場合はこの限りではない。

（監　督）

第6条　甲は、乙の行う設計について自己に代わって監督又は指示を行う監督員を定め、乙に通知するものとする。

（中略）

（設計主任者）

第7条　乙は、この契約に係る設計に関し、技術上その他いっさいの事務を管理する設計主任者を定め、甲に通知するものとする。

（中略）

（検査及び引渡し）

第11条　乙は、設計が完成又は部分完成した時は、その旨書面をもって甲に通知するとともに、設計委託要項に定める書類等一式を甲に提出するものとする。

2　甲は、乙から前項の書類等の提出を受けた時は、その日から10日以内に検査を行い、検査に合格した時は、遅滞なくその引渡しを受ける。

3　検査に合格しない時は、乙は、遅滞なく修正又は再設計を行い、書類等を補正して甲の検査を受けるものとする。この場合において、前項に規定する期間は、甲が乙から補正された書類等を受理した日から起算する。

（著作権）

第12条　前条の書類等の著作権は、当該書類等につき甲が前条第2項の引渡しを受けた時、乙から甲に移転するものとする。

（特許権）

第13条　この契約の設計に関し、甲乙両者が各々単独で特許権を獲得した時は、当該建物に関する限り甲乙相互に無償でその特許権を使用することができる。

2　乙のすでに有する特許権をこの契約の設計に使用する場合、乙は、その特許権に関する補償金を甲に請求しないものとする。また、甲のすでに有する特許権をこの契約の設計に乙が使用する場合、甲は、その特許権に関する補償金を乙に請求しないものとする。

（契約代金の支払）

第14条　乙は、第11条第2項の規定による引渡しを終えた時は、甲の定める手続に従って、契約代金の支払を請求する。

122　第2章　主な業種別文書実例から学ぶ課否判断と実務対応

　2　甲は、前項の支払請求があった時は、その支払請求書を受理した日
　　の翌日から30日（以下「支払約定期間」という）以内に支払うもの
　　とする。

（以下略）

《取扱い》

　記載金額800万円の第2号文書（請負に関する契約書）に該当し、印
紙税額は1万円です（軽減税率の適用はありません。）。

《解説》

1　請負契約の意義

　※　事例1－1の解説1（1）（p59）を参照。

2　事例の「設計委託契約書」の取扱い

　事例の「設計委託契約書」は、委託契約という表題になっています
が、契約の内容は、対価を得て設計図書を完成する契約となっています
から、第2号文書（請負に関する契約書）に該当します。

　なお、記載金額は設計委託料の800万円となります。

　また、契約金額が100万円を超える契約であったとしても、建物の設
計は建設業法第2条第1項に規定する「建設工事」に当たりませんか
ら、印紙税の税率軽減措置（租特法91）の適用はありません。

〔参考〕著作権の取扱いと所属の決定

　事例の「設計委託契約書」においては、第12条に著作権の定めがあ
り、「……書類等につき甲が……引渡しを受けた時、乙から甲に移転す
るものとする。」とされていて、完成した設計図書の著作権が受託者
（乙）から委託者（甲）へ移転することとされていますから、第1号の1
文書（無体財産権の譲渡に関する契約書）にも該当します。

　なお、契約書の第13条において特許権についての約定をおいていま
すが、使用する場合の確認事項を定めたものであり、移転する場合等の

定めではないことから、この約定は第1号の1文書（無体財産権の譲渡に関する契約書）の課税事項には該当しません。

したがって、事例の設計委託契約書については、通則3のロにより所属決定を行うこととなりますが、著作権の移転に伴う契約金額の記載はありませんから、結果的に第2号文書に所属が決定されることとなります。

124　第 2 章　主な業種別文書実例から学ぶ課否判断と実務対応

事例 1-19　協定書（自動販売機設置）

《文書の内容》

　甲製造㈱では、工場作業員等の福利厚生の一環として、工場敷地内に乙飲料販売㈱所有の自動販売機を設置することとなり、次のような協定を結ぶこととしています。

協　定　書

　甲製造株式会社（以下「甲」という）と乙飲料販売株式会社（以下「乙」という）との間に自動販売機設置に関し、下記のとおり協定する。

1　甲は乙所有の▲▲自動販売機 3 台を甲の工場敷地内の別紙に記載の区域に設置することを承認する。

2　乙は上記自動販売機により乙の管理の下に○○飲料を販売する。
　　○○飲料の販売価格は、中味 1 本当たり￥120 とする。販売価格を変更するときは、甲乙協議して決定する。

3　甲は甲の事務に差し支えない限り、乙の社員又は使用人が上記自動販売機への製品の補充、代金の回収、空容器の回収、機械の保全修理等のため、設置場所へ出入することを許可する。

4　上記自動販売機の保全修理は、乙がこれに当たるも、設置期間中、甲はつとめて之が保全に協力し、故障を生じた場合は、直ちに乙に通報する。

5　乙は上記自動販売機による売上金額の●％を設置手数料として甲へ支払う。
　　但し、空容器に未回収があるときは、壜 1 本￥□、箱 1 ヶ￥□の割合により、上記手数料より差引く。

6　手数料の計算は、各月 1 日より月末迄を取りまとめ、翌月 20 日迄に甲の指定する方法により乙より甲へ支払う。

（以下略）

《取扱い》

　自動販売機の設置場所が土地（地面）である場合には、第１号の２文書（土地の賃貸借に関する契約書）に該当し、印紙税額は200円です。

　なお、自動販売機の設置箇所が、工場敷地内の事務所、工場等、建物の一部を使用することを約するものである場合は、土地の賃借権の設定契約には該当しないことから、不課税文書となります。

《解説》

1　第１号の２文書（地上権又は土地の賃借権の設定又は譲渡に関する契約書）の意義

　地上権（建物等の工作物又は竹木を所有するため、他人の土地を使用収益する権利）又は土地の賃借権（賃貸借契約に基づいて賃借人が土地を使用収益できる権利）を設定し、又は譲渡することを内容とする契約書は、第１号の２文書（地上権又は土地の賃借権の設定又は譲渡に関する契約書）に該当します。

　（例）地上権設定契約書、土地賃貸借契約書等

　「地上権」は、工作物又は竹木を所有するため他人の土地（地下又は空間を含みます。）を使用収益することを目的とした用益物権で、民法第265条《地上権の内容》に規定されています。地上権は、直接、土地に対して権利を持つものとされ、地主の承諾なく譲渡、転貸ができるとされています。

　「土地の賃借権」は、民法第601条《賃貸借》に規定する賃貸借契約に基づき賃借人が土地（地下又は空間を含みます。）を使用収益できる権利をいいます。したがって、借地借家法第２条に規定する借地権に限らず、土地の一時使用権も含みます。

　（注）使用貸借権は、ある物を賃料を支払わないで使用収益できる権利です。すなわち、土地の賃借権と使用貸借権との区分は、土地を使用収益することについて対価を支払うものかどうかで決まりますので、「土地の使用貸借権」の設定又は譲渡に関する契約書は第１号の２文書（土地の賃借権の設定又は譲渡に

関する契約書）にはなりません。

　我が国の土地の使用関係は、賃借（使用貸借）権契約に基づくものがほとんどで地上権の設定契約に基づくものはごくわずかであるといわれています。このことから、地上権であるか賃借（使用貸借）権であるかが不明の場合は、賃借（使用貸借）権とみるのがより合理的と認められますので、地上権であるか土地の賃借権であるかが判明しないものは、土地の賃借権又は使用貸借権として取り扱われます。

2　「土地の賃借権の設定に関する契約書」における記載金額の取扱い

　第1号の2文書（土地の賃借権の設定に関する契約書）において、契約金額として取り扱われる「設定の対価たる金額」とは、賃貸料を除き、権利金その他名称のいかんを問わず、契約に際して相手方当事者に交付し、後日返還されることが予定されていない金額をいいます。

　したがって、後日返還されることが予定されている保証金、敷金等は、契約金額には該当しません（基通23（2））。

　賃料は、土地の使用収益の対価であり、権利の設定の対価ではないことから、契約金額（＝記載金額）にはなりません。

3　事例の「協定書」に係る取扱い

　事例の「協定書」は、工場敷地内の一定区域（地面）に自動販売機の設置を承認し、これに対して賃料（設置手数料）を対価として収受する契約となりますから、土地の賃貸借契約となるものです。なお、権利金等の収受はないことから、契約金額の記載はないことが認められます。

　したがって、記載金額のない第1号の2文書（土地の賃借権の設定に関する契約書）に該当することとなります。

　なお、工場敷地内に設置された建物や設備の一画に、自動販売機の設置を承認する契約である場合には、建物又は設備の賃貸借契約となりますから、課税文書には該当しないこととなります。

1. 各業種共通　　127

事例 1-20　契約上の地位承継覚書

《文書の内容》

　㈱丙商事では、甲商会㈱と乙飲料販売㈱との間での基本契約上の乙飲料販売㈱の地位を、譲り受けることとなったことから、関係者の間で次のような覚書を取り交わすこととしています。

契約上の地位承継覚書

　甲商会株式会社（以下「甲」という）と乙飲料販売株式会社（以下「乙」という）と株式会社丙商事（以下「丙」という）及び甲の連帯保証人は、乙の丙に対する営業譲渡に伴い、次のとおり覚書を締結する。

第1条（地位の承継）

　乙は、X1年3月31日付で甲との間で締結された売買取引基本契約上の地位（現存債権及び別紙記載の担保権その他一切を含む）をX3年3月31日満了時をもって、丙に譲渡し、丙はこれを譲り受け、甲はこれを異議なく承諾した。

第2条（登記等）

　乙は営業譲渡につき譲渡日後、遅滞なく担保物を丙に引渡し、登記その他必要な手続を行う。

第3条（保証）

　甲の連帯保証人は、乙に対すると同様に丙に対して保証及び担保の責に任ずる。

（中略）

甲	甲商会株式会社	代表取締役	○○○○	印
乙（譲渡人）	乙販売株式会社	代表取締役	○○○○	印
丙（譲受人）	株式会社丙商事	代表取締役	○○○○	印
甲の連帯保証人	○○○○	印		

《取扱い》

　第7号文書（継続的取引の基本となる契約書）に該当し、印紙税は

4,000円です。

《解説》

1 契約書の意義

※ 事例1-5の解説3（p 71）を参照。

2 更改契約書の取扱い

（1）契約を更改する契約書は、印紙税法上の契約書に含まれます（通則5）。

　　更改とは、既存の債務を消滅させて新たな債務を成立させることですから、その成立させる新たな債務の内容に従って課税文書の所属が決定されることになります。

　　なお、更改には、次のようなものがあります。

イ　債権者の交替による更改

　　甲の乙に対する債権を消滅させて丙の乙に対する債権を新たに成立させる場合をいいます。

ロ　債務者の交替による更改

　　甲の乙に対する債権を消滅させて甲の丙に対する債権を新たに成立させる場合をいいます。

ハ　目的の変更による更改

　　金銭の支払債務を消滅させて土地を給付する債務を新たに成立させるような場合をいいます。

（2）上記のように、更改には3種の型があります。

　　なお、債権譲渡や債務引受けの方法によっても債権者の交替や債務者の交替と実質的に同様な効果が得られますが、更改と債権譲渡や債務引受けとは、債権債務に同一性があるかどうかによって区分されます。

　　また、代物弁済とも類似した性格を有しますが、代物弁済はある債務に代えて現実に他の給付を行うものであるのに対して、更改はある債務を消滅させて、他の債務を成立させるものであり、契約の際には

履行を伴わないものである点で違いがありますし、代物弁済の予約の場合は、将来ある債務の支払に代えて他の給付を行うことを約するものであり、契約の際には既存の債務は消滅しない点で違いがあります。

3 他の文書を引用している文書の取扱い

※ 事例1－5の解説2（p 69）を参照。

4 事例の「契約上の地位承継覚書」の取扱い

（1）事例の「契約上の地位承継覚書」は、既存の契約である甲乙間でのX1年3月31日付の「売買取引基本契約書」における乙の契約上の地位（売主・債権者としての地位）を、乙から丙に対して譲渡する（丙は乙から譲り受ける）内容となっています。

　これは、上記2（1）イの債権者の交替による更改契約に当たるものと認められますから、印紙税法上の契約書に該当します。

（2）そして、覚書の第1条（地位の承継）においては、X1年3月31日付で甲乙間で締結された「売買取引基本契約書」を引用する記載があり、これにより事例の覚書にも、甲と乙との間の売買契約の内容が記載されているものとして取り扱われます（ただし、記載金額及び契約期間については原則として引用しません。）。

（3）したがって、事例の覚書については、甲丙間での新たな債権を成立させる契約となるものであり、その内容は甲丙間での継続する2以上の売買取引に関して定める内容となるものですから、令第26条第1号の要件を満たし、第7号文書（継続的取引の基本となる契約書）に該当することとなります。

〔参考〕

　事例のような契約上の地位の承継について確認する文書で、既存の債権を引き継ぐものなど、個別契約上の地位を譲渡するものであるときは、おおむね、第15号文書（債権譲渡に関する契約書）に該当することになります。

130 第2章 主な業種別文書実例から学ぶ課否判断と実務対応

事例 1-21　消費税率引上げに係る変更契約書

《文書の内容》

　甲商事㈱では、令和元年10月1日より消費税の税率が8%から10%に引上げとなることから、既に乙建設㈱との間で締結している請負契約書の契約金額について、引上げ後の税率によることとするために、次の変更契約書（その1）を作成しています。

【変更契約書（その1）】

請負契約変更契約書

　平成31年4月10日付にて契約した建設工事に係る契約金額について、消費税率の引上げに伴い、次のとおり契約事項を一部変更することを約定する。

記

　原契約書の第2条（契約金額）に規定する契約金額を、次のように変更する。

　　　変更前の契約金額　5,400,000円（内消費税等の金額400,000円）
　　　変更後の契約金額　5,500,000円（内消費税等の金額500,000円）

　　　　令和元年10月1日

　　　　　　　　　　　　　請負者　甲商事株式会社　　㊞
　　　　　　　　　　　　　施工者　乙建設株式会社　　㊞

　また、同社では、乙警備保障㈱との間で、警備業務請負契約書を締結しており、この契約書についても、警備会社との間でその見直しを行い、変更契約書（その2）も作成しています。

1．各業種共通　　131

【変更契約書（その2）】

警備業務請負変更契約書

　甲商事株式会社（以下「甲」という）と乙警備保障株式会社（以下「乙」という）は、平成30年3月31日付にて締結した警備請負契約（以下「原契約書」という）に係る警備料金について、以下のとおり変更することについて確認する。

1，原契約書の第2条に規定する警備料金を次のとおり変更する。

　　変更前　月額50万円　（外消費税等40,000円）

　　変更後　月額50万円　（外消費税等50,000円）

2，上記1による変更後の月額料金は、令和元年10月より適用する。

　　令和元年9月30日

　　　　　　　　　　　　甲商事株式会社　　　　　　　㊞

　　　　　　　　　　　　乙警備保障株式会社　　　　　㊞

（注）平成30年3月31日付の原契約書における契約期間は、「平成30年4月1日から平成32年3月31日」の2年間となっている。

《取扱い》

1　変更契約書（その1）については、記載金額のない第2号文書（請負に関する契約書）に該当し、200円の印紙税が課税されます。

2　変更契約書（その2）についても、記載金額のない第2号文書（請負に関する契約書）に該当し、200円の印紙税が課税されます。

《解説》

1　消費税及び地方消費税の金額が記載された契約書等の記載金額の取扱い

（1）課税物件表の第1号文書、第2号文書及び第17号文書において、消費税及び地方消費税（以下「消費税等」といいます。）の金額が区分記載されている場合には、消費税等の金額は税率適用に当たっての記

載金額（通則の4に規定する記載金額（以下「税率適用に当たっての記載金額」といいます。）には含めないものとされています（平成元年3月10日付間消3-2「消費税法の改正等に伴う印紙税の取扱いについて」（以下「消費税等通達」といいます。）の1）。

（例）1　請負契約書　「請負代金100万円、消費税等10万円、計110万円」
　　　　　　　　　　⇒　第2号文書　記載金額は100万円
　　　2　請負契約書　「請負代金110万円（うち消費税等10万円）」
　　　　　　　　　　⇒　第2号文書　記載金額は100万円
　　　3　請負契約書　「請負代金110万円（消費税等を含む）」
　　　　　　　　　　⇒　第2号文書　記載金額は110万円
※例3では、課されるべき消費税等の額が区分記載されていないので、110万円が記載金額とされます。

（2）契約金額等の記載がなく、消費税等の金額のみが記載されている文書については、「税率適用に当たっての記載金額」はないものとなります。

　　　したがって、課税物件表の第1号文書又は第2号文書に該当する文書については「契約金額の記載のない契約書」に該当することとなり、また、第17号文書に該当する場合には「売上代金に係る受取金額がない受取書」として第17号の2文書に該当することとなり、それぞれ200円の印紙税が課税されることとなります。

（3）第17号文書では記載された受取金額が「5万円未満のもの」は非課税文書となりますが、消費税等の金額のみが記載されている受取書の場合には、その記載された「消費税等の金額」が「5万円未満」である場合には、非課税文書として取り扱われます（消費税等通達の3）。

　　　そして、第1号文書あるいは第2号文書においては記載された金額が「1万円未満」のものが非課税文書とされていますが、少額な文書を非課税とする法の趣旨に鑑み、第17号文書の取扱いと同様に、第

1号文書あるいは第2号文書に消費税等の金額のみが記載されている場合には、その「消費税等の金額」が「1万円未満のもの」は非課税文書として取り扱われます。

2　変更契約書における消費税等の取扱い

（1）変更契約書における重要な事項（消費税等）の取扱い

既に存在している契約（以下「原契約」といいます。）の内容を変更する契約書は、印紙税法上の契約書に含まれます（通則5）。

「契約の内容の変更」とは、原契約の同一性を失わせないで、その内容を変更することをいいます（基通17①）。

ところで、印紙税法では、契約上重要な事項を変更する変更契約書を課税対象としており、基通の別表第二「重要な事項の一覧表」にその重要な事項（以下「重要な事項」といいます。）の範囲が課税物件表の各号の文書ごとに定められています。

ここに掲げられている重要な事項は例示事項であり、これらに密接に関連する事項や例示した事項と比較してこれと同等、若しくはそれ以上に契約上重要な事項（以下「密接関連事項」といいます。）を変更するものも課税対象とされています。

イ　例えば、第1号の4文書（運送に関する契約書）と第2号文書関係（請負に関する契約書）では、次の1〜10の各事項が「重要な事項」とされており、「消費税等の額」は「3.契約金額」の密接関連事項として取り扱われています。

1.運送又は請負の内容（方法を含む。）、2.運送又は請負の期日又は期限、3.契約金額、4.取扱数量、5.単価、6.契約金額の支払方法又は支払期日、7.割戻金等の計算方法又は支払方法、8.契約期間、9.契約に付される停止条件又は解除条件、10.債務不履行の場合の損害賠償の方法

ロ　また、第7号文書（継続的取引の基本となる契約書）の重要な事項は、令第26条各号に掲げる要件とされています。

134　第 2 章　主な業種別文書実例から学ぶ課否判断と実務対応

　　例えば、同令第 26 条第 1 号の場合は、次の項目が重要な事項となります。

---

1. 目的物の種類、2. 取扱数量、3. 単価、4. 対価の支払方法、5. 債務不履
行の場合の損害賠償の方法、6. 再販売価格、7. 契約期間（同令第 26 条
第 1 号の文書を引用して契約期間を延長するものに限り、延長する期間
が 3 ヶ月以内で、かつ、更新の定めがないものを除く。）

　　「消費税等の金額」については、これら同令第 26 条第 1 号に掲げる
要件のうち、「3. 単価」の密接関連事項にも該当するのではないかと
考えられなくもないのですが、この「単価」はあくまでも請負や運送
あるいは売買に係る一取引単位（作業 1 回、商品 1 個当たり）の価格を
いうものであり、「消費税等の金額」は契約金額（請負や運送あるいは
売買取引の対価たる金額）に課されるものであることから、「単価」に
係る密接関連事項としては取り扱われないこととなります。

（2）変更契約書の所属の決定ルール

　　変更契約書は、変更する事項がどの号に該当する重要な事項である
かによって、文書の所属を決定することになるのですが、2 以上の号
の重要な事項が 2 以上併記又は混合記載されている場合とか、一つの
重要な事項が同時に 2 以上の号に該当する場合には、それぞれの号に
該当する文書として原契約書の所属の決定方法と同様に所属を決定す
ることになります（通則 3、基通 17 ②③）。

　　なお、この場合、原契約書の所属号には拘束されず、変更契約書に
記載のある課税事項に基づいて、改めて所属号を決定することとなり
ます。

3　変更契約書の記載金額（消費税等）の取扱い

　　契約金額を変更する変更契約書の記載金額は、それぞれ次によりま
す（通則 4 ニ、基通 30）。

（1）その変更契約書に係る契約についての変更前の契約金額等の記載

されている契約書が作成されていることが明らかであり、かつ、その変更契約書に変更金額（変更前の契約金額と変更後の契約金額の差額、すなわち契約金額の増減額）が記載されている場合（変更前の契約金額と変更後の契約金額の双方が記載されていることにより変更金額を明らかにできる場合を含みます。）

イ　変更前の契約金額を増加させるものは、その増加額が記載金額となります。

　　なお、消費税等の金額についてのみの変更契約書の場合には、変更前の消費税等の金額と変更後の消費税等の金額との差額の金額が、増加額（記載金額）となります。

ロ　変更前の契約金額を減少させるものは、記載金額のないものとなります。

（2）上記（1）以外の変更契約書の場合

イ　変更後の契約金額が記載されているもの（変更前の契約金額と変更金額の双方が記載されていることにより変更後の契約金額が計算できるものも含みます。）は、その変更後の契約金額が、その文書の記載金額となります。

　　なお、消費税等の金額についてのみの変更契約書の場合には、変更後の消費税等の金額が記載金額となります。

ロ　変更金額だけが記載されているものは、その変更金額が、その文書の記載金額となります。

　　なお、消費税等の金額についてのみの変更契約書の場合には、その変更金額（変更前の消費税等の金額と変更後の消費税等の金額との差額金額）が、記載金額となります。

4　月単位等で契約金額を定めている契約書の記載金額

　　※　事例1－9の解説3（p 89）を参照。

5　消費税率の引上げに伴う変更契約書の具体的な取扱い

（1）令和元年10月1日からの消費税率の引上げ（8％→10％）に伴

い、既存の契約等について、税抜きでの契約金額に変更はないものの、新たに課される消費税等の金額のみを増額するために、変更契約書が作成される場合があります。

このような変更契約書は、上記2（1）に記載のとおり、当初の契約で定められている「重要な事項」を変更する文書が課税文書となり、また、契約上の「重要な事項」の「密接関連事項」を変更する場合も課税対象とされますから、消費税額等の金額のみを変更する契約書の原契約書が第1号文書又は第2号文書であれば「契約金額」の「密接関連事項」に係る変更契約書に該当し、課税文書となります。

したがって、第1号文書又は第2号文書における消費税等の金額のみを変更する契約書の場合、その変更契約書には記載金額はあるものの、「税率適用に当たっての記載金額」はないこととなるので、契約金額の記載のない第1号文書又は第2号文書として、200円の印紙税が課せられることになるものです。

（2）ただし、文書に記載された新たに課されることとなる消費税等の具体的な金額が1万円未満の場合には、上記1（3）のとおり「非課税文書」として扱われることとなります。

なお、ここでいう「新たに課されることとなる消費税等の具体的な金額」とは、旧税額と新税額の差額となります。

例えば、請負金額100万円の契約書において、消費税額が8万円から10万円に増額される場合には、その差額2万円が「新たに課されることとなる消費税等の具体的な金額」となりますから、この場合は非課税文書には該当しないことになります。

一方、例えば、請負金額40万円の契約書において、消費税等の金額が3万2千円から4万円に増額される場合には、その差額8千円が「新たに課されることとなる消費税等の具体的な金額」となりますから、この場合は非課税文書に該当することになります。

（3）請負契約等について、新たに課されることとなる消費税等相当額

のみを増額するため、原契約書の契約金額等を変更する契約書についての具体的な取扱いは、以下のとおりとなります。

イ　消費税額等のみ変更する契約書の基となる原契約書が第1号文書（不動産の譲渡に関する契約書又は運送に関する契約書など）又は第2号文書（請負に関する契約書）のみに該当する場合

　　この場合の変更契約書は、契約金額の記載のない第1号文書又は第2号文書となります。

（例1）　工事請負契約書における当初の請負金額108万円（うち消費税等8万円）を110万円（うち消費税等10万円）に変更する。
（例2）　工事請負契約書における消費税等8万円を10万円に変更する。

ロ　消費税等の金額のみを変更する契約書の基となる原契約書が第1号文書（運送に関する契約書）又は第2号文書（請負に関する契約書）と第7号文書（継続的取引の基本となる契約書）に該当する場合（原契約書に記載されている契約期間内のものに限ります。）

　　この場合の変更契約書は、第1号文書（運送に関する契約書）又は第2号文書（請負に関する契約書）の重要事項となる「契約金額」の密接関連事項である消費税額等の変更となりますから（第7号文書の重要事項の密接関連事項の変更にはなりませんから）、契約金額の記載のない第1号文書又は第2号文書となります。

（例1）　○年○月○日付保守契約書における当初の月額保守料金108万円（うち消費税等8万円）を110万円（うち消費税等10万円 ）に変更する。
（例2）　○年○月○日付保守契約書における当初の月額保守料金10万8,000円（うち消費税等8,000円）を11万円（うち消費税等10,000円 ）に変更する。

　　これらの変更契約書に記載された増額となる消費税等の金額が1万

円未満の場合は非課税文書として取り扱われます。

　増額となる消費税等の金額が1万円未満となるかどうかは、変更後の契約期間（原契約書の契約期間内の残期間）の月数に変更金額を乗じた金額により判定することとなります。

　（例1）、（例2）ともに残期間が文書上では明らかではありませんから、このような場合には、契約期間内の総額の変更金額が算出できませんので、非課税文書と判定できないこととなります。

　（例1）の場合は、月額料金での変更金額（2万円）が1万円以上となりますから、この月額の変更金額だけで課税文書と判定することができます。

　（例2）の場合については、月額での変更金額は2千円ですが、変更金額総額の算出ができず、総額で1万円未満となるか否か定かではないことから、課税文書として取り扱われることとなります。

ハ　消費税等の金額のみ変更する契約書の基となる原契約書が第7号文書（物品売買に係る継続的取引の基本契約書）に該当する場合（原契約書に記載された契約期間内のものに限ります。）

　　この場合の変更契約書は、物品の売買契約書に該当し、不課税文書となります。

（例）　○年○月○日付物品売買契約書における当初の物品販売単価10万8,000円（うち消費税等8,000円）を11万円（うち消費税等10,000円）に変更する。

（注）第7号文書に係る重要事項となる「単価」を変更する文書とはなりませんので、単なる物品の売買契約書に該当することとなります。

　　なお、消費税等の金額が区分記載されていない場合は、「単価」を変更することとなりますから、第7号文書に該当することとなります。

ニ　原契約書が、第1号文書（運送に関する契約書）又は第2号文書（請負に関する契約書）と第7号文書（継続的取引の基本となる契約書）に該当する場合において、原契約書に記載された契約期間の更新後の期

間についての契約書となるもので、原契約書で定めた単価に係る消費税等の金額のみを変更する契約書を作成する場合

　この場合は、継続する請負取引等に関して、更新後の期間に適用となる新たな「単価」を定める契約書を締結したこととなるため、第1号文書又は第2号文書と第7号文書とに該当し、通則3のイの取扱いにより、所属の決定を行うこととなります。

ホ　原契約書（第7号文書（物品売買に係る継続的取引の基本契約書）に該当する契約書）に記載された契約期間の更新後の期間について、原契約書の単価に係る消費税額等のみを変更する契約書を作成する場合

　この場合は、継続する物品売買取引に関して、更新後の期間に適用となる新たな売買単価を定める契約書を締結したこととなるため、第7号文書又は不課税文書に該当することとなります。

6　事例の「変更契約書」の取扱い

　事例の「変更契約書」に係る取扱いは、次のとおりとなります。

（1）　変更契約書（その1）の取扱い

　変更契約書（その1）については、上記5（3）のイに該当しますから、契約金額の記載のない第2号文書（請負に関する契約書）に該当し、200円の印紙税が課税されます。

（2）　変更契約書（その2）の取扱い

　変更契約書（その2）については、上記5（3）のロに該当しますから、契約金額の記載のない第2号文書（請負に関する契約書）に該当し、200円の印紙税が課税されます。

　(注)　原契約書の契約期間は引用できません（基通3②）から、残期間が明らかでなければ消費税等の増額部分の総額が算出できませんが、月額での増額部分だけでも、1万円（5万円－4万円）以上となることから、非課税文書ではなく、課税文書と判定できます。

140　第２章　主な業種別文書実例から学ぶ課否判断と実務対応

2 製造業

事例 2-1 駐車場システム売買契約書

《文書の内容》

　設備製造会社である乙設備販売㈱は、駐車場業を展開する甲サービス
㈱から駐車設備（装置・システム）の設計施工を受注した際に、次のよ
うな契約書を作成しています。

駐車場システム売買契約書

　甲サービス株式会社（以下「甲」という）と乙設備販売株式会社（以
下「乙」という）とは、駐車場システムの使用権及び駐車設備の売買に
関して、以下のとおり契約を締結する。

第１条（売買の目的）

　乙は甲が所有するＡ駐車場において使用する駐車装置（100 台分、以
下「Ａ駐車場システム」という）を甲に売り渡し、甲はこれを買い受け
ることを約定する。

第２条（特許及び実用新案権）

　乙はその所有するＡ駐車場システムに関する使用権を、甲に貸与し、
甲はこれを無断で改造、製造してはならない。

第３条（納期）

　Ａ駐車場システムの引渡しは、Ｘ１年７月 31 日とし、甲の指定場所
（別紙）に納入、検査後に引き渡すものとする。

第４条（売買代金）

　Ａ駐車場システムの売買代金は、65,000,000 円とする。

　なお、支払方法は、契約時に 24,000,000 円、ラック搬入時に
24,000,000 円、完成引渡し時に残金 17,000,000 円を、乙指定の銀行口
座に振込み支払うものとする。

（中略）

第７条（所有権留保）

> 甲が売買代金の支払を完了するまでは、A駐車システムは乙の所有に属するものとする。

《取扱い》

　記載金額6,500万円の第2号文書（請負に関する契約書）に該当し、印紙税額は3万円（軽減税率）です。

《解説》

1　請負契約書の意義

　「請負」とは、当事者の一方（請負者）がある仕事の完成を約し、相手方（注文者）がその仕事の結果に対して報酬を支払うことを内容とする契約をいい、民法第632条《請負》に規定する「請負」のことをいいます。

　この「請負」は、完成された仕事の結果を目的とする点に特質があり、仕事が完成されるならば、下請負に出してもよく、その仕事を完成させなければ、債務不履行責任を負うような契約です。

　請負の目的物には、家屋の建築、道路の建設、橋りょうの架設、洋服の仕立て、船舶の建造、車両及び機械の製作、機械の修理のような有形なもののほか、シナリオの作成、音楽の演奏、舞台への出演、講演、機械の保守、建物の清掃のような無形のものも含まれます。

2　事例の「駐車場システム売買契約書」の取扱い

　事例の「駐車場システム売買契約書」においては、甲乙間において、「A駐車場システム」を「売り渡し」、「買い受ける」と表現し、「請負う」といった表現を避けているものの、契約において記載証明している内容を実質的に判断した場合には、駐車装置である「A駐車場システム」の設計・施工を請負っているものと認められます。

　したがって、物品の売買契約書（不課税文書）となるものではなく、第2号文書（請負に関する契約書）として課税文書に該当するものです。

142　第 2 章　主な業種別文書実例から学ぶ課否判断と実務対応

　なお、記載金額は第 4 条に記載のある「A 駐車場システムの売買代金 65,000,000 円」となり、印紙税額は 6 万円となりますが、A 駐車場システムと称する駐車装置の設計・施工を請け負うものであり、このような設備の施工は建設工事に当たり、軽減税率（3 万円）が適用となります（租特法 91）。

2. 製造業　143

事例 2-2　覚書（取扱数量とリベート支払契約）

《文書の内容》

　製造業者乙㈱では、通信機器の継続する売買取引に関する基本契約に基づいて、取引先の販売業者甲㈱との間で、期間仕入目標台数・月次仕入計画を設定し、リベートの算出方法について合意し、次のような覚書文書を作成しています。

覚　　書

　○○通信機の仕入助成制度の適用に伴う期間目標と月次仕入計画の設定に関し、甲株式会社（以下「甲」という）と乙株式会社（以下「乙」という）は、以下のとおり合意した。

1　期間仕入目標台数・月次仕入計画

　甲が乙から仕入れる期間目標台数と月次台数を次のとおりとする。

機種名	4月	5月	6月	7月	8月	9月	期間計
A	○台	○台	○台	○台	○台	○台	○○台
B	○台	○台	○台	○台	○台	○台	○○台
C	○台	○台	○台	○台	○台	○台	○○台
合　計	○台	○台	○台	○台	○台	○台	○○台

2　適用リベートランクとリベート支払方法

　1に定める期間仕入目標に対応したリベートは、次のランクごとに次の算式により求めるものとし、1の約定事項の完遂を条件として乙は甲に対して当該リベートを支払うものとする。

（以下略）

《取扱い》

　第7号文書（継続的取引の基本となる契約書）に該当し、印紙税額は4,000円となります。

144　第２章　主な業種別文書実例から学ぶ課否判断と実務対応

《解説》

1　第７号文書（継続的取引の基本となる契約書）の課税要件

　第７号文書（継続的取引の基本となる契約書）とは、特約店契約書、代理店契約書、業務委託契約書、銀行取引約定書、信用取引口座設定約諾書、保険特約書その他の契約書で、特定の相手方との間で継続的に生ずる取引に適用する基本的な取引条件を定めたもので、令第26条第１号から第５号に定める要件を満たすものをいいます（契約期間が３ヶ月以内で、かつ、更新の定めのないものは除かれます。）。

　同条の第１号の契約書の場合をみると、次の要件をすべて満たすものが第７号文書（継続的取引の基本となる契約書）に該当することになります。

（１）営業者の間における契約であること

（２）売買、売買の委託、運送、運送取扱又は請負のいずれかの取引に関する契約であること

（３）２以上の取引を継続して行うための契約であること

（４）２以上の取引に共通して適用される取引条件のうち目的物の種類、取扱数量、単価、対価の支払方法、債務不履行の場合の損害賠償の方法又は再販売価格のうち１以上の事項を定める契約であること

（５）電気又はガスの供給に関する契約ではないこと

　（例）工事請負基本契約書、エレベーター保守契約書、清掃請負契約書

2　契約書とは

　課税物件表に掲げられているこれらの契約書とは、契約証書、協定書、約定書その他名称のいかんを問わず、契約（その予約を含みます。以下同じ。）の成立若しくは更改又は契約の内容の変更若しくは補充の事実（以下「契約の成立等」といいます。）を証すべき文書をいい、念書、請書その他契約の当事者の一方のみが作成する文書又は契約の当事者の全部若しくは一部の署名を欠く文書で、当事者間の了解又は商慣習に基

づき契約の成立等を証することになっているものも含まれます（通則
5）。

　したがって、「覚書」などといった表題の文書であっても、契約の成
立等を証すべき文書は契約書に該当します。

3　補充契約書の取扱い

　上記2のとおり、原契約の内容を補充する契約書となるものについて
も、印紙税法上の契約書に含まれます（通則5）。

　「契約の内容の補充」とは、原契約の内容として欠けている事項を補
充することをいいます。この場合、原契約が文書化されていたか、単な
る口頭契約であったかは問いません。

　印紙税法は、契約上重要な事項を補充する補充契約書を課税対象とす
ることとし、その重要な事項の範囲は基本通達別表第二「重要な事項の
一覧表」に定められていますが、ここに掲げられているものはあくまで
例示事項であり、これらに密接に関連する事項や例示した事項と比較し
てこれと同等、若しくはそれ以上に契約上重要な事項を変更するものも
課税対象になります。

　補充契約書は、補充する事項がどの号に該当する重要な事項であるか
により文書の所属を決定することになるのですが、2以上の号の重要な
事項が2以上併記又は混合記載されている場合とか、一つの重要な事項
が同時に2以上の号に該当する場合には、それぞれの号に該当する文書
として原契約書の所属の決定方法と同様に所属を決定することになりま
す（この場合、原契約書の所属号には拘束されず、補充契約書について、改
めて所属号を決定することとなります。）。

4　事例の「覚書」の取扱い

（1）事例の「覚書」は、甲と乙との間で既に契約済の〇〇通信機の売
　　買取引に関する基本契約に基づいて、期間目標台数と月次仕入台数の
　　計画について補充する内容を定めるものと認められますから、上記3
　　の「補充契約書」に該当するものとなります。そうすると、上記1に

記載の、令第26条第1号に規定する「売買」に関する2以上の取引に共通して適用される取引条件のうち、「目的物の種類」（機種名）、「取扱数量」（目標数量）を定める内容となるものですから、第7号文書（継続的取引の基本となる契約書）に該当します。

（2）なお、一定期間における取引目標金額などを定め、当該金額などを基準にして契約達成謝礼金（リベート等）を支払うことを内容とする覚書などの文書は、継続的な売買に関する2以上の取引に共通して適用される取引条件のうち、取扱数量を定めるものに当たります（取引目標数量あるいは取引目標金額は取扱数量に当たります）。

（注）リベートの支払方法そのものは、令第26条第1号に規定する第7号文書（継続的取引の基本となる契約書）の課税事項には当たらないため、リベートの支払方法のみ定めるものである場合は、第7号文書（継続的取引の基本となる契約書）とはならず、他の課税事項の記載もなければ不課税文書となります。

2. 製造業　147

事例 2-3　商品別契約数量通知書

《文書の内容》

　㈱乙製造は甲販売㈱との間の基本契約書に基づいて、新年度における年間取引数量等を次のような文書により通知しています。

　なお、原契約書となる「●●用品の売買に関する契約書」は、第7号文書（継続的取引の基本となる契約書）に該当するものです。

X1年8月20日

商品別契約数量通知書

甲販売株式会社　殿

株式会社乙製造

　X1年3月31日付「●●用品の売買に関する契約書」に基づき、甲、乙協議の上決定した「●●用品の商品別契約数量」及びその「報奨率」を下記のとおりご通知申し上げます。

商品名	契約数	報奨率	摘　要
□□□	個	％	
△△△	個	％	
○○○	本	％	
××× ×	個	％	
■■■■	個	％	
▲▲▲▲	足	％	

《取扱い》

　第7号文書（継続的取引の基本となる契約書）に該当し、印紙税額は4,000円です。

《解説》

1 表題が「通知書」等となっている文書の取扱い

表題が「○○通知書」となっているものであっても、契約書に該当する場合があります。

印紙税法上の契約書とは、契約証書、協定書、約定書その他名称のいかんを問わず、契約（その予約を含みます。以下同じ。）の成立若しくは更改又は契約の内容の変更若しくは補充の事実（以下「契約の成立等」といいます。）を証すべき文書をいい、念書、請書その他契約の当事者の一方のみが作成する文書又は契約の当事者の全部若しくは一部の署名を欠く文書で、当事者間の了解又は商慣習に基づき契約の成立等を証することになっているものも含まれます。

「通知書」等と表記された文書は、通常契約の当事者の一方の者が作成する文書であり、契約の相手方に対して交付する単独作成文書となるものですが、この単独作成文書も、その文書が上記のとおり契約の成立等を証する文書に該当する場合には、印紙税法上の「契約書」として取り扱われます。

2 第7号文書（継続的取引の基本となる契約書）の課税要件

※ 事例2－2の解説1（p 144）を参照。

3 補充契約書の取扱い

※ 事例2－2の解説3（p 145）を参照。

4 事例の「商品別契約数量通知書」の取扱い

事例の「商品別契約数量通知書」については、原契約書となるＸ1年3月31日付「●●用品の売買に関する契約書」に基づき、甲、乙協議の上決定した「●●用品の商品別契約数量」及びその「報奨率」を通知するものであり、契約当事者間の合意を受けて、取引の一方当事者から、片方の当事者に交付される文書です。

したがって、契約当事者間での了解に基づき契約の成立等を証する文書と認められますから、印紙税法上の契約書に該当します。

そして、この「商品別契約数量通知書」は、令第26条第1号に規定する「売買」に関する2以上の取引を継続して行うために作成される文書であり、その2以上の取引に共通して適用される取引条件のうち、「目的物の種類」（商品名）、「取扱数量」（契約数）を定める内容となっており、第7号文書（継続的取引の基本となる契約書）に該当しますから、4,000円の印紙税が課税されます。

150 第2章 主な業種別文書実例から学ぶ課否判断と実務対応

事例 2-4 注文請書（特注品）

《文書の内容》

工作機械などの製造メーカーである甲㈱は、あらかじめ仕様等をカタログで示して注文を受け付ける場合のほか、買主からの特別注文による仕様等に基づく機械の製造も行っていますが、いずれの場合も受注した場合には、次のような注文請書を買主に対して交付しています。

X1年5月16日

注　文　請　書

貴注文書第 1234 号　　（貴注文書作成日　X1年4月24日）

（買主）乙株式会社　殿

（売主）甲株式会社

貴注文書に基づく下記の条件によりご注文をお請けいたします。

物件名・仕様	○○機械　2台　仕様；貴注文書別添仕様による。
メーカー名、型式番号	
受渡場所	東京都▲▲区●●
受渡期日	X1年6月20日
代金	¥2,600,000　消費税額¥260,000　合計¥2,860,000
代金支払方法	120日約束手形払い
摘　要	

《取扱い》

記載金額 260 万円の第2号文書（請負に関する契約書）に該当し、印紙税額は 1,000 円です。

《解説》

1　請負と売買の判断基準

請負契約において、記載金額がある場合は、階級定額税率が適用される第2号文書（請負に関する契約書）となり、記載金額のない場合で継続する取引に係るものは、第7号文書（継続的取引の基本となる契約書）

に該当します（通則3イ）。

　一方で、物品の売買契約の場合には、継続する売買契約で第7号文書になるものを除き、原則として不課税文書になります。

　大型機械等の売買などでは、据付け工事や組立てを伴う場合、注文に基づき自己の材料を用いて物品を製作して引き渡す場合（いわゆる製作物供給契約）などがあります。

　このような契約書が、課税文書である請負に関する契約書（第2号文書）に該当するのか、不課税文書である物品の譲渡に関する契約書に該当するのか、疑義が生ずるところです。

　契約当事者の意思が仕事の完成に重きを置いているのか、物品や不動産の所有権移転に重きを置いているのかによってその判断が異なってきますが、具体的な取引の段階においては、必ずしもその判別が明確なものばかりではありません。

　そこで、その判別が困難な場合には、以下の基準により判断することとされています（基通別表第一第2号文書の2）。

（1）注文者の指示に基づき一定の仕様又は規格等に従い、製作者の労務により工作物を建設することを内容とするもの

　　⇒　請負に関する契約書

　　（例）家屋の建築、通路の建設、橋りょうの架設

（2）製作者が工作物をあらかじめ一定の規格で統一し、これにそれぞれの価格を付して注文を受け、当該規格に従い工作物を建設し、供給することを内容とするもの

　　⇒　不動産の譲渡に関する契約書又は物品の譲渡に関する契約書

　　（例）建売住宅の供給（不動産の譲渡に関する契約書）

（3）注文者が材料の全部又は主要部分を提供（有償であると無償であるとを問わない。）し、製作者がこれによって一定物品を製作することを内容とするもの

　　⇒　請負に関する契約書

152　第2章　主な業種別文書実例から学ぶ課否判断と実務対応

　　　（例）生地提供の洋服仕立て，材料支給による物品の製作
（4）製作者の材料を用いて注文者の設計又は指示した規格等に従い、
　　一定物品を製作することを内容とするもの
　　　⇒　請負に関する契約書
　　　（例）船舶、車輌、機械、家具等の製作、洋服等の仕立て
（5）あらかじめ一定の規格で統一された物品を、注文に応じ製作者の
　　材料を用いて製作し、供給することを内容とするもの
　　　⇒　物品の譲渡に関する契約書（不課税文書）
　　　（例）カタログ又は見本による機械、家具等の製作
（6）一定の物品を一定の場所に取り付けることにより所有権を移転す
　　ることを内容とするもの
　　　⇒　請負に関する契約書
　　　（例）大型機械の取付け
　　ただし、取付行為が簡単であって、特別の技術を要しないもの
　　　⇒　物品の譲渡に関する契約書（不課税文書）
　　　（例）家庭用電気器具の取付け
（7）修理又は加工することを内容とするもの
　　　⇒　請負に関する契約書
　　　（例）建物、機械の修繕、塗装、物品の加工

2　事例の「注文請書」の取扱い

　事例の「注文請書」は、大型機械の売買契約書となるものと認めら
れ、売買物件の「○○機械」の仕様が「貴注文書別添仕様による。」と
されており、買主である乙株式会社からの特注品であることが認められ
ます。

　したがって、カタログ品などの単なる物品売買契約とは異なり、特注
品である機械の製造を請け負う契約と認められますから、上記1（4）
の取扱いが適用となり、第2号文書（請負に関する契約書）に該当する
こととなり、契約金額（＝記載金額）に応じた印紙税が課されます。

2. 製造業　　153

事例 2-5　大型機械の売買契約書（その１）

《文書の内容》

　乙㈱は製造工場向けの大型機械の製造販売を行っており、甲㈱からの注文を受けて新規開発製品の製造のための大型機械を搬入し、甲㈱の工場に設置することとしており、次のような機械の売買契約証書を取り交わしています。

売 買 契 約 証 書

X１年○月○日

　売主乙株式会社は、買主甲株式会社に対して次のとおり機械を売り渡すものとする。

〔１〕売買物件及び売買条件

　　売買物件，数量，代金

名　称・型　式・製造所名・その他	数　量	売買代金額
○○機械装置　（商品 No.36579） （据付・試運転調整費込）	１　式	23,100,000 円 （内消費税 2,100,000 円）

〔２〕納期，受渡場所，利息，その他売買条件

搬 入 期 限	X１年○月○日
引 渡 場 所	○○工場　据付引渡
検 査 場 所	○○工場
荷 造 運 賃	実費精算
延 払 利 息	利率：年利　％（日歩　銭）　利息起算日：X１年　年　月　　日
そ の 他	X１年○月○日付注文書記載の条件のとおり

《取扱い》

　記載金額 2,100 万円の第２号文書（請負に関する契約書）に該当し、印紙税額は１万円（軽減税率）です。

154　第2章　主な業種別文書実例から学ぶ課否判断と実務対応

《解説》

1　製作物供給契約の取扱い

　大型機械等の売買などでは、据付工事や組立てを伴う場合、注文に基づき自己の材料を用いて物品を製作して引き渡す場合（いわゆる製作物供給契約）などがあります。

　このような契約書が，課税文書である請負に関する契約書（第2号文書）に該当するのか、不課税文書である物品の譲渡に関する契約書に該当するのか、疑義が生ずるところです。

　そこで、契約当事者の意思が仕事の完成に重きを置いているのか、物品や不動産の所有権移転に重きを置いているのかによってその判断が異なってきます。

　具体的な取引の段階においては、必ずしもその判別が明確なものばかりではありません。そこで、その判別が困難な場合には、一定の基準により判断することとされています（基通別表第一第2号文書の2）。

　※　一定の基準については、事例2－4の解説1（p 150）を参照。

2　取付工事を伴う機械設備等の売買契約書の記載金額の取扱い

（1）取付工事を伴う機械設備等（特注品でないもの）の売買契約書の記載金額については、以下のとおりの取扱いとなります。

　　イ　取付工事の金額を含めた契約書で機械設備販売と取付工事の金額を区分しない場合

　　　（例）冷暖房設備（取付工事込み）　金3,000,000円

　　　売買金額と請負金額とが区分記載されていませんので、記載金額3,000,000円の第2号文書となります。

　　※　設置費用等を含む契約書でも、設置費用は無償とされている場合には、請負契約に該当せず、課税文書とはなりません。

　　ロ　取付工事の金額を含めた契約書で機械設備販売と取付工事の金額を区分する場合

　　　（例）冷暖房設備　金2,000,000円、取付工事　金1,000,000円

2. 製造業　155

　　　取付工事は第2号文書の請負契約に該当しますが、売買と請負で
　　金額が区分されていますので、記載金額1,000,000円の第2号文書
　　となります。
　ハ　冷暖房設備販売の契約書と取付工事に関する契約書をそれぞれ分
　　けて作成する場合
　　　（例）契約書その1.冷暖房設備売買　　　　金2,000,000円
　　　　　　契約書その2.冷暖房設備取付工事　金1,000,000円
　　　契約書その1については、売買契約に該当しますので不課税文書
　　となります。
　　　契約書その2については、記載金額1,000,000円の請負契約書（第
　　2号文書）となります。
（2）機械設備等が特注品である場合には、上記（1）イ及びロについ
　　ては機械設備代金と取付工事代金の合計金額を記載金額とする請負契
　　約書（第2号文書）となりますし、上記ハの契約書その1についても
　　請負契約書（第2号文書）となります。

3　事例の「売買契約証書」の取扱い

（1）課否判断
　　　事例の「売買契約証書」においては、売買物件が「機械装置（据
　　付・試運転調整費込）」であること、納期等の売買条件が「工場据付引
　　渡」となっていることなど、機械装置を一定の場所へ取り付け、試運
　　転調整を完了後に引き渡し、所有権を移転する内容となっています。
　　　したがって、単なる物品売買契約とは異なり、据付工事を含めた機
　　械装置の製作納入契約と認められますから、第2号文書（請負に関す
　　る契約書）に該当します
　　　なお、事例の契約書においては、「○○機械装置（商品No.36579）」
　　の売買契約となっており、いわゆるカタログ品の販売契約と認めら
　　れ、特注品の機械装置の製造とはならないことが認められます。
（2）記載金額

この場合の記載金額については、○○機械装置の売買代金と据付工事代金とが区分記載されているか否かで異なってくることとなります。

事例においては、「1式、23,100,000円（内消費税2,100,000円）とされていて、○○機械装置の売買代金と据付工事代金とが区分して記載されていませんから、21,000,000円が請負代金として取り扱われることとなり、この金額に応じた印紙税の負担となってきます。

なお、機械装置の据付工事は、建設工事に該当しますので、軽減税率の適用がありますから、1万円の印紙税負担となります。

〔参考1〕

○○機械装置の売買代金と据付工事代金とが、次に記載のように、区分して記載されている場合には、上記2（1）ロの取扱いが適用となり、据付工事代金（3,000,000円）のみが記載金額となり、印紙税額は500円（軽減税率）に抑えることが可能です。

⇒ 『○○機械装置19,800,000円（内消費税1,980,000円）、据付の試運転調整費3,300,000円（内消費税300,000円)』

〔参考2〕

不課税契約と課税契約とが混合記載された契約における記載金額の取扱いについては、「1 各業種共通」の「事例1－5」の解説5（p73）を参照してください。

2. 製造業　　157

事例 2-6　大型機械の売買契約書（その２）

《文書の内容》

　甲精機㈱では、新規開発製品の製造のための大型機械を購入し工場に設置することとしており、次のような契約を機械メーカーである乙機械製造㈱と取り交すこととなりました。

売　買　契　約　証　書

Ｘ１年　　月　　日

　　　　　　　　　住　　　所
　売　　主　会　社　名　乙機械製造株式会社
　　　　　　　　　代表者名
　　　　　　　　　住　　　所
　買　　主　会　社　名　甲精機株式会社
　　　　　　　　　代表者名

　売主は、買主の仕様書に基づき、次のとおり機械を製造し、売り渡すものとする。

〔１〕売買物件及び売買条件

　売買物件，数量，代金

物件の名称、型式等	数　量	売買代金額
○○機械装置（別添仕様書のとおり） （据付・試運転調整費込）	１　式	30,000,000　　円

〔２〕納期，受渡場所，利息，その他売買条件

搬入期限	
引渡場所	○○工場　据付引渡
検査場所	
荷造運賃	
延払利息	利率：年利　％（日歩　銭）利息起算日：Ｘ１年　　月　　日
その他	

158 第2章 主な業種別文書実例から学ぶ課否判断と実務対応

《取扱い》

　記載金額3,000万円の第2号文書（請負に関する契約書）に該当し、印紙税額は1万円（軽減税率）です。

《解説》

1 製作物供給契約に係る印紙税の取扱い

　大型機械等の売買などでは、据付工事や組立てを伴う場合、注文に基づき自己の材料を用いて物品を製作して引き渡す場合（いわゆる製作物供給契約）などがあります。

　このような契約書が、課税文書である請負に関する契約書（第2号文書）に該当するのか、不課税文書である物品の譲渡に関する契約書に該当するのか、疑義が生ずるところですが、契約当事者の意思が仕事の完成に重きを置いているか、物品や不動産の所有権移転に重きを置いているかによってその判断が異なってきます。

　具体的な取引の段階においては、必ずしもその判別が明確なものばかりではありません。

　そこで、印紙税法の取扱いに当たって、その判別が困難な場合には、一定の基準により判断することとされています（基通別表第一第2号文書の2）。

　※　具体的な判断基準については、事例2－4の解説1（p 150）を参照。

2 事例の「売買契約証書」の取扱い

（1）課否判断

　事例の「売買契約証書」においては、売買物件が「買主の仕様書に基づき製造される機械装置（据付・試運転調整費込）」であること、納期等の売買条件が「工場据付引渡」となっていることなど、買主からの特注品の製造請負であるとともに、機械装置を一定の場所へ取り付け、試運転調整を完了後に引き渡し、所有権を移転する内容となっています。

2. 製造業　159

　　したがって、単なる物品売買契約とは異なり、機械装置の製作から
　据付工事を含めたその全体が請負契約となるものと認められますか
　ら、第2号文書（請負に関する契約書）に該当します。

（2）記載金額の取扱い

　　事例の大型機械の売買契約書においては、全体が請負契約となるも
　ので、一式での売買代金額30,000,000円が契約金額（＝記載金額）と
　なります。

※　事例2－5の解説2（2）（p 155）を参照。

　　なお、機械装置の据付工事は、建設工事に該当しますので、軽減税
　率の適用がありますから、1万円の印紙税負担となります。

160 第2章 主な業種別文書実例から学ぶ課否判断と実務対応

事例 2-7 納品計算書

《文書の内容》

清涼飲料の製造会社である甲飲料㈱は、販売先である小売店から注文のあった商品を販売・納入する際に、販売担当者が所持するハンディ端末機から、次のような文書（計算書）を出力して、製品の納入と併せて交付しています。

納 品 計 算 書

X1年　月　日　14時34分

お得意先番号　x-xxxxxxxx　　▲▲商店　様

〔納品明細〕

品名	入数	単価	数量	金額
□□ドリンク	30	3,600	6	21,600
■■ジュース	24	3,840	8	30,720
○○飲料	12	2,800	4	11,200

納品額計				63,520
外　消費税額（8%）				5,081

〔容器保証金返却明細〕

		単価	数量	金額
△△容器	150	200	4	800
返却額計				800

****

差引請求額　　　　　　67,801

****

預り額　　　　　　　　70,000
釣り銭　　　　　　　　 2,199

*********************** 請求明細 *********************

課税納品額　　　　　　63,520
　消費税額（8%）　　　 5,081
容器保証金返却額　　　　800

※上記の商品はすべて軽減税率対象品目です

　　上記のとおり納品しました。　　　　甲飲料株式会社　　担当○○○○

《取扱い》

　第17号の１文書（売上代金に係る金銭の受取書）に該当し、印紙税額は200円です。

《解説》

1　「金銭又は有価証券の受取書」の意義

　金銭又は有価証券の受取書とは、金銭又は有価証券の引渡しを受けた者がその受領事実を証明するために作成し、その引渡者に交付する単なる証拠証書をいいます。

　つまり、金銭又は有価証券の受領事実を証明するすべての文書をいい、債権者が作成する債務の弁済事実を証明する文書に限らないのです。

　したがって、「領収書」、「受取書」と記載された文書はもちろんのこと「仮領収書」や「レシート」と称されるものや、相済、了、領収等と記載された「お買上票」、「納品書」等も第17号文書（金銭又は有価証券の受取書）に該当します（基通別表第一第17号文書の１及び２）。

　また、文書の表題、形式がどのようなものであっても、受取事実を証明するために請求書やお買上票等に「代済」、「相済」、「了」等と記入したものなど、その作成目的が金銭又は有価証券の受取事実を証明するものであるものは、金銭又は有価証券の受取書に該当します。

　なお、課税対象となる受取書は、金銭又は有価証券の受取書に限られていますので、物品の受取書などは課税文書にはなりません。

　さらに、受取金額が５万円未満（平成26年３月31日以前は、３万円未満）のものや、営業に関しないもの（例えば、サラリーマンや公益法人が

162　第2章　主な業種別文書実例から学ぶ課否判断と実務対応

作成する受取書）等は非課税となります。

2　第17号文書（金銭又は有価証券の受取書）に係る税率の適用区分

　第17号文書については、売上代金の受取書か否かにより税率の適用区分が異なります。

イ　売上代金に係る金銭又は有価証券の受取書（第17号の1文書）

　　売上代金とは、「資産を譲渡し若しくは使用させること（当該資産に係る権利を設定することを含む。）又は役務を提供することによる対価（手付けを含む。）」、すなわち何らかの給付に対する反対給付として受領するものをいいます。売上代金の受取書は、記載された受取金額に応じて階級定額税率が適用されます。

　　（例）レシート、受取証、領収証、受領書、仮領収証等

ロ　売上代金以外の金銭又は有価証券の受取書（第17号の2文書）

　　上記イの売上代金以外の金銭又は有価証券、例えば借入金、保証金、損害賠償金、保険金等の受取書がこれに該当し、一律に200円の定額税率が適用されます。

3　事例の「納品計算書」の取扱い

　事例の「納品計算書」には、納品した商品の販売額と、容器返却に応じた保証金の返却額が記載され、差引での受領金額とお釣りの金額とが記載されていますから、商品の販売代金に係る金銭の受取書、すなわち、売上代金に係る金銭の受取書と認められます。

　なお、販売担当者が所持するハンディ端末機から出力するものであり、商品の納品書を兼ねるものであったとしても、取引当事者間において、金銭の受領事実を証明するものである限り、金銭の受取書として印紙税の課税の対象となるものです。

2. 製造業　163

事例 2-8　仕入単価決定書

《文書の内容》

　プラスチック製品の加工下請会社である乙化学工業㈱では、発注元の
甲加工㈱から通知のあった加工品の納入単価について、次の「仕入単価
決定書」の複写の文書に承認印を押して甲加工㈱に返却をしています。

仕入単価決定書

X 1年　月　日

甲加工株式会社　御中

乙化学工業株式会社

　品番　H672900　品名　シャッター用レール No.28
　　　　　　　　　色材　グレー
　　　　　　　　　規格　△△

	決定価格	基準価格
部材単価	8.12	8.20
部品単価		
加工単価	60.50	60.50
仕入単価	68.62	68.70

承認	

《取扱い》

　第 7 号文書（継続的取引の基本となる契約書）に該当し、印紙税額は
4,000 円です。

《解説》

1 第7号文書（継続的取引の基本となる契約書）の課税要件（令第26条第1号の要件）

※ 事例2−2の解説1（p144）を参照。

2 単価決定通知書の取扱い

（1）当事者の一方が作成し、通知する文書の取扱い

印紙税法における「契約書」とは、契約証書、協定書、約定書その他名称のいかんを問わず、契約（その予約を含みます。以下同じ。）の成立若しくは更改又は契約の内容の変更若しくは補充の事実（以下「契約の成立等」といいます。）を証すべき文書をいい、念書、請書その他契約の当事者の一方のみが作成する文書又は契約の当事者の全部若しくは一部の署名を欠く文書で、当事者間の了解又は商慣習に基づき契約の成立等を証することとされているものを含むものとされています（通則5）。

また、課税事項のうちの一の重要な事項を証明する目的で作成される文書であっても、契約書に該当することとされており（基通12）、その重要な事項は基通別表第二に定められています。

事例の文書のように、「通知書」、「連絡書」等、通常連絡文書に用いられる名称が表題として付された文書であっても、当事者間で協議の上、単価を決定したことが文書上明らかなものについては、第2号文書及び第7号文書における重要事項として規定されている「単価」（基通別表第2）を補充した文書となり、印紙税法上の契約書に該当することとなります（基通12、18）。

これは契約当事者の一方が作成する文書であっても、契約の成立等を証する文書である限り、契約書に該当するからです。

（2）「単価決定通知書」に係る具体的な取扱い

具体的には、次のいずれかに該当する「単価決定通知書」等が、契約書に該当するものとして取り扱われています。

① 当該文書に当事者双方の署名又は押印のあるもの。

② 当該文書に「見積単価」及び「決定単価」、「申込単価」及び「決定単価」又は「見積　No」等の記載があることにより、当事者間で協議の上、単価を決定したと認められるもの。

③ 委託先から見積書等として提出された文書に、決定した単価等を記載して当該委託先に交付するもの。

④ 当該文書に「契約単価」、「協定単価」又は「契約納入単価」等通常契約の成立事実を証すべき文言の記載があるもの。

⑤ 当事者間で協議した上で決定した単価を、当該文書により通知することが基本契約書等に記載されているもの。

(注) 上記の②から⑤に該当する場合には、契約の相手方当事者（委託先等）が、別途、「承諾書」等の契約の成立の事実を証明する文書を作成することが明らかにされている場合は除かれます。

3　事例の「仕入単価決定書」の取扱い

　事例の「仕入単価決定書」は、文書上に「承認印」が押印されていることから、取引当事者の一方から提示のあった仕入単価について、互いの協議により、決定した仕入単価を承諾したことを証明するために作成・交付されるものと認められます。

　したがって、契約当事者間で協議の上、単価を決定し、更に、この文書によって決定した単価を証するものと認められますから、契約書に該当します。

　そして、この文書は、継続して行う請負契約に適用される加工品の取引単価を定めるものですから、第2号文書（請負に関する契約書）と第7号文書（継続的取引の基本となる契約書）に該当しますが、当該文書には契約金額の記載がありません（記載されている決定価格はあくまで「単価」になります。）ので、通則3のイのただし書の規定により第7号文書に所属が決定されます。

166　第 2 章　主な業種別文書実例から学ぶ課否判断と実務対応

事例 2-9　加工注文書

《文書の内容》

　乙製造㈱は、製品の加工作業について、契約先である甲加工㈱に対して、次のような注文書を交付して依頼しています。

No.　0130

加 工 注 文 書

×1年●月●日

甲加工株式会社　御 中

乙製造株式会社　㊞

　貴社との取引基本契約書の定めに基づき、下記のとおり注文いたします。

受渡期日		受渡場所		代金支払期日		
加 工 明 細		単 価	数 量	金 額	備　　　考	
○○加工		5,000 円	100 個	500,000 円		

（注）個別契約の成立について、取引基本契約書に明文の記載はないが、事実上この注文によって自動的に契約が成立する実態にある。

《取扱い》

　記載金額 50 万円の第 2 号文書（請負に関する契約書）に該当し、印紙税額は 200 円です。

《解説》

1　契約書の意義

　課税物件表には、「○○に関する契約書」という名称で掲げられているものが多くありますが、ここにいう契約書とは、契約証書、協定書、

約定書その他名称のいかんを問わず、契約（その予約を含みます。以下同じ。）の成立若しくは更改又は契約の内容の変更若しくは補充の事実（以下「契約の成立等」といいます。）を証すべき文書をいい、念書、請書その他契約の当事者の一方のみが作成する文書又は契約の当事者の全部若しくは一部の署名を欠く文書で、当事者間の了解又は商慣習に基づき契約の成立等を証することになっているものも含まれます（通則5）。

ここでいう契約とは、互いに対立する2個以上の意思表示の合致、すなわち一方の申込みと他方の承諾によって成立する法律行為です（基通14）から、契約書とは、その2個以上の意思表示の合致の事実を証明する目的で作成される文書をいうことになります。

したがって、通常、契約の申込みの事実を証明する目的で作成される申込書、注文書、依頼書などと表示された文書であっても、実質的にみて、その文書によって契約の成立等が証明されるものは、契約書に該当することになります。

2　申込書、注文書、依頼書等と表示された文書の取扱い

契約とは、申込みと承諾によって成立するものですから、契約の申込事実を記載した申込書、注文書、依頼書などは、通常、課税対象にはなりません。

しかし、たとえ、これらの表題を用いている文書であっても、その記載内容によっては、契約の成立等を証する文書、すなわち、契約書になるものがあります。

契約の成立等を証する文書かどうかは、文書の記載文言等その文書上から客観的に判断するというのが印紙税の基本的な取扱いですから、申込書等と表示された文書が契約の成立等を証明する目的で作成されたものであるかどうかの判断も、基本的にその文書上から行うことになります（基通2、3）。

このような契約の成立等を証明する目的で作成される文書は当然に契約書に該当するのですが、実務上、申込書等と表示された文書が契約書

に該当するかどうかの判断はなかなか困難なことから、一般的に契約書に該当するものとして、契約当事者の間の基本契約書、規約又は約款等に基づく申込みであることが記載されていて、一方の申込みにより自動的に契約が成立することとなっている場合における当該申込書等（基通21②（1））が基本通達で掲げられています。

（1）この場合の約款等に基づく申込みであることが記載されているかどうかは、申込書等に、約款等に基づく申込みである旨の文言が明記されているもののほか、約款等の記号、番号等が記載されていること等により、実質的に約款等に基づく申込みであることが文書上明らかなものも含まれます。

　　自動的に契約が成立するかどうかは、実態判断によります。すなわち、約款等で、例えば「申込書を提出した時に自動的に契約が成立するものとする。」とされている場合は、その申込書を提出した時に自動的に契約が成立するのは明らかですし、「申込書提出後、当方が審査を行った上了解したものについて契約が成立するものとする。」となっている場合は、その申込書を提出しても自動的に契約が成立するものとはいえません。しかし、約款等にそのような明文の記載がない場合は、事実上その申込みによって自動的に契約が成立するかどうかを判断することになるわけです。

（2）ただし、契約の相手方当事者が別に請書等契約の成立を証明する文書を作成することが記載されているものは除かれます。一方の申込みにより自動的に契約が成立する申込書等であっても、それに対して相手方当事者がさらに請書等を作成することとしているものは、契約書には当たらないことに取り扱われます。

（3）なお、（2）の取扱いがある場合であっても、申込書等の文書上に、さらに請書等を作成する旨が記載されていることが必要であり、その旨が記載されていないときは、申込書等も契約書として、また、請書等も契約書として課税されます。

2. 製造業　169

3　事例の「加工注文書」の取扱い

　事例の「加工注文書」には、基本契約書（当事者間の合意文書）に基づく旨の記載があり、この注文書の提出によって、個別契約が成立する実態にあることから、契約書に該当することとなります（基通21②(1)）。

　そして、その記載内容からは、製品の加工委託契約と認められますから、第2号文書（請負に関する契約書）に該当することとなります。

　なお、基本契約書等に個別契約は注文書による旨の定めがあっても、注文書に別途請書の提出を求める記載がある場合は、一般の注文書と何ら変わるところはないので、契約書には該当せず、印紙税の課税対象とはなりません。

〔参考〕

　申込書等に「基本契約書第●条に基づき申し込みます」といった文言の記載がない場合であっても、あらかじめ取引当事者で取り交わしている「取引基本契約書」の約定の中に、例えば、「申込書を個々の取引の成立内容の確認の証とする」といった文言の記載がある場合には、「申込書」等といった表題を用いることについての当事者間の了解、基本契約の文言趣旨等を加味して、契約書（課税文書）に該当するか否か総合的に判断を行うことになります（基通3≪課税文書に該当するかどうかの判断≫の規定に立ち返って判断することになります。）。

170　第2章　主な業種別文書実例から学ぶ課否判断と実務対応

事例 2-10　見積書に基づく注文書

《文書の内容》

　乙製造㈱では、製品の加工作業について、契約先である甲加工㈱から
の見積書を受けて、これに対して、次のような注文書を交付しています。

No. 10270　　　　　　**注 　文 　書**

　　　　　　　　　　　　　　　　　　　　　　Ｘ1年●月●日

　甲加工株式会社　御 中

　　　　　　　　　　　　　　　　　乙製造株式会社　㊞

　　Ｘ1年●月●日付第 678 号の**貴見積書に基づき、下記のとおり注文い**
たします。

受渡期日	受渡場所	代金支払期日		
加　工　明　細	単　価	数　量	金　額	備　　考
○○加工	5,000 円	100 個	500,000 円	

（注）この注文書は、取引の相手方（甲加工㈱）から見積書を徴し、後日その見積
　　　書の記載内容に基づいて作成・発行されるものである。

《取扱い》

　記載金額 500,000 円の第2号文書（請負に関する契約書）に該当し、印
紙税額は 200 円です。

《解説》

1　契約書の意義

　※　事例2－9の解説1（p 166）を参照。

2　申込書、注文書、依頼書等と表示された文書の取扱い

　契約とは、申込みと承諾によって成立するものですから、契約の申込

事実を記載した申込書、注文書、依頼書などは、通常、課税対象にはなりません。

しかし、たとえ、これらの表題を用いている文書であっても、その記載内容によっては、契約の成立等を証する文書、すなわち、契約書になるものがあります。

契約の成立等を証する文書かどうかは、文書の記載文言等その文書上から客観的に判断するというのが印紙税の基本的な取扱いですから、申込書等と表示された文書が契約の成立等を証明する目的で作成されたものであるかどうかの判断も、基本的にその文書上から行うことになります（基通2、3）。

このような契約の成立等を証明する目的で作成される文書は当然に契約書に該当するのですが、実務上、申込書等と表示された文書が契約書に該当するかどうかの判断はなかなか困難なことから、一般的に契約書に該当するものとして、基本通達で例示されており、その中で、見積書その他の契約の相手方当事者の作成した文書に基づき申込書等が掲げられています（基通21②（2））。

契約の相手方当事者が作成する見積書等がいわば契約の申込文書であり、これに基づく注文書・申込書等は、申込文書に対する承諾文書と評価され、請書と同様の性格を有するものとなるからです。

なお、見積書に基づく旨の記載があっても、別途、請書の提出を求める記載がある場合には、契約書には該当しないこととなります。

3　事例の「注文書」の取扱い

事例の「注文書」には、見積書（相手方からの申込み文書となるもの）に基づく注文（承諾となるもの）である旨の記載があり、上記2のとおり契約書に該当するものです（基通21②（2））。

そして、その記載内容からは、製品の加工委託契約と認められますから、第2号文書（請負に関する契約書）に該当することとなります。

なお、見積書等に基づく旨の記載があっても、別途請書の提出を求め

172　第２章　主な業種別文書実例から学ぶ課否判断と実務対応

る記載がある場合は、一般の注文書と何ら変わるところはないので、契約書には該当しないこととなり、印紙税の課税対象とはなりません。

（参考１）

No. 10270　　　　　　　**注　文　書**

　　　　　　　　　　　　　　　　　　　　　　Ｘ１年●月●日

　甲加工株式会社　御中

　　　　　　　　　　　　　　　　　　乙製造株式会社　㊞

　Ｘ１年●月●日付第 678 号の**貴見積書に基づき、下記のとおり注文い**たします。

　つきましては、貴社において**お引き受けくださる場合は、Ｘ１年●月●日までに、請書をお出しください。**

受渡期日	受渡場所	代金支払期日	
加　工　明　細	単　価	数　量	金　額	備　　考
○○加工	5,000 円	100 個	500,000 円	

《解説》

　別途、請書の交付を求める記載があるので、契約書（課税文書）に該当しません。

　請書の交付を求める旨の記載がない場合は（たとえ後日注文請書が作成される場合であっても）、この注文書は契約書として取り扱われます（注文者が納税義務者）。

　そして、後日作成される注文請書も当然に契約書として取り扱われます（注文請書の発行者となる注文先の相手方が納税義務者）から、留意する必要があります。

2. 製造業　173

（参考2）

No. 10270　　　　　**注　文　書**

X1年●月●日

甲加工株式会社　御中

乙製造株式会社　㊞

X1年●月●日付第678号の**貴見積書に基づき、下記のとおり注文い
たします。**

7日以内に連絡なき場合は受諾いただいたものとみなします。

受渡期日		受渡場所		代金支払期日	
加　工　明　細	単　価	数　量	金　額	備　考	
○○加工	5,000円	100個	500,000円		

《《解説》》

　見積書に基づく申込書は原則として契約書に該当しますが、別途「7
日以内に連絡なき場合は受諾いただいたものとみなします。」と記載が
あることから、この文言が請書の交付を求める記載と同様の意味合いが
あるのか否か疑義が生じます。

　この文言の記載表示は、改めて契約の諾否を求めるものではなく、甲
から乙へなされた申込み（見積書）を撤回又は取り消すことのできる期
間を7日以内と定めたものと評価され、乙が甲に注文書を差し入れる時
点で「契約成立（両者の意思の合致）を証明する目的で作成された文書」
と認められますから、印紙税法上の契約書に該当します。

　また、例えば「異議のある場合は7日以内に連絡ください。」の記載
表示がある場合も、甲に契約の諾否を改めて求めるものではないので、
同様に契約書となります。

174 第2章 主な業種別文書実例から学ぶ課否判断と実務対応

（参考3）

No. 10270	注　文　書				

X1年●月●日

甲加工株式会社　御 中

乙製造株式会社　㊞

　X1年●月●日付第678号の<u>貴見積書に基づき、下記のとおり注文いたします。</u>

　<u>なお、7日以内に諾否の連絡を願います。</u>

受渡期日		受渡場所		代金支払期日	
加　工　明　細	単　価	数　量	金　額	備　　考	
○○加工	5,000 円	100 個	500,000 円		

《解説》

　この事例のように、例えば、「7日以内に諾否の連絡をください。」と記載表示がある場合は、本契約の成立については別途甲が契約の諾否を確認する手段を講じるということを明示したものと評価され、この注文書を差し入れる時点では「契約の成立（両者の意思の合致）を証明する目的で作成された文書」とは認められないことから、契約書には該当しない取扱いとなり、課税されません。

3 卸売・小売業

3. 卸売・小売業　175

事例 3-1 　仕切書

㈱乙商会は、アパレル関係の卸売業を経営していますが、店頭販売の際に顧客（事業者のほか消費者も顧客となる）に対して、次の「仕切書」を交付しています。

仕　切　書

　　　　　　　様

　　　　　　　　　　　　　　　　　　　　　　株式会社乙商会

No.	得意先コード	取引区分	日付	伝票No.	摘要
287	8320398	現金	X 1.2.12	3851	

品　番	単　価	数　量	金　額	摘　要
F485528	38,000 円	1	38,000 円	コート
I395642	54,000 円	1	54,000 円	スーツ
小　計		2	92,000 円	
合　計		2	92,000 円	
預			100,000 円	
釣			8,000 円	

《取扱い》

　記載金額 92,000 円の第 17 号の 1 文書（売上代金に係る金銭の受取書）に該当し、印紙税額は 200 円です。

176 第 2 章 主な業種別文書実例から学ぶ課否判断と実務対応

《解説》

1 課税文書に該当するかどうかの判断

　印紙税の課否は、その文書の全体的な評価のみによって決めるのではなく、その文書に記載されている個々の事項のすべてについて検討し、その中に課税事項が一つでも含まれていれば、その文書は課税文書になります。

　また、文書の名称や文言は種々な意味に用いられますから、文書の内容判断は、その文書の名称、呼称や形式的な記載文言によって判断するのではなく、その文書に記載されている文言、符号等の実質的な意義に基づいて行うこととされており、つまり、記載文言による実質判断を行うことになります（基通3①②）。

2 金銭又は有価証券の受取書の取扱い

　「金銭又は有価証券の受取書」とは、金銭又は有価証券の引渡しを受けた者が、その受領事実を証明するため作成し、その引渡者に交付する単なる証拠証書をいいます（基通別表第一第17号文書1）。

　したがって、金銭又は有価証券の受取書は、金銭又は有価証券の受領事実を証明するすべての文書をいうこととなりますから、その文書の表題、形式的な記載文言に必ずしも「受取書」と記載されている必要はなく、また、関係法律の規定、当事者間の了解又は商習慣等によって受取事実を証明すると認められるものも含まれることとなります。

　つまり、金銭又は有価証券の受領事実を証明するすべての文書をいい、債権者が作成する債務の弁済事実を証明する文書に限らないのです（基通別表第一第17号文書2）。

　このため、文書の表題、形式がどのようなものであっても、「受取証」「領収証」「領収書」「レシート」はもちろんのこと、受取事実を証明するために、請求書などに「代済」「相済」「了」等と記入したものや、金銭登録機（レジスター）によって作成されるお買上票等、その作成の目的が金銭又は有価証券の受取事実を証明するものであるものは、

金銭又は有価証券の受取書に該当します。

　なお、課税対象となる受取書は、金銭又は有価証券の受取書に限られていますので、物品の受取書などは課税文書にはなりません。

　また、受取金額が5万円未満（平成26年3月31日以前は、3万円未満）のものや、営業に関しないもの（例えば、会社員や公益法人が作成する受取書）等は非課税となります。

3　事例の「仕切書」の取扱い

　事例の「仕切書」は、店頭販売の際に顧客に対して商品を売上げ、代金を受領した際に交付する文書で、その文書上において、「預」、「釣」といった代金の受領を証する文言があることにより、金銭の受領事実を証するものと認められます。

　したがって、第17号文書（金銭の受取書）に該当することになります。

　また、コート等の商品の売上代金の受領を証するものですから、第17号の1文書（売上代金に係る金銭の受取書）に該当することになりますので、受取金額に応じた印紙税が課税されます。

178　第2章　主な業種別文書実例から学ぶ課否判断と実務対応

事例 3-2　指定商品一覧

　化粧品の卸売会社である甲商会㈱は、卸売先である乙販売㈱との間で、基本契約書における約定に基づいて、取引商品の追加があった場合に、次のような文書を作成しています。

指定商品一覧

　甲商会株式会社と乙販売株式会社とのX1年3月31日付取引基本契約書第3条に基づき、追加指定する商品は次の一覧表のとおりである。

〔商品一覧表〕

商品名	品　番	取扱数量 （月間目標）	単価 （税抜き）	摘要
○○乳液	N 2345	XX	2,000	
▲▲化粧水	c-346	XX	1,800	
□□ファンデーション	f-8907	XX	3,500	
口紅ABC	k-5178	XX	2,600	

　　　　　X2年　月　　日
　　　　　　　　甲商会株式会社　　　　　　　　　　㊞
　　　　　　　　乙販売株式会社　　　　　　　　　　㊞

参考　　　　　　**取引基本契約書（抜粋）**

（中略）

第3条（売買商品）

　この契約に基づく売買商品は、●●化粧品のうち、別に指定する商品とする。商品の追加、変更についても同様とする。

　・・・（中略）

　　　　　X1年3月31日
　　　　　　　　甲商会株式会社　　　　　　　　　　㊞
　　　　　　　　乙販売株式会社　　　　　　　　　　㊞

《取扱い》

第7号文書（継続的取引の基本となる契約書）に該当し、印紙税額は4,000円です。

《解説》

1 変更・補充契約書の取扱い

課税物件表に掲げられている「契約書」とは、契約証書、協定書、約定書その他名称のいかんを問わず、契約（その予約を含みます。以下同じ。）の成立若しくは更改又は契約の内容の変更若しくは補充の事実（以下「契約の成立等」といいます。）を証すべき文書をいい、念書、請書その他契約の当事者の一方のみが作成する文書又は契約の当事者の全部若しくは一部の署名を欠く文書で、当事者間の了解又は商慣習に基づき契約の成立等を証することになっているものも含まれます。

（1）変更契約書

上記のとおり、既に存在している契約（以下「原契約」といいます。）の内容を変更する契約書は、印紙税法上の契約書に含まれます（通則5）。

「契約の内容の変更」とは、原契約の同一性を失わせないで、その内容を変更することをいいます。この場合において、原契約が文書化されていたか、単なる口頭契約であったかは問いません。

印紙税法は、契約上重要な事項を変更する変更契約書を課税対象とすることとし、その重要な事項の範囲は基通別表第二「重要な事項の一覧表」に定められていますが、ここに掲げられているものは例示事項であり、これらに密接に関連する事項や例示した事項と比較してこれと同等、若しくはそれ以上に契約上重要な事項を変更するものも課税対象になります。

変更契約書は、変更する事項がどの号に該当する重要な事項であるかにより文書の所属を決定することになるのですが、2以上の号の重要な事項が2以上併記又は混合記載されている場合とか、一つの重要

な事項が同時に2以上の号に該当する場合には、それぞれの号に該当する文書として原契約書の所属の決定方法と同様に所属を決定することになります（この場合、原契約書の所属号には拘束されず、変更契約書について、改めて所属号を決定することとなります。）。

（2）補充契約書

原契約の内容を補充する契約書も、印紙税法上の契約書に含まれます（通則5）。

「契約の内容の補充」とは、原契約の内容として欠けている事項を補充することをいい、原契約が文書化されていたかどうかを問わないこと、契約上重要な事項を補充するものを課税対象とすること、補充する事項がどの号に該当する重要な事項であるかにより文書の所属を決定することは、上記（1）の変更契約書の場合と同じです。

2　第7号文書（継続的取引の基本となる契約書）の要件（令第26条第1号の要件）

令第26条第1号においては、第7号文書（継続的取引の基本となる契約書）に該当することとなる文書の要件について、「特約店契約書その他名称のいかんを問わず、営業者（課税物件表第17号文書の非課税物件の欄に規定する営業を行う者をいう。）の間において、売買、売買の委託、運送、運送取扱い又は請負に関する2以上の取引を継続して行うため作成される契約書で、当該2以上の取引に共通して適用される取引条件のうち目的物の種類、取扱数量、単価、対価の支払方法、債務不履行の場合の損害賠償の方法又は再販売価格を定めるもの（電気又はガスの供給に関するものを除く。）」と規定しています。

したがって、同条第1号に該当して第7号文書になるものは、次に掲げる5要件のすべてを満たすものとなります。

（1）営業者の間における契約であること

（2）売買、売買の委託、運送、運送取扱い又は請負のいずれかの取引に関する契約であること

（3）2以上の取引を継続して行うための契約であること

（4）2以上の取引に共通して適用される取引条件のうち目的物の種類、取扱数量、単価、対価の支払方法、債務不履行の場合の損害賠償の方法又は再販売価格のうちの1以上の事項を定める契約であること

（5）電気又はガスの供給に関する契約でないこと

3　事例の「指定商品一覧」の取扱い

事例の「指定商品一覧」は、取引当事者間で、取り交わされている「基本契約書」（原契約書）の約定に基づき、原契約書において具体的に規定されていなかった「売買商品」について、具体的に取り決める内容となっています。

したがって、この文書は、原契約書の内容を補充する契約書となりますから、上記1（2）のとおり、印紙税法上の契約書に該当します。

そして、この「指定商品一覧」には、売買商品の「商品名」「単価」「取扱数量」などが記載されています。

これらの項目は、令第26条第1号に規定する第7号文書（継続的取引の基本となる契約書）該当要件となる、「2以上の取引に共通して適用される取引条件のうち目的物の種類、取扱数量、単価」を定めるものに該当しますから、第7号文書（継続的取引の基本となる契約書）に該当することとなります。

なお、事例の「指定商品一覧」に掲げられているものについて、後日、追加・変更を加えるために作成される文書についても、令第26条第1号に規定する要件を満たす記載内容であれば、同様に第7号文書（継続的取引の基本となる契約書）に該当することとなりますので、留意が必要です。

182　第 2 章　主な業種別文書実例から学ぶ課否判断と実務対応

事例 3-3　売上代金受取通帳

　甲商会㈱では、取引先の小売業者である㈱乙商店との間で、売上金の
領収事実を明確にするため、次のような売上金の受取通帳を㈱乙商店に
交付し保管させておき、売上金の集金の都度、領収金額、領収日付の記
載とともに領収印を押印しています。

（表紙）

株式会社乙商店　　様

売上代金受取通帳

甲商会株式会社

（次葉）

領収金額	領収年月日	領収印
金　880,000 円也（内消費税 80,000 円） 　　右のとおり受け取りました。	X 1 年 1 月 20 日	㊞
金　1,320,000 円也（内消費税 120,000 円） 　　右のとおり受け取りました。	X 1 年 2 月 25 日	㊞
金　836,000 円也（内消費税 76,000 円） 　　右のとおり受け取りました。	X 1 年 3 月 24 日	㊞
金　1,650,000 円也（内消費税 150,000 円） 　　右のとおり受け取りました。	X 1 年 4 月 26 日	㊞
金　715,000 円也（内消費税 65,000 円） 　　右のとおり受け取りました。	X 1 年 5 月 27 日	㊞
金　1,518,000 円也（内消費税 138,000 円） 　　右のとおり受け取りました。	X 1 年 6 月 24 日	㊞

《取扱い》

　第 19 号文書（金銭の受取通帳）に該当し、印紙税額は 1 年ごとに 400 円です。

　なお、この通帳の各欄に 100 万円を超える売上代金の付込みがある場合には、その付込み部分の欄については、第 17 号の 1 文書（売上代金に係る金銭の受取書）を作成したこととなり、通帳とは別に受取金額に応じた印紙税が課税されます。

《解説》

1　通帳等のみなし作成

　課税物件表の第 19 号（第 1 号、第 2 号、第 14 号又は第 17 号に掲げる文書により証されるべき事項を付け込んで証明する目的をもって作成する通帳）又は第 20 号（判取帳）の課税文書（以下「通帳等」といいます。）は、1 冊 1 年以内の付込みにつき、第 19 号文書は 400 円、第 20 号文書は 4,000 円の印紙税を納付することになっています。

　しかし、この通帳等に次の事項の付込みがされた場合において、その付込みがされた事項に係る記載金額が次に掲げる金額であるときは、その付込みがされた事項に係る部分については、通帳等への付込みがなく、次に掲げる課税文書の作成があったものとみなされます（法 4 ④）。

（1）第 1 号（消費貸借に関する契約書等）の課税文書により証されるべき事項

　　10 万円（租特法第 91 条第 2 項の軽減措置が適用される不動産譲渡契約書の場合は 50 万円）を超える金額

　　⇒　第 1 号文書

　　例えば、貸付金通帳に貸付金額 50 万円を付込み証明したときには、その 50 万円の付込みは、貸付金通帳への付込みにはならず、新たな「消費貸借に関する契約書（第 1 号の 3 文書）」を作成したものとみなされます。

（2）第 2 号（請負に関する契約書）の課税文書により証されるべき事項

100万円（租特法第91条第3項の軽減措置が適用される建設工事請負契約書の場合は200万円）を超える金額

⇒　第2号文書

例えば、注文請負通帳に請負金額200万円を付込み証明したときには、その200万円の付込みは、注文請負通帳への付込みにはならず、新たな「請負に関する契約書（第2号文書）」を作成したものとみなされます。

（3）第17号の1（売上代金に係る金銭又は有価証券の受取書）の課税文書により証されるべき事項

100万円を超える金額

⇒　第17号の1文書

例えば、金銭の受取通帳に売上代金に係る受取金額300万円を付込み証明したときには、その300万円の付込みは、その金銭の受取通帳への付込みにはならず、新たな「売上代金に係る金銭又は有価証券の受取書（第17号の1文書）」を作成したものとみなされます。

2　付込み金額に係る消費税及び地方消費税の取扱い

（1）通帳等に運送金額、請負金額又は受取金額等を付込み証明する場合において、これらの金額に消費税及び地方消費税が含まれていて、これらの金額と消費税及び地方消費税とが区分記載されていない場合には、その含まれている金額で「10万円」又は「100万円」を超えるかどうかを判定します。

（2）通帳等に運送金額、請負金額又は受取金額等を付込み証明する場合において、これらの金額と消費税及び地方消費税とが区分記載されている場合には、消費税及び地方消費税を含まない金額で「10万円」又は「100万円」を超えるかどうかを判定します。

（3）通帳等に運送金額、請負金額又は受取金額等を付込み証明する場合において、税込金額と税抜金額とが双方記載されている場合には、その取引に係る消費税額等を含む金額と含まない金額の両方を具体的

に記載していることにより、その取引に当たって課されるべき消費税額等が容易に計算できることから、税抜金額で「10万円」又は「100万円」を超えるかどうかを判定します。

（4）通帳等に消費税及び地方消費税のみを付込み証明した場合には、その消費税及び地方消費税が「10万円」又は「100万円」を超えていても、新たな課税文書の作成として取り扱われません。

※ （1）から（4）の取扱いについては、平成元年3月10日付通達「消費税法の改正等に伴う印紙税の取扱いについて」の1（契約書等の記載金額）及び2（みなし作成の適用）を参照。

3　事例の「売上代金受取通帳」の取扱い

事例の「売上代金受取通帳」については、その全体が第19号文書（金銭の受取通帳）として、1年につき400円の印紙税が課税されます。

なお、上記1（3）に記載のとおり、売上代金の付込み金額が、100万円を超えた場合には、印紙税法第4条第4項（課税文書の作成とみなす場合等）の規定の適用があります。

したがって、事例の受取通帳の場合には、「X1年2月25日」、「X1年4月26日」、「X1年6月24日」の欄は、通帳への付込みとはならず、第17号の1文書（売上代金に係る金銭の受取書）が作成されたものとみなされます。

この場合には、該当欄に400円の印紙の貼り付け（受取金額が100万円を超え、200万円以下の場合）が必要となります。

186　第2章　主な業種別文書実例から学ぶ課否判断と実務対応

事例3-4　リベート支払に関する覚書

《文書の内容》

㈱甲百貨店と乙商事㈱は、乙商事㈱の商品販売の取扱いに関して、次のような覚書を取り交わしています。

リベート支払に関する覚書

　株式会社甲百貨店（以下「甲」という）と、乙商事株式会社（以下「乙」という）とは、乙が甲に対して支払うリベートに関し、X1年〇月〇日付の商品売買基本契約書に基づき、次のとおり覚書を締結する。

第1条　対象商品は、別表記載の乙の取扱商品（以下「取扱商品」という）とする。

第2条　甲は、第1条に定める取扱商品を積極的に販売することを約し、X1年4月1日～X2年3月31日までの間に、乙より取扱商品を取扱目標金額で6,000万円仕入れ、乙は、甲の仕入実績額に対し、3%のリベートを支払うものとする。

第3条　甲が第2条の取扱目標金額を達成した場合には、乙は甲に対し、取扱目標金額の達成割合に応じ、下表に定めるところにより、リベートを支払うものとする。

第4条　リベートの支払方法及び支払時期は、次による。

（以下略）

《取扱い》

第7号文書（継続的取引の基本となる契約書）に該当し、印紙税額は4,000円です。

《解説》

1　第7号文書（継続的取引の基本となる契約書）の定義

（1）令第26条第1号の要件

　※　事例3－2の解説2（p180）を参照。

（2）「取扱数量」とは

イ　継続的な売買取引に係る第7号文書（継続的取引の基本となる契約書）の重要な事項は、令第26条第1号に掲げる要件とされており（基通12、別表第二）、具体的には、「目的物の種類」、「取扱数量」、「単価」、「対価の支払方法」、「債務不履行の場合の損害賠償の方法」及び「再販売価格」となります。

　　この中で、「取扱数量」を定めるものとは、どれほどの取引を行うかということを定めるものをいいますから、例えば、「1月当たりの取引数量は100台以上とする。」といったように、1取引当たり、1月当たり等の取扱数量を具体的に取り決めるものがこれに該当します。

　　ただし、例えば「各月の注文数量に応じて引き渡す。」「毎月の取扱数量は各月における注文により決定する。」など具体的な数量を定めないものは含まれません。

　　したがって、例えば、「1月の最低取扱数量は50トンとする。」、「1月の取扱目標金額は30万円とする。」といったものは「取扱数量」を定めるものに該当し、第7号文書（継続的取引の基本となる契約書）の重要事項に該当することとなります。

ロ　「取扱数量」には、一定期間における最高又は最低取扱（目標）数量を定めるもの及び金額により取扱目標を定める場合の取扱目標金額を定めるものも含まれます（基通別表第一第7号文書の9）から、数量的な記載に限らず、金額的な記載もこれに含まれることになります。

　　したがって、例えば、「1月当たりの取扱目標金額は100万円以上とする。」といった契約も「取扱数量」を定めたものに当たります。

2　リベートの支払に係る文書の取扱い

　物品売買契約、請負契約などにおいて、一定期間の取引数量又は取引金額に基づきリベート（割戻金等）を支払うことの契約書で、リベート（割戻金等）の支払方法を定める契約書は、変更又は補充契約書として、原契約書の内容に従って課税文書あるいは不課税文書となります。

188　第 2 章　主な業種別文書実例から学ぶ課否判断と実務対応

　例えば、原契約書が請負契約に係るものであれば、第 2 号文書（請負に関する契約書）となりますし、原契約書が物品売買契約に係るものであれば、不課税文書になります。

　また、原契約書が継続する物品売買取引に関する第 7 号文書（継続的取引の基本となる契約書）である場合に、その補充又は変更契約書として、リベート（割戻金等）の支払方法を定める契約書を作成した場合であっても、リベート（割戻金等）に関する事項は、第 7 号文書（継続的取引の基本となる契約書）の重要事項（基通別表第二「重要な事項の一覧表」）とはなりませんから、不課税文書となります。

3　取扱数量（取扱金額）を定める文書の取扱い

　リベートの支払に係る文書の取扱いは原則として上記 2 の取扱いとなるのですが、継続する物品売買取引に関する契約書において、リベートの支払に関する約定とともに、契約期間中における「取扱数量（取扱金額）」などを定める場合が見受けられます。

〔**契約書の記載例**〕

（例 1 ）「〇年〇月〇日〜〇年〇月〇日まで、▲製品を●●個仕入れ拡販するものとする」

（例 2 ）「〇年〇月〇日〜〇年〇月〇日までの間、□□製品を●●万円仕入れ、販売するものとする」

（例 3 ）「〇年〇月〇日〜〇年〇月〇日までの対象商品の仕入れ予定額は、●●円とする」

　このような「取扱数量（取扱金額）」を定めることは、上記 1 （ 2 ）ロに記載のとおり、第 7 号文書（継続的取引の基本となる契約書）に係る課税要件（重要事項）を定めるものとなりますから、リベート（割戻金等）の支払に係る約定と併せて、「取扱数量（取扱金額）」を定める文書については、第 7 号文書（継続的取引の基本となる契約書）に該当するものとして取り扱われます。

4 事例の「リベート支払に関する覚書」の取扱い

事例の「リベート支払に関する覚書」については、第2条に「・・・取扱商品を取扱目標金額で 6,000 万円仕入れ、・・・」との約定がありますから、営業者の間において継続して商品の売買を行うに当たって、2以上の取引に共通して適用される取引条件のうちの「取扱数量」を定める文書に該当することとなりますので、第7号文書（継続的取引の基本となる契約書）に該当します。

190　第2章　主な業種別文書実例から学ぶ課否判断と実務対応

事例 3-5　販売奨励金に関する覚書

《文書の内容》

　㈱甲商店と乙飲料製造㈱とは、乙飲料製造㈱の製造する商品の㈱甲商店における販売の取扱いに関して、次のような覚書を取り交わしています。

販売奨励金に関する覚書

　株式会社甲商店（以下「甲」という）と、乙飲料製造株式会社（以下「乙」という）とは、商品の販売奨励金について、次のとおり覚書を締結する。

第1条（目的）

　　甲は、乙の製造する●●商品を積極的に販売することとし、乙は、甲に対し、販売奨励金を支払うこととする。

第2条（対象期間）

　　販売奨励金の対象期間は、X1年4月1日からX2年3月31日までとする。

第3条（販売目標金額）

　　商品の品目別の販売目標金額は、前年同期の仕入れ実績数量を基本に、市場動向を勘案し、23,000,000円とする。

第4条（販売奨励金）

　　販売奨励金は、商品の販売目標金額の達成度合により、甲が仕入れた仕入れ実績金額に次の支払基準率を乗じて算出するものとする。

販売目標金額達成率	支払基準率
90%以上~100%未満	1.0
100%以上~110%未満	1.1
110%以上	1.2

（以下略）

（注）乙が製造する●●商品の取引の流れは、乙飲料製造㈱⇒丙商事㈱（卸売業者）⇒㈱甲商店（小売業者）となっています。

《取扱い》

課税文書に該当しません。

※　第7号文書（継続的取引の基本となる契約書）に該当しません。

《解説》

1　第7号文書（継続的取引の基本となる契約書）の要件

※　事例3－2の解説2（p 180）を参照。

2　リベートの支払に係る文書の取扱い

※　事例3－4の解説2（p 187）を参照。

3　取扱数量（取扱金額）を定める文書の取扱い

※　事例3－4の解説3（p 188）を参照。

4　事例の「販売奨励金に関する覚書」の取扱い

事例の「販売奨励金に関する覚書」は、製造会社と小売業者との間で作成される文書であり、両社間には直接の売買取引がない（卸売業者である丙商事㈱が間にはいる）ものであり、いわゆる「飛び越しリベート」に係る契約となるものです。

「製造メーカー⇒卸売店⇒小売店」という流れで商品の売買取引が行われる場合は、「製造メーカーと卸売店との間」又は「卸売店と小売店との間」の取引が直接の取引当事者間での売買取引となるものです。

この場合、取引の直接の当事者間（営業者間）で作成される2以上の売買取引に関して、その「取扱数量」を定めるものは、第7号文書「継続的取引の基本となる契約書」に該当することとなります。

したがって、事例の「販売奨励金に関する覚書」は、直接の取引当事者間ではない製造会社と小売業者との間で作成される文書であり、両社間に直接の売買取引がない場合は、令第26条第1号に規定する第7号文書の要件である「売買に関する2以上の取引に共通して適用される取引条件のうち」、「取扱数量を定めるもの」の要件を満たさないこととなります。

また、事例の「販売奨励金に関する覚書」には、他の課税事項の記載もありませんから、課税文書には該当しません。

〔参考〕

事例の「覚書」はいわゆる「飛び越しリベート」の支払に関する覚書となるものです。

売上割戻し、リベート等といったものは、会社がその得意先である事業者に対し、売上高若しくは売掛金の回収高に比例して、又は売上高の一定金額ごとに金銭で支出するものであり、得意先の営業地域の特殊事情、協力度合い等を勘案して金銭で支出する費用であり、支出先は会社の直接の取引先であることが一般的です。

近年、販売競争の激化にともない形式的には「製造業者⇒卸売業者⇒小売業者」の流通形態をとっていても、製造業者の販売員が小売店に対して直接販売奨励などを行う場合が多くなってきています。

こういった事情から、製造業者が小売店を直接管理し、売上高を増進させるための販売促進政策として、二次店リベート又は飛び越しリベート等と称する売上割戻しを支出することも増加しているようです。

3. 卸売・小売業　193

事例 3-6　配送センター伝票（お客様控え）

《文書の内容》

甲家電販売㈱では、販売商品を顧客のもとに届ける際に、次のような
伝票を作成し、顧客に交付しています。

配達センター伝票（お客様控え）

お客様記入欄	ご住所　×× 県　○○ 市				
	お名前　△△　△△			お電話	

	商品コード	商品名	型番	数量	単価	金額
当社記入欄		ブラインド工事			直収	

	クレジット扱い	配達予定日	AM	※交通事情や天候により伺う時間が前後することがありますので、あらかじめご了承ください。	配達料	
	①個品割賦	12/11	PM		小計	
	2. カード売上げ		夕方		消費税	
	（略図）				合計	

《取扱い》

第 2 号文書（請負に関する契約書）に該当し、印紙税額は 200 円です。

《解説》

1　請負に関する契約書の意義

　当事者の一方（請負人）がある仕事の完成を約し、相手方（注文者）がその仕事の結果に対して報酬の支払を約することを内容とする契約書をいいます。

　　（例）工事請負契約書、工事注文請書、物品加工注文請書、広告契約
　　　　書等、エレベーター保守、機械等の据付・修理、コンピュータソフ
　　　　トの開発、洋服の仕立て、音楽の演奏、宿泊、結婚披露宴の引受け
　　　　など

　この場合、記載事項の一部であっても請負の事項が併記された契約書又は請負とその他の事項が混然一体として記載された契約書は、印紙税法上の第2号文書（請負に関する契約書）に該当することになります。

2　請負と売買の判断基準

　請負契約の場合で記載金額がある場合は階級定額税率が適用される第2号文書（請負に関する契約書）となり、記載金額のない場合には継続する取引に係るものは、第7号文書（継続的取引の基本となる契約書）に該当してきます（通則3のイ）。

　一方で、物品の売買契約の場合になると、継続する売買契約で第7号文書になるものを除き、原則として不課税文書になります。

　大型機械の売買などでは、据付工事や組立てを伴う場合、注文に基づき自己の材料で物品を製作して引き渡す場合（いわゆる制作物供給契約）などがありますが、課税文書である請負契約となるのか、不課税文書である物品の譲渡契約となるのか、疑義が生ずるところです。

　物品などの移転が請負契約によるものなのか、売買契約によるものなのかによって、印紙税の負担に差が生じてきますので、この判断も重要となってきます。

　そこで、契約当事者の意思が、仕事の完成に重きをおいているか、物の所有権移転に重きをおいているかによって判断することを基本として

います。

　しかし、具体的な取引においては、必ずしもその判別が明確なものばかりとはいえません。したがって、印紙税法の取扱いでは、その判別が困難な場合には、一定の基準で判断することにしています（基通別表第一第2号文書の2）。

（1）請負契約に該当するもの

イ　注文者の指示に基づき一定の仕様又は規格等に従い、製作者の労務によって工作物を建設することを内容とするもの

　　⇒　家屋の建築、道路の建設、橋りょうの架設など

ロ　注文者が材料の全部又は主要部分を提供（有償、無償を問いません。）し、製作者がこれによって一定物品を製作することを内容としたもの

　　⇒　生地提供の洋服の仕立て、材料支給による物品の製作など

ハ　製作者の材料を用いて注文者の設計又は指示した規格等に従い一定物品を製作することを内容とするもの

　　⇒　船舶・車両・機械・家具等の製作、洋服等の仕立てなど

ニ　一定物品を一定の場所に取り付けることによって所有権を移転することを内容とするもの

　　⇒　大型機械の取付け、据付調整など

ホ　修理又は加工を内容とするもの

　　⇒　建築・機械の修繕、塗装

（2）売買契約に該当するもの

イ　一定物品を一定の場所に取り付けることによって所有権を移転することを内容とするものであるが、取付行為が簡単であって、特別の技術を要しないもの

　　⇒　テレビを購入した時の配線など

ロ　製作者が工作物をあらかじめ一定の規格で統一し、これにそれぞれの価格を付して注文を受け、当該規格に従い、工作物を製作し、供給

することを内容とするもの

⇒　建売住宅の供給（不動産の譲渡契約となる）など

ハ　あらかじめ一定の規格で統一された物品を、注文に応じ製作者の材料を用いて製作し、供給することを内容とするもの

⇒　カタログ又は見本による機械、家具等の製作など

この中では、大型機械の取付けなど、一定の物品を一定の場所に取り付けることによって所有権を移転することを内容とするものについては、仕事の完成に重きをおいているものとみて、請負契約として判断しています。

3　事例の「配送センター伝票（お客様控え）」の取扱い

事例の「配送センター伝票（お客様控え）」は、本来は販売した商品を配達する際に、商品とともに顧客に交付される配達伝票として作成されるものであり、不課税文書となるものと認められます。

しかしながら、商品の配達の際に、顧客から別途商品の取付けなどの出張工事（有料）を依頼された場合などには、同伝票を用いて、その依頼された内容を記載し、出張工事の引受けの証として、顧客に交付しているものと認められます。

したがって、第2号文書（請負に関する契約書）に該当することとなります。

なお、その取付内容が簡単なもので、無償サービスでの取付けである場合には、請負契約とは評価されませんから、課税文書には該当しません。

（注）取付代金が1万円未満である場合は、非課税文書となります。

3. 卸売・小売業　197

事例 3-7　電気製品工事お承り伝票（お客様控え）

《文書の内容》

　甲家電販売㈱では、取付工事が必要となる電気製品を販売した際に、次のような伝票を作成し、顧客に交付しています。

電気製品工事お承り伝票	☑新設□移設（取外し・配送・取付け）□改修□見積			お買上年月日	年　月　日
エアコンタイプ	室内取付	室外取付	電気工事	ＢＳ工事	アンテナ工事

品名	型番	色柄	金額	本日はお買上げいただき誠にありがとうございました。　甲家電販売
エアコン	NTA-500	白	198,000	
取付工事			20,000	

お名前	△△　△△　様	小　計	218,000
		税　額	21,800
		合　計	239,800
ご住所	●●市 ○○──	入金額	239,800
		残　額	
工事日	６月30日　午前 午後		（お客様控え）

《取扱い》

　第 2 号文書（請負に関する契約書）に該当し、印紙税額は 200 円です。

《解説》

1　請負に関する契約書の意義

　※　事例 3 - 6 の解説 1（p 194）を参照。

2　請負と売買の判断基準

　※　事例 3 - 6 の解説 2（p 194）を参照。

198　第2章　主な業種別文書実例から学ぶ課否判断と実務対応

3　事例の「電気製品工事お承り伝票（お客様控え）」の取扱い

　事例の「電気製品工事お承り伝票（お客様控え）」は、取付工事が必要となる電気製品（エアコンなど）を販売した際に、顧客から電気製品の取付けなどの出張工事（有料）を依頼された場合などには、同伝票を用いて、その依頼された内容を記載し、出張工事の引受けの証として、顧客に交付しているものと認められます。

　したがって、第2号文書（請負に関する契約書）に該当することとなります。

　なお、その取付内容が簡単なもので、無償サービスでの取付けである場合には、請負契約とは評価されませんから、課税文書には該当しません。

　（注）取付工事代金が1万円未満である場合は、非課税文書となります。

3. 卸売・小売業　　199

事例 3-8　時計修理承り票

《文書の内容》

　甲眼鏡販売㈱では、顧客から時計の修理の依頼を受けた際に、次のような文書を作成し、顧客に交付しています。

時 計 修 理 承 り 票

御芳名		様		No.0984527

御住所　　　　　　　　　TEL（　　）

承り日	年　　月　　日	出来上り日	年　　　　月　　　　日

品　名		摘　　要

修 理 箇 所	金　額	C ＿＿＿＿
分解掃除注油		M ＿＿＿＿
		皮バンド付
		クサリ付
追 加 部 品 代		
合　　　計		

備　考

出納印

○○店

本票とお引換にお渡しいたしますから当日ご持参下さい。お問合せの節は上記番号をおしらせ下さい。尚、分解の結果、多少料金の追加も御座居ますので、御了承下さい。

《取扱い》

　第2号文書（請負に関する契約書）に該当し、修理金額に応じた印紙税が課税されます。

《解説》

1　「修理承り票」等という文書が契約書に該当するかどうかの判断基準

　修理、加工等の依頼を受けた者が作成する文書で、文書上、修理、加工をすることが明らかとなっているものは、修理、加工の承諾の事実を証明する文書、すなわち、請負契約書に該当することになります。

　その具体的な取扱いは次のとおりです。

（1）承り票、引受票等と称するもの又は受託文言の記載のあるもの
　　⇒　第2号文書

（2）修理票、引換証、預り証、受取書、整理券等と称するもので、仕事の内容（修理、加工箇所、方法等）、契約金額、期日又は期限のうち、いずれか1以上の事項の記載のあるもの
　　　⇒　第2号文書
　　※　なお、出来上がり予定日は、期日又は期限として取り扱われません。

（3）修理票、引換証、預り証、受取書、整理券等と称するもので、（2）に該当しないもの
　　　⇒　原則として不課税文書
　　（例）イ　受取書、預り証等と称するもので、修理加工品の受領事実のみが記載されているもの（物品受領書）
　　　　　ロ　整理券、引換証等と称するもので、修理加工品の引換整理のために用いるもの（整理券）

（4）保証期間中の修理等無償契約である場合において、文書上その旨が明らかにされているもの
　　　⇒　不課税文書（請負契約は有償契約となります。）

3. 卸売・小売業　201

2　事例の「時計修理承り票等」の取扱い

　事例の「時計修理承り票」は、上記1の判断基準の（1）に該当しますから、第2号文書（請負に関する契約書）に該当します。

　したがって、修理金額（合計額）に応じた印紙税が課されます。

〔参考〕時計お預かり票

　次のような文書は、上記1の判断基準の（3）に該当するものですから、契約書には該当せず、課税文書とはならないこととなります。

時計お預かり票（C）　　　　　　No.0278567

ふりがな		令和　　年　　月　　日
ご芳名	様	お渡し予定　　　月　　　日
TEL　ご自宅・お勤先（　　　）		係　　　　　　　扱
ご住所	様方	
品名		附属品
番号		傷有無

〇〇店

03 － ×××× － ××××

（C）お客様

ご注意・お受取りの際は必ず本票をご持参下さい。万一本票紛失の場合は至急左記電話番号へご連絡下さいますとともにご来店の時身分証明書と印章をご持参下さいますようお願い申し上げます。

事例 3-9　オーダー洋服のお引換証

《文書の内容》

　甲商会㈱においては、顧客からオーダーメイド紳士服の仕立注文を受けた際に、次のような文書を作成し、顧客に交付しています。

オーダー洋服のお引換証

紳士服オーダー指示書

No.　　　　　　　様	係		外注先	色柄	品番

(1)(2)(3)(4)(5)(6)(7)	(1)(2)(3)(4)	(1)(2)(3)	(1)(2)(3)	(1) Ｓ 背 広 上 下	総　　丈	
正怒撫肥鳩猫反	若壮中老	総背単	半七三	(2) Ｓ 背 広 三 揃	上 衣 丈	
				(3) ＤＢ背広上下	肩　　巾	
	年年年年	衣	分分	(4) オーバーコート	上　　胴	
肩肩満胸背身				(5) 背 広 上 衣	中　　胴	
		裏抜裏	裏裏裏	(6) 詰 衿 服	尻　　廻	
体体体体体体	向向向向	背　広	コート	(7) 替 ズ ボ ン		
				(1) Ｓ 二 ツ 釦	裄	(右)
				(2) Ｓ 三 ツ 釦		(左)
				(3) ＤＢ 二ツ掛／三ツ釦	袖　　丈	(右)
						(左)
				(4) ＤＢ 二ツ掛／二ツ釦	背　　巾	
					胸　　巾	
				(5) ＤＢ 一ツ掛／二ツ釦	ズボンウェスト	
				(6) ボ ッ ク ス	ズ ボ ン	
				(7) チ ェ ス タ ー	股　　丈	
				(8) ラ グ ラ ン	裾　　口	
				(9) セミラグラン	渡 り 巾	
				(1) ノ ー タ ッ ク　Ｓ・Ｗ	オーバー丈	
承り日｜仮縫日｜納品日	生地代	円	(2) ワ ン タ ッ ク　Ｓ・Ｗ	チョッキ丈	前　後
月　日｜月　日｜月　日	工　賃	円		カ ラ ー	

引　　換　　証

No.　　　　　　　　　　　　　　　　　　　　甲商会株式会社

おなまえ　　　　　　　　　　様

おところ　　　　　　　　　　　　　TEL　　－　　－

生 地 見 本					階　係
	承 り 日　　月　　　日		品　　名	総額	
	仮 縫 日　　月　　　日		背 広 三 揃	内金	
	お渡し日　　月　　　日			残金	

（注）　洋服の仕立注文を受けた際に、注文者に交付する引換証である。

《取扱い》

第2号文書（請負に関する契約書）に該当し、仕立代金（生地代＋工賃）の総額に応じた印紙税が課税されます。

(注) 単に紳士服の販売事実のみ記載されている場合は、不課税文書となります。

《解説》

1 請負に関する契約書とは

※ 事例3－6の解説1（p 194）を参照。

2 「修理・加工承り票」等という文書が契約書に該当するかどうかの判断基準

※ 事例3－8の解説1（p 200）を参照。

3 請負と売買の判断基準

※ 事例3－6の解説2（p 194）を参照。

4 事例の「オーダー洋服のお引換証」の取扱い

事例の「オーダー洋服のお引換証」は、オーダーメイドの紳士服の仕立てを引き受けた場合や、修理・加工を請け負った際に必要事項が記載され、顧客に交付される文書と認められます。

そうすると、オーダーメイドの紳士服の仕立ては請負契約となりますし、修理・加工のケースについては、上記2の判断基準の（2）に該当してきますから、いずれも第2号文書（請負に関する契約書）に該当します。

なお、工賃のほか、生地代の代金が区分記載されている場合であっても、甲商会㈱側の生地材料を用いて仕立て加工を約するものですから、生地代と工賃の合計金額が洋服仕立てという請負契約に係る契約金額（＝記載金額）として取り扱われることになります。

また、内金の受領についての記載がある場合で、かつ、別途領収書を発行しない場合には、内金の受領事実を証する文書として第17号の1文書（売上代金に係る金銭の受取書）にも該当することとなりますが、この場合には、通則3の規定により所属の決定がなされることとなります

204 第2章 主な業種別文書実例から学ぶ課否判断と実務対応

（受領金額が100万円未満であれば、結果的には第2号文書（請負に関する
契約書）に所属が決定されることとなります。）。

3. 卸売・小売業　　205

事例 3-10　保証書兼計算書

《文書の内容》

甲電気販売㈱では、商品を販売した際に、その商品の保証書に販売代金の受領事実を併せて記入できる次のような文書を作成し、顧客に交付しています。

保証書兼計算書

当社の規定に基づき、1年間無料保証させていただきます。
- 配達商品につきましては配達時に改めて保証書をお渡し致しますので、この用紙は無効になります。
- 領収書の必要なお客様はお申し出ください。
- 万一不良品の場合又はご不審な点がございましたら下記の店へお申し出ください。

販売店

おなまえ　　　　　　　　　　様

おところ

配達工事予定日

商品コード	型名	数量	単価（円）	区分
X-540	液晶テレビ	1	59,800	
	消費税		5,980	

つり銭	入金種別	金額	合　計	65,780	
			頭　金		
	現金		店入金	65,780	
会員No. 100435			着払金		

甲電気販売

206　第 2 章　主な業種別文書実例から学ぶ課否判断と実務対応

《取扱い》

第 17 号の 1 文書（売上代金に係る金銭の受取書）に該当し、領収金額に応じた印紙税が課税されます。

《解説》

1　金銭又は有価証券の受取書の取扱い

※　事例 3 - 1 の解説 2（p 176）を参照。

2　売上代金に係る金銭又は有価証券の受取書（第 17 号の 1 文書）

売上代金とは、「資産を譲渡し若しくは使用させること（当該資産に係る権利を設定することを含む。）又は役務を提供することによる対価（手付けを含む。）」、すなわち何らかの給付に対する反対給付として受領するものをいいます。売上代金の受取書は、記載された受取金額に応じて階級定額税率が適用されます。

（例）レシート、受取証、領収証、受領書、仮領収証等

なお、受取金額が 5 万円未満のものは非課税文書となります。

3　事例の「保証書兼計算書」の取扱い

事例の「保証書兼計算書」は、販売した商品に関する保証書（商品を配達した際に正式な保証書が引き渡されることとなっている）と、代金の受領書を兼ねた文書となっています。

保証書自体は課税文書とはなりませんが、これに併せて商品代金の受領の事実の記載があり、これを証する目的で顧客に作成・交付される文書は、第 17 号の 1 文書（売上代金に係る金銭の受取書）に該当することとなります。

（注）クレジット販売（信用販売）などで、金銭又は有価証券の受領を伴わない場合には、代金の受領事実を証明する内容の記載があるものであっても、課税文書とはなりません。

　　　ただし、この場合、クレジット販売（信用販売）である旨の記載がない場合には、金銭又は有価証券の受取書と評価され、課税文書として取り扱われますから、注意が必要です。

3. 卸売・小売業　207

事例 3-11　領収書（レシート）〔クレジットカード決済〕

《文書の内容》

　甲商会㈱においては、商品を販売した際に、顧客からクレジットカードの提示を受けてレジ端末機から次のような領収書（レシート）を交付しています。

領収書（レシート）　　　　　　　　　　　No.XXX

Ｘ1年4月24日

商　　品　××××	80,000	円
消費税等（10%）	8,000	円
合　　計	88,000	円
現　　金	0	円
クレジット取引	88,000	円
釣　　銭	0	円

　　　　　　　　　　※上記のとおり、受領いたしました。

　　　　　　　　　　　　　　　　甲商会株式会社□□店

《取扱い》

　課税文書に該当しません。

　※　第17号の1文書（売上代金に係る金銭の受取書）には該当しません。

《解説》

1　「金銭又は有価証券の受取書」の基本的な取扱い

（1）「金銭又は有価証券の受取書」とは

　※　事例3－1の解説2（p 176）を参照。

　　なお、現金販売の場合で、金銭登録機（ポスレジ等）から打ち出さ

れる「お買上票等」は、「金銭の受取書」（第17号文書）に該当するものとして取り扱われます（基通別表第一第17号文書の10）。

（2）金銭受領事実の証明以外の目的で作成される文書

　このように、「金銭又は有価証券の受取書」は、その作成者が金銭又は有価証券の受領事実を証明するために作成するものをいいますから、文書の内容が間接的に金銭又は有価証券の受領事実を証明する効果を有するものであっても、作成者が受領事実の証明以外の目的で作成したものは、「金銭又は有価証券の受取書」には該当しないことになります（基通別表第一第17号文書の5）。

2　クレジットカード取引に係る領収書（レシート等）の取扱い

　クレジットとは、一般に商品等の代金を後払いにすることをいい、「販売信用」とも呼ばれており、現在多くのクレジット会社からクレジットカードの発行・交付がなされ、クレジットカードを使用した取引も増えています。

　このクレジットカード取引において、商品の販売時に、加盟店が顧客に対して交付する領収書（レシート等）は、信用取引により商品を販売したことを証するものであり、クレジットカードによる支払であること（信用取引による支払であること）が明らかにされているものは、金銭の受領事実を証するものではないことから、第17号文書（金銭の受取書）には該当しません。

なお、この場合、事例のように領収書やレシート等に、「クレジット取引」といった記載をすることで、クレジットカードを利用した信用取引型での決済であることが明らかな場合には、第17号文書（金銭の受取書）には該当しないものとして取り扱われます。

　したがって、クレジットカード取引による決済においては、その旨を領収書やレシート等に明記する必要があることに留意が必要です。

3　事例の領収書（レシート）の取扱い

　事例の領収書（レシート）は、クレジットカード取引であることが明

記されており、信用取引により商品を販売したことを証するものであることが明らかにされていますから、第17号の1文書（売上代金に係る金銭の受取書）には該当せず、不課税文書となります。

210　第2章　主な業種別文書実例から学ぶ課否判断と実務対応

事例 3-12　領収書（レシート）〔デビットカード決済〕

《文書の内容》

　甲商会㈱においては、商品を販売した際に、顧客からデビットカードの提示を受けて専用端末機から次のような領収書（レシート）を交付しています。

領収書（レシート）　　　　　　　　　　No.XXX

　X1年3月10日

　　　　　　　商　　品　××××　　100,000円
　　　　　　　消費税等（10%）　　　10,000円
　　　　　　　合　　計　　　　　　110,000円
　　　　　　　　現　　金　　　　　　　　0円
　　　　　　　　デビット取引　　　110,000円
　　　　　　　　釣　　銭　　　　　　　　0円
　※下記のとおり、引き落としいたしました。
　　金融機関：△△銀行　口座番号：0000-0000000
　　引落金額：110,000円

　　　　　　　　　　　　　　　甲商会株式会社□□店

《取扱い》

　第17号の1文書（売上代金に係る金銭の受取書）に該当し、領収金額に応じた印紙税が課税されます。

《解説》

1　「金銭又は有価証券の受取書」の基本的な取扱い

　※　事例3－1の解説2（p 176）を参照。

2　デビットカード取引に係る領収書（レシート等）の取扱い

　デビットカード取引には、「即時決済型」と呼ばれるもののほか、クレジットカード決済のシステムを利用する「信用取引型」の二つの型が

あるようです。

（１）即時決済型のデビットカード取引に係る領収書（レシート等）の取扱い

即時決済型のデビットカード取引とは、顧客が商品等を購入する際、現金の支払に代えて、金融機関の発行したデビットカード（キャッシュカード）で支払うことができる取引であり、即時決済（銀行等の金融機関が顧客の預金口座から商品販売代金の引き落としを瞬時に行い、加盟店の預金口座に振り込まれることが確定しているものをいいます。）を前提とした取引をいいます。

この、即時決済型のデビットカード取引では、顧客の引落口座に残高がないと商品を購入することができません（口座残高を上回って使用することもできません）が、残高があれば商品購入時に即座に引き落としがされることから、「即時決済型」と呼ばれているようです。

したがって、即時決済型デビットカード取引における領収書（レシート等）については、商品販売代金の決済時に即時に顧客の口座から商品販売代金の引き落としがなされ、加盟店の口座への入金が確定することを前提に、加盟店が商品販売代金の入金が確定したことを確認した上で、金銭の受領事実を証明するために顧客に対して交付している書面と認められ、金銭の受取書（第17号文書）に該当することとなります（受領金額が5万円未満であれば、非課税となります。）。

〔参考〕

銀行等の金融機関発行のデビットカードは即時決済型のものが主流のようです。

このように、即時決済型のデビットカード取引では、加盟店における商品販売代金の決済時に、レジカウンター等で顧客との間で直接金銭等の授受を行わない点で、いわゆるクレジットカードによる信用取引の場合と類似した取引となりますが、このデビットカード取引は、即時決済を前提とするものですから、その性格は全く異なるものです。

（2）信用取引型のデビットカード取引に係る領収書（レシート等）の取扱い

　信用取引型のデビットカード取引（クレジットカードの国際ブランドである各カード会社発行のデビットカード取引）については、現在のところクレジットカードの決済システムを利用したものが一般的なようですから、信用取引型のデビットカード取引に係る領収書（レシート等）は信用取引型となります。

　このクレジットカードの決済システムを利用したデビットカード取引の場合、加盟店が売上債権に係る金銭を受領するのはデビットカード利用時点から起算して約30日後となり、事例3－11（p 207）のクレジットカード取引による販売の場合と同様に、信用取引により商品を引き渡しているものと認められ、加盟店が商品を販売する時に顧客に領収書（レシート等）を交付する時点では金銭の受領事実はありません。

　したがって、信用取引型デビットカード取引における領収書（レシート等）については、クレジットカード取引と同じく金銭の受取書（第17号文書）には該当しないこととなります。

　なお、この場合も、クレジットカード利用等による支払であること（信用取引による支払であること）が明らかにされていない場合には、金銭の受取書（第17号文書）として取り扱われることになります（受領金額が5万円未満であれば、非課税となります。）から留意が必要です。

3　事例の領収書（レシート）の取扱い

　事例の領収書（レシート）は、上記2（1）の即時決済型のデビットカード取引に係る領収書（レシート等）に該当するものです。

　したがって、金銭の受取書（第17号文書）に該当することとなります（受領金額が5万円未満であれば、非課税となります。）。

3. 卸売・小売業　213

〔参考〕即時決済型のデビットカード取引に係る口座引落確認書の取扱い

　即時決済型のデビットカード取引においては、加盟店のポスレジから次の図のような「口座引落確認書」が出力され、顧客に交付される場合があります。

　この文書は、加盟店等が顧客の預貯金口座を管理する銀行等に代わって、同口座からの代金の引落しを確認したことを単に通知する目的で作成する文書であり、金銭等の受取書には該当しませんし、他の課税文書にも当たりません。

　〔デビットカード取引における口座引落確認書の事例〕

口座引落確認書（デビット取引お客様控え）				
金融機関・連絡先	××銀行△支店			
口　座　番　号	1234567			
お　取　扱　日	Ｘ１年３月１日	お 取 扱 時 間	15:30	
承　認　番　号		伝　票　番　号		
取　扱　区　分		端　末　番　号		
商 品 名 （コード）		金　　　額		
×　×　×　×		110,000 円		
合　　　　　計				
取扱店名	○○（株）□□店			

毎度ありがとうございます。ただいま、あなたのお口座から引き落としました。この控は大切に保管して下さい。

214　第2章　主な業種別文書実例から学ぶ課否判断と実務対応

事例 3-13　領収書（レシート）、キャッシュアウト明細書（デビットカード取引）

《文書の内容》

　甲商会㈱においては、商品の購入のほか、キャッシュアウトサービスを利用した顧客からデビットカードの提示を受けて、専用端末機から次のような文書を出力し、顧客に交付しています。

　　甲商会株式会社□□店　　　　　　　　　　X1年12月10日
　　　　　　【領収書（レシート）】
　　　　　　　商　　品　××××　　　　100,000円
　　　　　　　キャッシュアウト手数料　　　200円
　　　　　　　消費税等（10%）　　　　　10,020円
　　　　　　　合　　計　　　　　　　　110,220円
　　　　　　　　現　　金　　　　　　　　　0円
　　　　　　　　デビット取引　　　　　110,220円
　　　　　　　　釣　　銭　　　　　　　　　0円
　　　　　　【キャッシュアウト明細書】
　　　　　　　キャッシュアウト金額　　　30,000円
　　　　　　【合計引落金額】　　　　　　140,220円
　　　　※上記のとおり、引き落としいたしました。
　　　　　　　金融機関：△△銀行
　　　　　　　口座番号：0000-0000000

《取扱い》

　第17号の1文書（売上代金に係る金銭の受取書）に該当し、領収金額（商品代金とキャッシュアウト手数料の合計額）に応じた印紙税が課税されます。

3. 卸売・小売業　215

《解説》

1　デビットカード取引に係る領収書（レシート等）の取扱い

※　事例3－12の解説2（p 210）を参照。

2　キャッシュアウト取引による「キャッシュアウト明細書」の取扱い

　キャッシュアウト取引とは、顧客が加盟店で買い物をするついでに、デビットカードを使用し、加盟店のデビットカード端末機を利用して、自分の預金口座から現金を引き出すことができるサービスのことです。

　このサービスの利用方法には、利用者が加盟店で買い物をする際に、商品等の購入代金と引出す現金の合計金額を預金口座から引き落とし、商品等と現金を同時に加盟店のレジカウンター等で受け取る方法と、商品等は購入せず現金のみを引き出して受け取る方法とがあるようです。

　この場合、どちらの方法によっても、キャッシュアウト金額やその手数料などが記載された「キャッシュアウト明細書」が、加盟店設置のカード端末機から出力され、顧客に交付されることになります。

　この「キャッシュアウト明細書」は、加盟店等が顧客の預貯金口座を管理する銀行等に代わって、同口座からの預金の引落しを確認したことを単に通知する目的で作成する文書であり、金銭等の受取書には該当しませんし、他の課税文書にも当たりません。

3　事例の「領収書（レシート）、キャッシュアウト明細書（デビットカード取引）」の取扱い

　事例の「領収書（レシート）、キャッシュアウト明細書（デビットカード取引）」は、商品の購入のほか、キャッシュアウトサービスを利用した顧客からデビットカードの提示を受けて、専用端末機から出力され顧客に交付される文書となりますが、提示を受けたデビットカードは、いわゆる「即時決済型」のデビットカードと認められます。

　この場合には、上記1の取扱いが適用されますから、商品代金を収受する際に交付する領収書（レシート）は、第17号の1文書（売上代金に係る金銭の受取書）に該当することとなります。

216 第2章 主な業種別文書実例から学ぶ課否判断と実務対応

　また、キャッシュアウトサービスを利用した顧客からは、キャッシュアウトサービスの利用手数料を収受しますが、この手数料はサービスの対価となるものであり、やはり売上代金となりますから、事例の「領収書（レシート）」に係る受領金額は、商品代金の100,000円と、キャッシュアウト手数料200円の合計金額100,200円となります。

　なお、事例の「領収書（レシート）、キャッシュアウト明細書（デビットカード取引）」の下欄部分の「キャッシュアウト明細書」は、上記2のとおり、課税文書（課税事項の記載された文書）とはなりません。

4 建設業

事例 4-1　建設工事請負契約書

《文書の内容》

　甲建設㈱では、新規店舗の開設を行う乙販売㈱との間で、このほど監理技師も交え、次のような建築工事の請負契約を結びました。

建設工事請負契約書

　請負者甲建設株式会社（以下「甲」という）と注文者乙販売株式会社（以下「乙」という）とは、この契約書・建設工事標準請負契約約款と添付の図面　　枚、仕様書　　冊とによって工事請負契約を結ぶ。

1. 工　　　事　　　名　　　●●●工事
2. 工　事　場　所　　　▲▲市××町 3-2-6
3. 工　　　　期　　着　手　　契約の日から　　　　　　　　日以内
　　　　　　　　　　　　　　　工事許認可の日から　　　　　　日以内
　　　　　　　　　　　　　　　Ｘ 1 年　　　月　　　日
　　　　　　　　　　　完　成　　着手の日から　　　　　　　　日以内
　　　　　　　　　　　　　　　Ｘ 2 年　　　月　　　日
4. 検査及び引渡しの時期　　　完成の日から　　　　　　　　　日以内
5. 請負代金の額　金 六千万円也　（消費税及び地方消費税別）
6. 支払方法　注文者は請負代金を次のように請負者に支払う
　　　　　この契約成立の時に●●払
　　　　　完成引渡しの時に　残金払
7. その他
　　この契約の証として本書 2 通を作り、当事者及び監理技師が記名捺印して当事者各 1 通を保有する。

X1年　　月　　日
　　　　注　文　者　住　所
　　　　　　　　　　氏　名　　　　　　　　㊞
　　　　請　負　者　住　所
　　　　　　　　　　氏　名　　　　　　　　㊞

監理技師としての責任を負うためにここに記名捺印する。
　　　　　　　監理技師　　住　所
　　　　　　　　　　　　　氏　名　　　　　　㊞

建設工事標準請負契約約款（甲）

（総　則）

第1条　請負者（以下「甲」という）注文者（以下「乙」という）と監理技師（以下「丙」という）とは、互に協力して信義を守り、誠実に契約を履行する。

第2条　甲はこの工事の図面、仕様書、約款と、これらに基づいて示される詳細図、原寸図と指図によって工事を施工する。

2　甲は図面又は仕様書について疑を生じた時、その部分の着手前に、丙（丙をおかない場合は乙、以下同じ）の指図を受け、重要なものは甲丙協議して定める。

3　甲は図面、仕様書、又は指図について、適当でないと認めた時は、あらかじめ丙に意見を申し出ることを要する。

4　甲は契約を結んだのち、工事費内訳明細書、工程表をすみやかに丙に提出してその承認を受ける。工事費内訳明細書に誤記、違算又は脱漏などがあっても、そのために請負代金を変えない。

5　甲は労働基準法、職業安定法、労働者災害補償法その他関係法令に定められた自己の事業主としての責を負う。

　　　　　　　　　　　　　　　（以下略）

《取扱い》

記載金額6,000万円の第2号文書（請負に関する契約書）に該当し、印紙税額は、3万円（軽減税率）です。

なお、監理技師は納税義務者とはなりません。

《解説》

1 「請負」の意義と請負契約に係る取扱い

「請負」とは、民法第632条に規定する請負のことをいい、これは、当事者の一方がある仕事の完成を約し、相手方がその仕事の結果に対して報酬を支払うことを内容とする契約をいいます。

したがって、ある仕事の内容が特定していて、その仕事を完成させなければ、債務不履行責任を負うような関係にある契約となります。

民法上は、典型契約としての請負契約を規定していますが、実際の取引においては各種変形したいわゆる混合契約といわれるものが多く、印紙税法上どの契約としてとらえるべきものであるかなかなか判定が困難なものが多い実態にあります。

印紙税法においては、通則2において、一の文書に2以上の号に掲げる事項が併記又は混合記載されている場合にはそれぞれの号に該当する文書とすると規定されているため、一部に請負の事項が併記された契約書又は請負とその他の事項が混然一体と記載された契約書は、印紙税法上第2号文書（請負に関する契約書）に該当することになり、民法上では例えば委任契約に近いといわれる混合契約であっても、印紙税法上は請負契約としてとらえられるものも生ずることがあります。

なお、請負の目的物には、家屋の建築、道路の建設、橋りょうの架設、洋服の仕立て、船舶の製作、車両の製作、機械の製作、機械の修理のような有形なもののほか、シナリオの作成、音楽の演奏、舞台への出演、講演、機械の保守、建物の清掃のような無形なものも含まれます。

また、請負とは仕事の完成と報酬の支払とが対価関係にあることが必要ですから、仕事の完成の有無にかかわらず報酬が支払われるものは請負契約とはならないものが多く、また、報酬が全く支払われないものは請負には該当しません（おおむね委任に該当します。）。

2 事例の「建設工事請負契約書」の取扱い

事例の「建設工事請負契約書」のような建物の建設工事の請負は、完成すべき仕事の結果が有形である請負形態の典型ともいえ、その契約書は一般的に第2号文書(請負に関する契約書)として、課税文書に該当し、工事代金(記載金額)に応じた印紙税が課されます。

なお、建設業法第2条第1項に規定する「建設工事の請負契約書」については、税率の軽減措置があります(租特法91)。

3 工事監理人(監理技師)の納税義務

事例の「建設工事請負契約書」では、契約当事者である建築請負者(貴社)と工事注文者(乙販売)が印紙税の納税義務者となり、連帯して納税することとなります。

工事監理人(監理技師)は、工事注文者の委任を受けて契約に参加している契約の当事者ではありますが、建設工事の請負契約の直接の当事者ではないことから、契約の成立等を証すべき文書の作成者(納税義務者)とはなりません。

なお、契約書を3通作成して工事監理人(監理技師)も含めて各自各1通を所持するとなっており、この場合には工事監理人(監理技師)が所持する文書も課税対象となりますから、建築請負者(甲建設)と工事注文者(乙販売)とで印紙を貼り付けする必要があります(作成される3通とも印紙の貼り付けが必要となります。)。

(注)監督官庁や融資銀行等、契約に直接関与しない契約当事者以外の者に対して提出・交付する文書で、これらの者に提出・交付することが明記されている文書については課税の対象とはなりません(基通20)。

〔参考〕建設工事に係る請負契約書の印紙税率の軽減措置（租特法91）

【軽減措置の概要】

　軽減措置の対象となる契約書は、「建設工事（建設業法第2条第1項に規定する建設工事をいいます。）の請負に係る契約に基づき作成される請負に関する契約書（第2号文書）」のうち、記載金額が100万円を超えるもので、平成26年4月1日から令和2年3月31日までに作成されるものです。

　一般的には、建築工事請負契約書、民間建設工事請負契約書、建設工事下請契約書、（建設工事）請書といった名称を用いたものが多く見受けられます。

　なお、これらの要件を満たすものであれば、建設工事に係る請負の原契約のほか、その後における変更契約書や補充契約書等についても、軽減措置の対象となります。

【軽減税率】（平成26年4月1日〜令和2年3月31日）

契約金額	軽減税率	本則税率	（参考；軽減額）
100万円超 200万円以下	200円	400円	200円
200万円超 300万円以下	500円	1,000円	500円
300万円超 500万円以下	1,000円	2,000円	1,000円
500万円超 1,000万円以下	5,000円	1万円	5,000円
1,000万円超 5,000万円以下	1万円	2万円	1万円
5,000万円超 1億円以下	3万円	6万円	3万円
1億円超 5億円以下	6万円	10万円	4万円
5億円超 10億円以下	16万円	20万円	4万円
10億円超 50億円以下	32万円	40万円	8万円
50億円超	48万円	60万円	12万円

222　第2章　主な業種別文書実例から学ぶ課否判断と実務対応

事例 4-2　建物設計及び建築請負契約書

《文書の内容》

甲建設㈱は㈱乙商会からの新規事業の本部事務所用のビル建設の依頼を受けて、その設計と建築工事を受注するため，次の契約を結びました。

建物設計及び建築請負契約書

甲建設株式会社（以下「甲」という）と株式会社乙商会（以下「乙」という）とは、次により設計図書の作成及び建築請負に関する契約を締結する。

第1条

1　乙は甲に対し下記ビルディングの建築に必要な設計図書の作成を注文し、甲はこれを完成することを約した。

2　乙は甲に対し、前項の設計図書に基づき下記ビルディングの建設工事を注文し、乙はこれを完成することを約した。

記

○県○郡○町○丁目○番地上に鉄筋コンクリート造5階建ビルディング一棟。

第2条　請負代金は設計図書の作成が金5千万円、建築請負が金10億円（いずれも消費税等の額を除く）とし、次のとおり分割して支払う。

1　甲が乙に設計図書を提出した時　　金　　　　　円

2　乙が建築確認通知書を受領した時　金　　　　　円

3　甲において工事に着手した時　　　金　　　　　円

4　甲において基礎工事を完成した時　金　　　　　円

5　甲において工事を完成し、その引渡しを終了した時

金　　　　　円

第3条

1　甲は本契約締結の日から○日以内に乙に設計図書を提出し、承認を受けるとともに、乙と協力して建築確認の手続を行う。

2　甲は乙が建築確認通知書を受領した時から○日以内に建設工事に着
　　　手し、工事着手の日から○日以内にこれを完成し、完成の日から○日
　　　以内に乙に引き渡すものとする。
　第4条　建物の敷地は乙において提供し、建築工事に要する一切の材料
　　　及び労力は甲において提供する。
　　　　　　　　　　　　　　　　　（以下略）

《取扱い》

　記載金額10億5,000万円の第2号文書（請負に関する契約書）に該当
し、印紙税額は、32万円（軽減税率）です。

《解説》

1　第2号文書（請負に関する契約書）で、同号に掲げる2以上の事項が記載されている契約書に係る税率の軽減措置の適用関係

　1通の契約書に、第2号文書（請負に関する契約書）に掲げる2以上
の事項が記載されているもののうち、建設工事の請負に関する事項が記
載されているもので、なおかつ、通則4の規定により計算した記載金額
（記載されている2以上の請負についてのそれぞれの契約金額の合計額）が
100万円を超える場合は、税率の軽減措置の対象となります。

　なお、一の文書に第2号文書に掲げる2以上の事項が記載されている
場合であっても、建設工事の請負に関する事項が記載されていない場合
には、軽減税率の適用対象とはなりません。

（例）3,000万円の工作機械の製造請負と500万円の機械の保守が記載
　　　された契約書（いずれも第2号文書の課税事項）

　　⇒　この契約書は、記載金額3,500万円の第2号文書と判定されま
　　　すが、建設工事の請負に関する事項が記載されていないことか
　　　ら、軽減税率の適用対象とはなりません。

2　事例の「建物設計及び建築請負契約書」の取扱い

　事例の「建物設計及び建築請負契約書」には、建設工事の請負に関す

224　第2章　主な業種別文書実例から学ぶ課否判断と実務対応

る事項（ビルの建設工事）と建設工事以外の請負に関する事項（設計図書の作成）とが記載されています。

　したがって、通則4のイの規定により、記載金額はビルの建設工事代金10億円と、設計図書の作成代金5,000万円との合計金額10億5,000万円となり、建設工事の請負に関する事項が記載されていますので、軽減税率の適用があります。

　(注) 軽減税率の概要については、事例4−1の解説〔参考〕（p 221）を参照。

〔参考1〕

　軽減措置の対象となる「建設工事請負契約書」とは、建設業法第2条に規定する建設工事の請負契約書ですが、ここでいう「建設工事」とは、土木建築に関する工事の全般をいうものですから、建設工事に該当しない建物の設計、建設機械の保守、船舶の建造、家具の制作などは、軽減措置の対象にはなりません。

　なお、建設工事の請負に係る契約に基づき作成される契約書であれば、その契約書に建設工事以外の請負に係る事項、例えば、建物の設計に係る事項が併記されていても、その合計金額が軽減税率の対象となります（通則4イ）。

〔参考2〕

　本事例の場合は、別々に文書を作成したほうが印紙税の負担は少なくなります。

　すなわち、契約金額10億円の建築請負の部分には軽減税率が適用され、印紙税額は16万円、契約金額5,000万円の建物設計の部分には、軽減税率は適用されず2万円の印紙税額となるので、2通合計で18万円となります。

　これは、第2号文書の税率が、階級定額税率となっているからであり、2以上の課税事項を約定する場合は、文書を分割した方が有利になるわけです。

　階級定額税率が適用される他の文書（第1号文書など）にも、基本的には、同様のことがいえます。

4. 建設業　225

事例 4-3　契約書（細目協定）

《文書の内容》

　甲建設㈱は、乙商会㈱の新規事業の本部事務所用のビル建設について受注し、工事請負契約（基本協定書）を締結済みですが、建設工事が長期に及ぶことから当初の契約は総概算金額で締結しており、毎年の工事費を確定するために、次のような細目を確認し合う協定書を作成しています。

契　約　書（細目協定）

　甲建設株式会社（以下「甲」という）と乙商会株式会社（以下「乙」という）とは、X1年●月●日付けで締結した工事基本協定書（以下「基本協定書」という）第○条に基づき施工するX2年度の工事の施工等について、基本協定書第○条に基づき、次のとおり契約する。

（工事の範囲及び工程）

第1条　工事の範囲及び工程は、別紙図書のとおりとする。

（工事の費用）

第2条　工事の費用は、基本協定書第○条に規定する総額概算 1,250,000,000 円（消費税及び地方消費税別）のうち、X2年度に施工する工事費は、276,000,000 円（消費税及び地方消費税別）とし、全額乙が負担するものとする。

（工事費の支払方法）

第3条　乙は、前条の費用を別添資金計画表に基づき、別途甲の発行する支払請求書により甲に予納するものとする。

（工事の変更）

第4条　工事の設計変更又は物価労賃の変動等により、工事費に著しい変更を生じた場合は、甲・乙協議の上、変更できるものとする。

（工事完了確認）

第5条　乙は、工事が完了した時は遅滞なく工事完了通知書及び竣工調書を作成し、甲に提出するものとする。

　2　甲は前項の通知を受けた時は遅滞なく工事完了確認調書を乙に提出

するものとする。

（工事費の精算）

第6条　甲は、工事竣工後すみやかに、第2条の工事費を精算するものとする。

（その他）

第7条　この契約（協定）に定めのない事項又は疑義を生じた事項については、その都度甲・乙協議して定めるものとする。

《取扱い》

　記載金額2億7,600万円の第2号文書（請負に関する契約書）に該当し、印紙税額は6万円（軽減税率）です。

《解説》

1　契約書とは

　印紙税法の別表第一「課税物件表」に掲げられている契約書とは、契約証書、協定書、約定書その他名称のいかんを問わず、契約（その予約を含みます。以下同じ。）の成立若しくは更改又は契約の内容の変更若しくは補充の事実（以下「契約の成立等」といいます。）を証すべき文書をいい、念書、請書その他契約の当事者の一方のみが作成する文書又は契約の当事者の全部若しくは一部の署名を欠く文書で、当事者間の了解又は商慣習に基づき契約の成立等を証することになっているものも含まれます。

　ここでいう契約とは、互いに対立する2個以上の意思表示の合致、すなわち一方の申込みと他方の承諾によって成立する法律行為です（基通14）から、契約書とは、その2個以上の意思表示の合致の事実を証明する目的で作成される文書をいうことになります。

2　補充契約書の取扱い

　上記1のとおり通則5に規定する契約書には「契約の内容の補充」の事実を証すべき文書を含みますので、いわゆる補充契約書も印紙税法上

の契約書となります。なお、この「補充」とは、原契約の内容として欠けている事項を補充することをいいます。

契約の内容の補充を証するための文書（以下「補充契約書」という。）の課税物件表における所属の決定は、次の区分に応じ、それぞれ次に掲げるところによります。

（1）原契約が課税物件表の一の号のみの課税事項を含む場合において、当該課税事項の内容のうちの重要な事項を補充する契約書は、原契約と同一の号に所属を決定します。

（例）売買の目的物のみを特定した不動産売買契約書について、後日、売買価額を決定する契約書

　　　⇒　第1号文書

（2）原契約が2以上の号の課税事項を含む場合において、当該課税事項の内容のうちの重要な事項を補充する契約書については、当該2以上の号のいずれか一方の号のみの重要な事項を補充するものは、当該一方の号に所属を決定し、当該2以上の号のうちの2以上の号の重要な事項を補充するものは、それぞれの号に該当し、通則3の規定によりその所属を決定します。

（例）契約金額の記載のない清掃請負契約書（第2号文書と第7号文書に該当し、所属は第7号文書）の報酬月額及び契約期間を決定する契約書

　　　⇒　第2号文書

（3）原契約の内容のうちの課税事項に該当しない事項を補充する契約書で、その補充に係る事項が原契約書の該当する課税物件表の号以外の号の重要な事項に該当するものは、当該原契約書の該当する号以外の号に所属を決定します。

（例）消費貸借契約書（第1号文書）に新たに連帯保証人の保証を付す契約書

　　　⇒　第13号文書

228 第2章 主な業種別文書実例から学ぶ課否判断と実務対応

（4）（1）から（3）までに掲げる契約書で、重要な事項以外の事項を
　　補充するものは、課税文書に該当しません。

3　事例の「契約書（細目協定）」の取扱い

　事例の「契約書（細目協定）」をみますと、Ｘ2年度における工事の
範囲と工程について、別紙図書により具体的に定めることとしており、
また、工事の総概算金額については、基本契約書で既に約定済みです
が、各年度の工事に対する工事費は、この契約書（細目協定）で具体的
に確定することとしているものと認められます。

　したがって、具体的な請負契約の内容と金額（第2号文書の重要な事
項）を補充する契約書となるものですから、課税文書となります。

〔参考〕第2号文書（請負に関する契約書）の「重要な事項」

（基通別表第二「重要な事項の一覧表」）
1　請負の内容（方法を含む）
2　請負の期日又は期限
3　契約金額
4　取扱数量
5　単価
6　契約金額の支払方法又は支払期日
7　割戻金等の計算方法又は支払方法
8　契約期間
9　契約に付される停止条件又は解除条件
10　債務不履行の場合の損害賠償の方法

4. 建設業 229

事例 4-4 ビル建設注文書

《文書の内容》

　乙商事㈱では新規事業部門の事務所用ビルを建設することとなり、建築業者甲建設㈱に建築工事を注文する際に、次のような注文書を作成して甲建設㈱に差し入れ、両社で署名・押印を行っています。

注　文　書

甲建設株式会社　　　　　殿

　金　　　　　額　　　¥450,000,000 円也

　工事名及び内容　　　（仮称）〇ビル新築工事

　工　事　場　所　　　▲▲市〇〇　2 − 345 − 1

　工　　　　　期　　　着手　令和　　年　　月　　日

　　　　　　　　　　　完成　令和　　年　　月　　日

　代　金　の　支　払　着手金　120,000,000 円

　　　　　　　　　　　中間金　120,000,000 円

　　　　　　　　　　　完成時　210,000,000 円

　この契約の証として本書一通を作り、発注者及び請負者が記名押印し、請負者が原本を発注者はその写しを保有する。

　令和　　年　　月　　日

　　　　　発注者　乙商事株式会社　代表取締役　〇　〇　〇　〇　印

　　　　　請負者　甲建設株式会社　代表取締役　〇　〇　〇　〇　印

　また、乙商事㈱では、上記の注文書（原本）をコピーした文書の末尾に、次のように甲建設㈱から文言の記載と署名押印を受けた上で、この文書を自社の控えとしています。

230　第2章　主な業種別文書実例から学ぶ課否判断と実務対応

注　文　書

甲建設株式会社　　　　　殿

金　　　　　額　　￥450,000,000円也

工事名及び内容　　（仮称）Oビル新築工事

工　事　場　所　　▲▲市○○　2－345－1

工　　　　　期　　着手　令和　　年　　月　　日

　　　　　　　　　完成　令和　　年　　月　　日

代 金 の 支 払　　着手金　120,000,000円

　　　　　　　　　中間金　120,000,000円

　　　　　　　　　完成時　210,000,000円

　この契約の証として本書一通を作り、発注者及び請負者が記名押印
し、請負者が原本を発注者はその写しを保有する。

令和　　年　　月　　日

　　　　発注者　乙商事株式会社　代表取締役　○　○　○　○　印

　　　　請負者　甲建設株式会社　代表取締役　○　○　○　○　印

これは原本の写しであることを認めます。

　　　　　　　　　　　　　　　　　請負者　甲建設株式会社　　㊞

《取扱い》

　原本及びその写しの文書ともに、記載金額4億5,000万円の第2号文
書（請負に関する契約書）に該当し、印紙税額は8万円（軽減税率）です。

《解説》

1　課税文書の意義等

　印紙税の課税文書とは、課税物件表の課税物件欄に掲げる文書により
証されるべき事項、すなわち「課税事項」が記載され、かつ、取引当事
者間において課税事項を証明する目的で作成された文書をいいます（基
通2）。

文書が課税文書に該当するかどうかの判断は、文書の全体を一つのものとして評価して判断するのみでなく、その文書に記載されている個々の内容についても判断するものとし、また、単に文書の名称又は呼称及び形式的な記載文言によることなく、その記載文言の実質的な意義に基づいて判断します。

　また、この場合の記載文言の実質的な意義の判断は、その文書に記載又は表示されている文言、符号等に基づいて、その文言、符号等を用いることについての関係法律の規定、当事者間における了解、基本契約又は慣習等を加味し、総合的に行います（基通3）。

2　申込書、注文書などの取扱い

（1）契約とは、申込みと承諾によって成立するものですから、契約の申込事実を記載した申込書、注文書、依頼書などは、通常、課税対象にはなりません（基通21①）。

　　しかし、たとえ、これらの表題を用いている文書であっても、その記載内容によっては、契約の成立等を証する文書、すなわち、契約書になるものがあります。

　　契約の成立等を証する文書かどうかは、文書の記載文言等その文書上から客観的に判断するというのが印紙税の基本的な取扱いであり、申込書等と表示された文書が契約の成立等を証明する目的で作成されたものであるかどうかの判断も、基本的にその文書上から行うことになります（基通2、3）。

　　このような契約の成立等を証明する目的で作成される文書は当然に契約書に該当するのですが、実務上、申込書、注文書等と表示された文書が契約書に該当するかどうかの判断はなかなか困難なことから、一般的に契約書に該当するものを基本通達で例示しています（基通21②）。

（2）そのうちの一つとして、契約当事者双方の署名又は押印があるものが掲げられています（基通21②（3））。

契約当事者双方の署名又は押印があるものは、一般に契約当事者の意思の合致を証明する目的で作成されたものと認められますから、原則として契約書に該当します。

例えば、2部作成して提出された申込書（申込人の署名又は押印がある申込書）のうちの1部に申込みを受けた者が署名又は押印して申込人に返却する申込書等もこれに該当します。

ただし、申込書の控え等に署名又は押印して返却する場合であっても、その署名又は押印が契約当事者の意思の合致を証明する目的以外の目的でなされたことが明らかなものは、契約書には該当しません。

例えば、単なる文書の受付印と認められるもの、手付金や申込み証拠金の受領印を押印して返却するもの（この場合は第17文書（金銭の受取書）に該当します。）などは契約書には該当しません。

なお、その押印の意味合いが、契約の成立を受けての頭金、初回金などの受領印である場合には、契約の成立に伴って頭金、初回金などの授受を行っているものといえますから、その文書は契約書に該当することになりますから留意が必要です。

3　契約書の写しの取扱い

印紙税は、契約が成立したという事実そのものを課税対象とするのではなく、契約の成立を証明する目的で作成された文書を課税対象とするものですから、一つの契約について2通以上の文書が作成された場合であっても、それらの文書がそれぞれ契約の成立を証明する目的で作成されたものであるならば、すべて印紙税の課税対象となります。

契約書は、契約の当事者がそれぞれ相手方当事者に対して、成立した契約の内容を主張するために作られるのですから、各契約当事者が1通あて所持する必要が生じます。

この場合、契約当事者の一方が所持するものには正本又は原本と表示し、他方が所持するものには写し、副本、謄本などと表示することが一般に行われていますが、写し、副本、謄本などという表示をしても、そ

の文書が契約の成立を証明する目的で作成されたものであれば、正本又は原本と同様に印紙税の課税対象となります。

4 契約書の写しが契約の成立を証明する目的で作成されたものか否かの判断基準

契約書の写しについての一般的な考え方は上記3のとおりですが、契約書に写し、副本、謄本などと表示された文書の中には、契約の成立を証明するためではなく、単なる控えとするためのものもあります。

そこで、写し、副本、謄本などと表示された文書が、契約の成立を証明する目的で作成されたかどうかは、その文書の形式、内容など文書に記載された形態から判断することとなるのですが、おおむね次のような形態のものは、契約の成立を証明する目的で作成されたことが文書上明らかと認められますから、印紙税の課税対象となります（基通19）。

（1）契約当事者の双方又は一方の署名又は押印があるもの（ただし、文書の所持者のみが署名又は押印しているものを除く。）

（2）正本（原本）と相違ないこと、又は写し、副本、謄本などであることの契約当事者の証明（正本との割印も含む。）のあるもの（ただし、文書の所持者のみが証明しているものを除く。）

このように、写し、副本、謄本などと表示された文書が契約の成立を証明する目的で作成されたかどうかは、契約当事者の署名又は押印の有無を重視して判断することとしています。これはわが国においては、一般に印鑑の有無が文書の証明力の有無の一つの判断基準にされているからでもあります。

なお、契約書に写し、副本、謄本などと表示されたものも印紙税の課税対象となる場合があるとしても、契約書の単なる写しや控えまで課税対象となるものではなく、例えば、自己の所持する文書に自己のみの印鑑を押したものは、契約の相手方当事者に対しては証明の用をなさないので、一般に課税対象とはなりません。

また、契約書の正本を複写機で複写しただけのものは、たとえ精巧な

234　第2章　主な業種別文書実例から学ぶ課否判断と実務対応

ものであっても単なる手控えとしての写しにすぎないので、課税文書と
はなりません。

5　事例の「注文書」の取扱い

（1）事例の「注文書」は、「注文書」という表題を用いていますが、
「この契約の証として」作成することが明記され、契約当事者双方が
署名押印していることから、請負者である甲建設㈱にて保管されるこ
ととなる原本は、当然に契約書に該当する文書となります。

その記載内容は、ビルの新築工事についてのもので、その契約金
額、代金の支払方法等、請負契約に係る重要な事項の記載がされてい
ますから、第2号文書（請負に関する契約書）に該当します。

また、記載金額は頭書に記載されている契約金額4億5,000万円と
なり、ビルの新築工事は、建設工事に当たりますから、印紙税の税率
軽減措置（租特法91）の適用があります。

（2）事例の「注文書」は、契約の証として原本一通を作成し、その原
本は請負者である甲建設㈱が、その写しを発注者である乙商事㈱が保
有することとされていますが、契約書の写しであっても、上記3、4
に記載のとおり、一定の要件を満たす場合は、課税文書に該当するこ
ととなります。

事例の「注文書」の写しには、正本（原本）と相違ないことを請負
者である甲建設㈱が署名・押印して証明しており、上記4（2）の要
件を満たしますから、契約書に該当することになります。

4. 建設業　235

事例 4-5　工事提携契約書

《文書の内容》

甲建築㈱と乙建設㈱との間で、建物工事の施工に当たり、次のような契約書を取り交わしています。

工事提携契約書

甲建築株式会社（以下「甲」という）と乙建設株式会社（以下「乙」という）とは、建物及びこれに付帯する工事請負に関する基本条項を以下のとおり定め、これにより甲乙双方が協力し、信頼を守り更に誠実に履行することにより、顧客からの信頼を高め、双方の利益を確保し共存共栄を図るものとする。

（工事の施工）

第1条　甲は本契約書と乙の設計図及び施工に関する準則に従い、見積書、共通仕様書、標準施工図及びこれらに基づく詳細図、原寸図、指図書によって工事を施工するものとする。

2　甲は労働基準法、職業安定法、災害補償保険法、その他の法令に定められた事業主又は使用主としての責めを負うものとする。

3　甲は現場担当者（主任技術者）を置き、あらかじめ乙に通知するものとする。また、甲の現場担当者は、乙の現場担当者の指示に従い、工事現場を管理するものとする。

（建築物件、請負代金、工期等）

第2条　建築物件の場所、構造、面積、種類、用途、工事請負代金及び工期について、乙はその都度注文書をもって明示し、甲はその請書により確認するものとする。

（請負代金の支払）

第3条　工事請負代金の支払は毎月20日締め切りとし、工事監理者の検収査定後、回付された納入伝票と請求書を検収し、所定の手続後翌月15日に支払うものとする。なお、乙よりの有償支給材があるときは相殺差引して支払うものとする。

（以下略）

236 第 2 章 主な業種別文書実例から学ぶ課否判断と実務対応

《取扱い》

第 7 号文書（継続的取引の基本となる契約書）に該当し、印紙税額は 4,000 円です。

《解説》

1 第 7 号文書（継続的取引の基本となる契約書）の意義（令第 26 条第 1 号の要件）

令第 26 条第 1 号においては、第 7 号文書（継続的取引の基本となる契約書）に該当することとなる文書の要件について、「特約店契約書その他名称のいかんを問わず、営業者（課税物件表第 17 号文書の非課税物件の欄に規定する営業を行う者をいう。）の間において、売買、売買の委託、運送、運送取扱い又は請負に関する 2 以上の取引を継続して行うため作成される契約書で、当該 2 以上の取引に共通して適用される取引条件のうち目的物の種類、取扱数量、単価、対価の支払方法、債務不履行の場合の損害賠償の方法又は再販売価格を定めるもの（電気又はガスの供給に関するものを除く。）」と規定しています。

したがって、同条第 1 号に該当して第 7 号文書になるものは、次に掲げる 5 要件のすべてを満たすものとなります。

（1）営業者の間における契約であること

（2）売買、売買の委託、運送、運送取扱い又は請負のいずれかの取引に関する契約であること

（3）2 以上の取引を継続して行うための契約であること

（4）2 以上の取引に共通して適用される取引条件のうち目的物の種類、取扱数量、単価、対価の支払方法、債務不履行の場合の損害賠償の方法又は再販売価格のうちの 1 以上の事項を定める契約であること

（5）電気又はガスの供給に関する契約でないこと

2 事例の「工事提携契約書」の取扱い

事例の「工事提携契約書」は、営業者間において、継続して行われる 2 以上の建設請負工事取引について、その基本的な事項を定める契約書

であり、令第26条第1号に規定する要件のうち、建物及びこれに付帯する工事請負（「目的物の種類」）、工事請負代金の支払方法（「対価の支払方法」）などを定める文書であると認められます。

　したがって、第2号文書（請負に関する契約書）と第7号文書（継続的取引の基本となる契約書）とに同時に該当する契約書となりますから、通則3のイの規定により所属が決定されることとなります。

　事例の「工事提携契約書」は、具体的な工事請負代金の定めがなく、記載金額のない契約書となりますから、第7号文書（継続的取引の基本となる契約書）に所属決定となります。

〔参考〕

　事例の「工事提携契約書」に基づいて、後日具体的な工事請負代金を定める「覚書」などを作成した場合には、第2号文書（請負に関する契約書）と第7号文書（継続的取引の基本となる契約書）とに同時に該当する契約書となります。

　このため、通則3のイの規定により、新たに所属の決定を行うこととなり、契約金額（記載金額）の記載がある場合（「覚書」などの中で計算により算出できる場合を含みます。）には、第2号文書（請負に関する契約書）に所属が決定されます。また、契約金額（記載金額）の記載がない場合（「覚書」などの中で計算により算出できない場合を含みます。）には第7号文書（継続的取引の基本となる契約書）に所属決定されることとなります。

238　第2章　主な業種別文書実例から学ぶ課否判断と実務対応

事例 4-6　請負契約変更契約書（契約金額の変更）

《文書の内容》

　乙建設㈱においては、甲商事㈱から受注していたビル建設工事の契約金額の見直しを行い、このほど次のような契約変更に係る文書を作成しています。

請負契約変更契約書

　X1年●月●日付にて契約したビル建設工事については、次のとおり契約事項を一部変更の上、これを請け負うことを約定する。

記

1. 工事内容　　変更内容は別冊のとおり。
2. 契約金額　　既 定 金 額＿＿200,000,000 円＿＿
　　　　　　　　変 更 後 金 額＿＿310,000,000 円＿＿
　　　　　　　　既定金額との
　　　　　　　　差 額 増 減＿＿110,000,000 円＿＿
3. 工　　期　　既 定 工 期　契約確定の日の翌日から
　　　　　　　　　　　　　　　　　　　　年　　　月　　　日まで
　　　　　　　　変 更 工 期　契約確定の日の翌日から
　　　　　　　　　　　　　　　　　　　　年　　　月　　　日まで

　　X1年　月　日

　　　　　　　　　　　発注者　甲商事株式会社　　　　　㊞
　　　　　　　　　　　請負人　乙建設株式会社　　　　　㊞

《取扱い》

　記載金額1億1,000万円の第2号文書（請負に関する契約書）に該当し、印紙税額は6万円（軽減税率）です。

《解説》

1 変更契約書の取扱い

既に存在している契約（以下「原契約」といいます。）の内容を変更する契約書は、印紙税法上の契約書に含まれます（通則5）。

「契約の内容の変更」とは、原契約の同一性を失わせないで、その内容を変更することをいいます。

印紙税法は、契約上重要な事項を変更する変更契約書を課税対象とすることとし、その重要な事項の範囲は基通別表第二「重要な事項の一覧表」に定められていますが、ここに掲げられているものは例示事項であり、これらに密接に関連する事項や例示した事項と比較してこれと同等、若しくはそれ以上に契約上重要な事項を変更するものも課税対象になります。

変更契約書は、変更する事項がどの号に該当する重要な事項であるかにより文書の所属を決定することになるのですが、2以上の号の重要な事項が2以上併記又は混合記載されている場合とか、一つの重要な事項が同時に2以上の号に該当する場合には、それぞれの号に該当する文書として原契約書の所属の決定方法と同様に所属を決定することになります（この場合、原契約書の所属号には拘束されず、変更契約書について、改めて所属号を決定することとなります。）。

2 契約金額を変更する契約書の取扱い

契約金額を変更する変更契約書の記載金額は、それぞれ次によります（通則4ニ、基通30）。

（1）その変更契約書に係る契約についての変更前の契約金額等の記載されている契約書が作成されていることが明らかであり、かつ、その変更契約書に変更金額（変更前の契約金額と変更後の契約金額の差額、すなわち契約金額の増減額）が記載されている場合（変更前の契約金額と変更後の契約金額の双方が記載されていることにより変更金額を明らかにできる場合を含みます。）

240　第 2 章　主な業種別文書実例から学ぶ課否判断と実務対応

　　イ　変更前の契約金額を増加させるものは、その増加額が記載金額と
　　　なります。
　　ロ　変更前の契約金額を減少させるものは、記載金額のないものとな
　　　ります。
（2）上記（1）以外の変更契約書
　　　変更後の契約金額が記載されているもの（変更前の契約金額と変更
　　金額の双方が記載されていることにより変更後の契約金額が計算できるも
　　のも含みます。）は、その変更後の契約金額が、その文書の記載金額と
　　なります。
　　　また、変更金額だけが記載されているものは、その変更金額が、そ
　　の文書の記載金額となります。

3　事例の「請負契約変更契約書」の取扱い

　　事例の「請負契約変更契約書」は、X 1 年●月●日付にて作成された
原契約書の契約金額を増額変更する契約書（増額変更金額の記載のある契
約書）になります。

　　この契約金額は、第 2 号文書（請負に関する契約書）における重要事
項となるものですから、その変更契約書もまた第 2 号文書（請負に関す
る契約書）に該当します。

　　そして、事例の「請負契約変更契約書」における、記載金額の取扱い
に当たっては、上記 2 （1）イの適用がありますから、増額の変更金額
1 億 1,000 万円が記載金額とされることとなります（通則 4 ニ、基通 30
①）。

　　なお、事例の「請負契約変更契約書」は、建設工事に係る請負契約書
ですから、軽減税率の適用があります（租特法 91）。

〔参考〕工事金額の減額の場合

請負契約変更契約書

　X 1年●月●日付にて契約した建設工事については、次のとおり契約事項を一部変更の上、これを請け負うことを約定する。

記

1. 工事内容　　変更内容は別冊のとおり。
2. 契約金額　　既 定 金 額　　200,000,000 円

　　　　　　　　変更後金額　　150,000,000 円

　　　　　　　　既定金額との

　　　　　　　　差 額 増 減　　▲ 50,000,000 円

3. 工　　　期　　既 定 工 期　　契約確定の日の翌日から

　　　　　　　　　　　　　　　　　　　　　　年　　月　　日まで

　　　　　　　　変 更 工 期　　契約確定の日の翌日から

　　　　　　　　　　　　　　　　　　　　　　年　　月　　日まで

　　X 1年●月●日

　　　　　　　　　　　　発注者　　甲商事株式会社　　　　　㊞

　　　　　　　　　　　　請負人　　乙建設株式会社　　　　　㊞

《解説》

　この事例は、X 1年●月●日付にて作成された原契約書の契約金額を減額変更する契約書（減額の変更金額の記載のある契約書）になります。

　したがって、上記事例4－6の解説2（1）ロに記載の取扱いの適用がありますから、変更前の契約金額を減少させるものとして、記載金額のない第2号文書（請負に関する契約書）に該当し、印紙税額は200円となります。

242　第2章　主な業種別文書実例から学ぶ課否判断と実務対応

事例 4-7　見積書（承諾書）

《文書の内容》

　甲建築㈱では、建物（住宅）の建築工事を請け負った際に、次のような見積書を作成して施工主に交付して内容を確認してもらい、施工主の確認印が押印されたものを受領して保管しています。

見積書　　　　　　No.225674

Ⅰ　本体工事（乙本邸）

　　　最終決定

　　　施工面積　150㎡　×@ 174,000　　＝　26,100,000 円（税抜き）

Ⅱ　特別注文工事

　　　A工事　　　3,900,000 円　（工事内容は別紙のとおり）

　　　B工事

　　　C工事

　　　　計　　　3,900,000 円（税抜き）

Ⅲ　合計工事代金（Ⅰ＋Ⅱ）　　　　　　　30,000,000 円（税抜き）

甲建築株式会社 甲 ●● 　㊞

　上記の代金支払を承諾し、工事の着工を依頼します。

X1年○月○日　　乙本　一郎 　　㊞

《取扱い》

　記載金額 3,000 万円の第 2 号文書（請負に関する契約書）に該当し、印紙税額は 1 万円（軽減税率）です。

《解説》

1　印紙税法上の契約書の意義

　※　事例 4－3 の解説 1（p 226）を参照。

2 申込書、注文書、依頼書等と表示された文書の取扱い

申込書、注文書、依頼書等と表示された文書は、一般的には契約の申込み事実を証明する目的で作成されるものですが、中には、契約の成立等を証明する目的で作成される文書なのに、取引の慣行等から、申込書等と表示するものも多く見受けられます。

契約書とは、契約の成立等を証明する目的で作成される文書をいい、証明する目的は文書の記載文言等その文書上から客観的に判断するというのが印紙税の基本的な取扱いですので、申込書等と表示された文書が契約の成立等を証明する目的で作成されたものかどうかの判断も、基本的にその文書上から行うこととなります（基通2、3）。

このような契約の成立等を証明する目的で作成される文書は当然に契約書に該当することとなりますが、実務上、申込書等と表示された文書が契約書に該当するかどうかの判断はなかなか困難であるため、基本通達において一般的に契約書に該当するものを例示しています（基通21）。

（1）契約当事者の間の基本契約書、規約又は約款等に基づく申込みであることが記載されていて、一方の申込みにより自動的に契約が成立することとなっている場合における当該申込書等。

　　ただし、契約の相手方当事者が別に請書等契約の成立を証明する文書を作成することが記載されているものは除かれます。

（2）見積書その他の契約の相手方当事者の作成した文書等に基づく申込みであることが記載されている当該申込書等。

　　ただし、契約の相手方当事者が別に請書等契約の成立を証明する文書を作成することが記載されているものは除かれます。

（3）契約当事者双方の署名又は押印があるもの

3 事例の「見積書（承諾書）」の取扱い

事例の「見積書　　（承諾書）」は、工事の請負業者の見積書の内容を工事の注文者（施工主）が確認し、署名するとともに承諾印を押印して、請負業者に返送するもの（工事を依頼するもの）であり、建設工事の内

容に関して、注文者（施工主）が承諾した文書（請負業者との間で合意した文書）と認められます。

　なお、表題が「見積書」とはなっていますが、その記載内容は上記2（2）に記載のとおり、「見積書その他の契約の相手方当事者の作成した文書等に基づく申込みであることが記載されている当該申込書等」に該当するものですし、なおかつ、双方の署名押印もある文書ですから、上記2（3）にも該当する文書であり、印紙税法上の契約書に該当することとなります。

　そして、事例の「見積書（承諾書)」は、建物（住宅）の建築に関する工事の請負契約書となりますから、第2号文書（請負に関する契約書）に該当します。

　なお、建設工事については、印紙税の軽減措置の対象となります（租特法91）。

4. 建設業　　245

事例 4-8　工事発注書（正契約書）

《文書の内容》

　㈱乙商店では、新規店舗について利便性のある場所にある既存の建物を利用して開店させることとしており、既存の建物のリフォーム工事を設備工事業者である甲設備㈱に発注する際に、次の発注書を差し入れることとしています。

工 事 発 注 書（正契約書）

発注日　Ｘ1年●月●日

甲設備株式会社　御中

株式会社乙商店

　下記の条件により裏面各条項了解の上、発注いたします。

工事名	○○設備工事
工事内容	
施工予定	Ｘ1年　　　月　　　日　～　Ｘ1年　　　月　　　日
工事仕様	塗 装 工 事（標準） 塗 装 工 事（オプション） 建 具 工 事 波 板 張 替 雨 樋 工 事 サ ッ シ 工 事 補 修 工 事 解 体 工 事 ※上記の工事発注記載事項内容以外は別途料金となります。
工事代金	25,000,000 円（消費税別途）
支払方法	1　頭金　Ｘ1年●月●日支払 　　残金　Ｘ1年●月●日～6回払 2　全額　　年　月　日支払　回払

《取扱い》

　記載金額 2,500 万円の第 2 号文書（請負に関する契約書）に該当し、印

紙税額は1万円（軽減税率）です。

《解説》

1 申込書等と表示されている文書の取扱い

※ 事例4－7の解説2（p 243）を参照。

2 事例の「工事発注書（正契約書）」の取扱い

事例の「工事発注書（正契約書）」には、「下記の条件により、裏面各条項了解の上、発注いたします。」と記載されており、また、表題頭部に「（正契約書）」とうたわれています。

このことから、発注者が見積書及び工事規約等を了解の上、外装工事等を注文する際に、工事会社に提出する発注書兼契約書であることが認められますから、契約書に該当する文書となります。

なお、上記1の「申込書等と表示されている文書の取扱い」においては、規約又は約款等に基づく申込みであることが記載されていて、一方の申込みにより自動的に契約が成立することとなっている場合における当該申込書等は契約書に該当する取扱いとなっていますが、この場合の自動的に契約が成立することとなっているか否かについては実態判断となります。

しかしながら、事例の文書の表題においては「工事発注書（正契約書）」となっており、契約当事者間で契約書として扱っていることが明らかな文書ですので、上記の実態判断は必要のない文書となります。

そして、その記載内容は、ビルのリフォーム（外装・内装等工事）についてのものであり、その契約金額、代金の支払方法等、請負契約に係る重要な事項の記載がなされていますから、第2号文書（請負に関する契約書）に該当し、記載金額は契約金額2,500万円となります。

なお、ビルの外装・内装等工事は、建設業法第2条第1項の「建設工事」に当たりますから、印紙税の税率軽減措置の適用があります（租特法91）。

3 注文書、申込書形式の文書の納税義務者

　事例の文書のように、契約当事者の一方から他方に対して差し入れることになる注文書、申込書形式の文書については、差し入れる文書を作成する注文者、申込者が納税義務者となりますから、注文者である㈱乙商店が納税義務を負うことになります。

　なお、同様な文書であっても、工事の請負者側（事例の甲）の署名（捺印）がされている文書を用いて、注文者（事例の乙）がこれに後から署名（捺印）をして差し入れることとしている場合には、工事の請負者側の下に契約当事者双方の署名（捺印）がされた文書が保管されることとなります。

　この場合には、その文書は共同作成文書となり、工事の請負者甲と注文者乙とが連帯納税義務を負うこととなります。

248　第2章　主な業種別文書実例から学ぶ課否判断と実務対応

5 運送業

事例 5-1　送り状（兼貨物受取書）

《文書の内容》

乙運送㈱は甲製造販売㈱からの依頼により貨物の運送を引き受け、甲製造販売㈱の工場に赴き集荷する際に、次のような送り状（兼貨物受取書）を作成し、従業員が署名又は押印をして交付しています。

送り状（兼貨物受取書）

Ｘ１年　月　日　　　　　　　　　　　　　　　　　　　No.308567

　お届け先　　●●株式会社□□事業所
　発送元　　　甲製造販売株式会社　△△工場

品目No.	品目名	入数	箱数	タイプ	発注No.	摘要
PC－398	○○	24	30	S-6	xxxxxxx	
合　計			30			

　運送会社　乙運送株式会社　　輸送手段　トラック　　便名　xxxxx

　　　　　　　　　　　　　　　　運送会社名　乙運送株式会社

　　　　　　　　　　　　　　　　　　Ｘ１年　月　日

　受取個数　30個　左記貨物受け取りました。　取扱者受領印　　㊞

運賃	中継料	配達料	航空料		小　計	消費税	合　計	摘要
		30,000円			30,000円	3,000円	33,000円	

【運賃1万円未満】

《取扱い》

記載金額３万円の第１号の４文書（運送に関する契約書）に該当し、印紙税額は 200 円です。

《解説》

1　運送に関する契約書の意義

運送に関する契約書とは、運送人が貨物又は旅客の場所的移動を約し、委託者（運送依頼人）がこれに対して報酬（運賃）を支払うことを内容とする契約書をいいます。

（例）貨物輸送契約書、バス貸切り契約書、貨物運送引受書等

なお、運送とは、当事者の一方（運送人）が、物品又は人の場所的な移動を約し、相手（依頼人）がこれに報酬（運送賃）を支払うことを約する契約ですから、それが営業として行われるものだけでなく、たまたま行われるものでも運送となります。

したがって、簡単な文書であっても運送の内容について記載され、これを証明するためのものであれば、第１号の４文書（運送に関する契約書）に該当することになります。

2　送り状に係る取扱い

第１号の４文書（運送に関する契約書）には、送り状は含まれないとされています（課税物件表の第１号文書の定義欄３）。

ここで、運送に関する契約書に含めないこととしている送り状とは、荷送人が運送人の請求に応じて交付する書面で、運送品とともにその到達地に送付され、荷受人が運送品の同一性を検査し、また、着払運賃などその負担する義務の範囲を知るために利用される文書で、一般に「運送状」とも呼ばれているものをいいます。

したがって、その文書の表題が「送り状」、「運送状」などと称する文書であっても、運送品とともに、その到達地に送付されることなく、運送契約の成立を証明するために荷送人に交付されるものは送り状には該当せず、第１号の４文書（運送に関する契約書）として取り扱われるこ

とになります（基通別表第一第1号の4文書の2）。

3 貨物運送に関して作成される文書の取扱い

　貨物運送業者が荷送人から貨物の運送を引き受けた際に荷送人に交付する文書で、その文書に運送物品の種類、数量、運賃、発地、着地等運送契約の成立の事実を証する事実が具体的に記載され、貨物運送引受けの証としているものは、その文書の表題のいかんにかかわらず、第1号の4文書（運送に関する契約書）として印紙税が課税されることになります。

　なお、貨物の運送に関して作成される文書に対する印紙税の取扱いは、おおむね次表のとおりです。

文書の使用方法など	印紙税の取扱い	取扱いの解説
1. 荷送人の控えとして使用するもの	課税されません。 （注）運送に関する契約書として課税されるものがあります。	荷送人の控え又は事務整理のための文書であり、課税されません。 　ただし、これに運送人が運送引受の証として署名又は記名押印したり引受印の押印などをしたりするものは、運送に関する契約書に該当し、2と同様に課税されます。
2. 荷送人に交付するもの（6又は7に該当するものを除きます。）	運送に関する契約書として課税されます。 （注）運送品の受取書として課税されないものがあります。	運送引受の証として交付するものであり、運送に関する契約書として課税されます。 　ただし、荷送人の住所、氏名又は名称、運送品の品名、数量及び荷姿程度の記載内容で、文書の表題その他からみて、運送品の受領事実を証することが明らかなものは、運送品の受取書として課税されません。
3. 運送人の控え又は事務整理のためのものとして使用するもの	課税されません。	運送人の控え又は事務整理のための文書であり、課税されません。

4. 運送品とともに送付するもの	課税されません。	送り状であり、課税されません。
5. 荷受人に交付するもの（6又は7に該当するものを除きます。）	課税されません。	送り状又は運送明細の連絡文書であり、課税されません。
6. 運送賃の請求書として使用するもの	課税されません。 (注) 売上代金に係る金銭の受取書として課税されるものがあります。	運送賃の請求のための文書であり、課税されません。 ただし、これに運送賃の受領事実を証するものは、売上代金に係る金銭の受取書に該当し、7と同様に課税されます。
7. 運送賃の受取書として使用するもの	売上代金に係る金銭の受取書として課税されます。	運送賃の受領事実を証するものであり、売上代金に係る金銭の受取書として課税されます。

4　記載金額の取扱い

　第1号の4文書（運送に関する契約書）の記載金額は、その文書に記載される運送契約の対価としての運賃、料金のすべてをいうものであり、運賃と区分して記載されている集荷料、配達料、有料道路利用料などの料金であっても、運送契約の対価となるものであれば、契約金額（＝記載金額）に含まれます。

　なお、文書を交付する時点では運送料を確定できない場合において、通常の運賃が明らかに1万円未満となる場合に、運賃記載を省力化などのため、運送状などの書類にあらかじめ「運賃1万円未満」と印字し表記している場合が見受けられますが、この場合には、その表記があれば記載金額1万円未満のものとして、非課税文書として取り扱われます。

　ただし、実際の諸料金が文書を交付する時点で判明しており、1万円を超える運賃が文書に記載され交付される場合には、当然にその記載された運賃の金額により、課否の判断が行われることとなります。

5 事例の「送り状（兼貨物受取書）」の取扱い

　送り状（兼貨物受取書）においては、貨物の品名、数量、発送地、お届け先、運賃など、具体的な運送契約の内容が記載証明されている文書で、従業員が署名又は押印の上、荷送人に交付するものです（上記3の表の2. に該当する文書です）から、第1号の4文書（運送に関する契約書）に該当し、記載金額は3万円となります。

　なお、「運賃1万円未満」の表記がありますが、実際の諸料金3万円が記載されて交付されていますので、この金額が記載金額となります。

5. 運送業　253

事例 5-2　送り状控え（荷送人用）

《文書の内容》

　乙運送㈱は甲製造販売㈱からの依頼により貨物の運送を引き受け、甲製造販売㈱の工場に赴き集荷する際に、次のような送り状控え（荷送人用）を作成し、従業員が署名又は押印をして交付しています。

										年　　月　　日		

送り状控え（荷送人用）　　　　　　　　　　　　乙運送株式会社

毎度ご利用いただき　　　　　　　　　　発店＿＿＿＿＿＿＿＿
ありがとうございました。

運賃料金精算方法	元　払

荷受人	住　所			
	氏　名		様　TEL	

荷送人	住　所			
	氏　名　甲製造販売株式会社		様　TEL	

運送品明細	品名及び記事	荷姿	ケース 木 箱 枠 袋 木 木 紙 缶 （　　）	個個個個個個	個数合計		個	重量	kg
								容積	m³
								合計	kg
	運送保険	保　険　金　額	運送品価格	品代金取立金（代引）					
	要　不要	円	円	円					

運送保険、要、不要該当に○を願います。

発送店	集荷人名	窓口又はホーム係員名

（注）　運送会社が荷送人から運送依頼を受けた荷物を受け取った際、従業員が署名又は押印の上、荷送人に交付するものです。

254　第2章　主な業種別文書実例から学ぶ課否判断と実務対応

《取扱い》

　記載金額のない第1号の4文書（運送に関する契約書）に該当し、印紙税額は200円です。

《解説》

1　運送に関する契約書の意義

　※　事例5－1の解説1（p 249）を参照。

2　送り状に係る取扱い

　※　事例5－1の解説2（p 249）を参照。

3　貨物運送に関して作成される文書の取扱い

　※　事例5－1の解説3（p 250）を参照。

4　事例の「送り状控え（荷送人用）」の取扱い

　事例の送り状控え（荷送り人用）においては、貨物の品名、数量、発送地、お届け先など、具体的な運送契約の内容が記載証明されている文書で、運送会社が荷物を確認して荷送人に交付するものです（事例5－1の解説3の表の2.（p 250）に該当する文書です）から、第1号の4文書（運送に関する契約書）に該当します。

　なお、運賃料金の精算方法が元払とのみ記載されているだけで、具体的な運賃等の記載がありませんから、記載金額のない第1号の4文書（運送に関する契約書）に該当します。

　（注）保険金額、運送品価格、品代金取立金（代引）として記載される金額は、運送賃には当たりません。

5. 運送業　255

事例 5-3　貨物受取書

《文書の内容》

　乙運送㈱は甲製造販売㈱からの依頼により貨物の運送を引き受け、甲製造販売㈱の工場に赴き集荷する際に、次のような貨物受取書を作成し、交付しています。

```
                    貨 物 受 取 書
                        （荷主用）              No.

  発　地                                    取扱店
  着　地              年　　月　　日

  請               殿        収　受　金　内　訳
  求                        荷 掛 立 替 金
  先                        運 送 保 険 料

  荷住                殿     自動車運賃  トン  キロ
  受所氏                     その他作業料
  人名

  荷住                殿     保　管　料
  送所氏                     その他料金
  人名                       梱包作業料

  運        個　数    個     コンテナ使用料
  送品      実 重 量    t
          計算重量    t

  保険          円  貨物          号
  金額            引換証           合　　　計

  輸送          km  記　事      本書に記載の貨物正に受け取りました。
  距離                                 月　　　日


  取扱
  者印
```

《取扱い》

　記載金額のない第1号の4文書（運送に関する契約書）に該当し、印紙税は200円です。

《解説》

1 運送に関する契約書の意義

※ 事例5-1の解説1（p 249）を参照。

2 貨物の受取書

　貨物の受領事実のみを証明する目的で作成される「貨物の受取書」は、その文書の記載内容が、荷送人の住所、氏名又は名称、運送品の品名、数量及び荷姿程度の記載内容であれば、運送契約の成立を証するものではなく、これらの記載内容以外の記載事項がない文書は、課税文書には該当しません。

※ 事例5-1の解説3の取扱表（p 250）の2.を参照。

　なお、文書の表題が「貨物受取書」となっていたとしても、文書の表題その他からみて、運送品の受領事実とともに、運賃、発地、着地等運送契約の成立の事実を証することが明らかなものであり、貨物の場所的移動を約し、委託者（運送依頼人）がこれに対して報酬（運賃）を支払うことを内容とするものであれば、第1号の4文書（運送に関する契約書）に該当することとなります。

3 事例の「貨物受取書」の取扱い

　事例の「貨物受取書」は、表題が「貨物受取書」となっていますが、単なる貨物の受取りを証する文書ではなく、貨物の発地、着地、運送賃、荷受人及び荷送人など、運送契約の成立の事実を証する事項が記載されていますから、第1号の4文書（運送に関する契約書）に該当し、運送賃（＝記載金額）に応じた印紙税が課税されます。

（注）「自動車運賃」のほか、収受金の中に運送に係る対価となる金額がある場合には、その金額を含めた金額が運送賃となります。

5. 運送業　　257

事例 5-4　貨物引受書

《文書の内容》

　乙運送㈱は甲製造販売㈱からの依頼により貨物の運送を引き受け、甲製造販売㈱の工場に赴き集荷する際に、次のような貨物引受書を作成し、交付しています。

<table>
<tr><td colspan="4" align="center">貨物引受書</td></tr>
<tr><td colspan="4">　年　月　日</td></tr>
<tr>
<td>発地</td>
<td>着地</td>
<td colspan="2" rowspan="3">お客様へ
毎度ありがとうございます。

　運送保険の申込みをされる場合は、店頭掲示又は携行の約款、料率をご了承の上で、要の文字と保険が5万円以下の貨物は保険金額を○で囲んで下さい。
　㊞のときは保険契約者、被保険者は荷主とします。
事故発生のときは扱店又は扱店に送り状持参の上お申出下さい。
　なお保険不要のときも必ず不要の文字を○で囲んで下さい。</td>
</tr>
<tr>
<td>荷送人　　　　　殿</td>
<td>荷受人　　　　　殿</td>
</tr>
<tr>
<td>住所
電話</td>
<td>住所
電話</td>
</tr>
<tr>
<td>個数　　　　　個</td>
<td>重量　　　才　　kg</td>
<td colspan="2"></td>
</tr>
<tr>
<td>指定</td>
<td>運送
保険　　要・不要</td>
<td colspan="2" rowspan="2">本書に記載の貨物の輸送をお引き受けいたしました。
引受印</td>
</tr>
<tr>
<td rowspan="2">品名</td>
<td>1,2,3,4,5万円</td>
</tr>
<tr>
<td>保険
金額　保険料額×1,000
（ただし、実損限度）</td>
<td colspan="2"></td>
</tr>
<tr>
<td colspan="2">ダンボール（　）木箱（　）缶入（　）
紙　　袋（　）木枠（　）缶袋（　）
紙　　質（　）縄〆（　）</td>
<td>代引金　　　　　円</td>
<td>発送日　　年　月　日</td>
</tr>
<tr>
<td colspan="2"></td>
<td>保険金　　　　　円</td>
<td>貨　物　引　受　書　　元払</td>
</tr>
<tr>
<td colspan="4" align="right">乙　運　送　株　式　会　社</td>
</tr>
</table>

《取扱い》

　記載金額のない第1号の4文書（運送に関する契約書）に該当し、印紙税は200円です。

《解説》

1　運送に関する契約書の意義

　※　事例5−1の解説1（p 249）を参照。

2 貨物の受取書（引受書）など

　貨物の受領事実のみを証明する目的で作成される「貨物の受取書」は、文書の記載内容が、荷送人の住所、氏名又は名称、運送品の品名、数量及び荷姿程度の記載内容である場合には、運送契約の成立を証するものではなく、これらの記載内容以外の記載事項がない文書は、課税文書には該当しません。

　※事例5－1の解説3の取扱表（p 250）の2. を参照。

　なお、文書の表題が「貨物受取書」「貨物引受書」などとなっていたとしても、文書の記載内容が、貨物の場所的移動を約し、委託者（運送依頼人）がこれに対して報酬（運賃）を支払うことを内容とするものであれば、第1号の4文書（運送に関する契約書）に該当することとなります。

3 事例の貨物引受書の取扱い

　事例の「貨物引受書」は、表題が「貨物引受書」となっていますが、単なる貨物の受取りを証する文書ではなく、貨物の発地、着地、運送賃、荷受人及び荷送人、運送保険に係る事項など、運送契約の成立の事実を証する事項が記載されていますから、第1号の4文書（運送に関する契約書）に該当します。

5. 運送業　259

> ## 事例 5-5　定期傭船契約書

《文書の内容》

　内航タンカーの船主である㈱甲汽船と傭船者である乙海運㈱との間
で、次のような契約書を取り交わしています。

定期傭船契約書

　船主㈱甲汽船（以下「甲」という）と傭船者乙海運㈱（以下「乙」と
いう）とは、下記のとおり傭船契約を締結する。

記

第1条（契約事項）

1	船舶表示	□□丸 (3,500.00G/T)
2	傭船期間	傭船開始時より向こう6ヶ月間
3	傭船開始終了場所	開始　○港　▲港間、終了　▲港　□港間
4	傭船開始期日	年　月　日
5	船主甲の通知義務	傭船開始場所及び予定日を　日までに乙に通知
6	航行区域	遠洋区域
7	傭船料	一暦月間　金35,200,000円（内消費税3,200,000円）
8	傭船料支払	傭船月の翌月20日までに甲指定の銀行口座に振込み
9	傭船者乙の通知義務	傭船終了場所及び予定日を　日までに甲に通知

（以下省略）

《取扱い》

　記載金額1億9,200万円の第1号の4文書（運送に関する契約書）に該
当し、印紙税額は10万円です。

《解説》

1　運送に関する契約書の意義

　※　事例5-1の解説1（p 249）を参照。

2　傭船契約書の取扱い

　第1号の4文書（運送に関する契約書）には傭船契約書を含むこととされています（課税物件表の第1号文書の物件名欄4）が、「傭船契約」とは、船舶又は航空機の全部又は一部を貸し切り、これに積載した物品等を運送することを約する契約をいいますが、これには次の方法があり、いずれも傭船契約に当たります（基通別表第一第1号の4文書の4）。

（1）船舶又は航空機の占有がその所有者等に属し、所有者等自ら当該
　　船舶又は航空機を運送の用に使用するもの

（2）船長又は機長その他の乗組員等の選任又は航海等の費用の負担が
　　所有者等に属するもの

　なお、「定期傭船契約」は、船主が一定期間船舶の全部を乗組員付きで定期傭船者に貸し切るとともに、船長使用約款等に基づいて、船長をその期間内定期傭船者の指示の下におく契約です。

　これは、単なる船舶の賃貸借とは異なることから、印紙税法上運送に関する契約に含めることにしており、第1号の4文書（運送に関する契約書）に該当しますが、定期傭船契約書のうち、契約期間が3ヶ月を超え、かつ、傭船の目的物の種類、数量、単価、対価の支払方法等を定めるものは第7号文書（継続的取引の基本となる契約書）にも該当することになります（基通別表第一第1号の4文書の5）。

3　裸傭船契約書の取扱い

　傭船契約書には、裸傭船契約書を含まないとされています（課税物件表の第1号文書の定義欄4）。

　定期傭船契約は、船長その他の乗組員付きで船舶又は航空機を借り受けるのに対し、裸傭船契約は乗組員の付かない船舶又は航空機そのものの賃貸借を内容とする契約です。

　そのため、裸傭船契約書は傭船契約という名称を用いていますが、その実質は不課税文書である賃貸借契約書となりますから、課税物件表の第1号文書の定義欄4で第1号文書には該当しないことを念のため規定

しているものです（基通別表第一第１号の４文書の６）。

４　事例の「定期傭船契約書」の取扱い

　事例の「定期傭船契約書」は、船主㈱甲汽船が一定期間船舶の全部を乗組員付きで貸し付けることを約した契約書であり、第１号の４文書（運送に関する契約書）に該当します。

　また、継続する２以上の傭船契約の基本的な事項を定める契約書でもありますから、第７号文書（継続的取引の基本となる契約書）にも同時に該当します。

　したがって、通則３により所属の決定を行うこととなりますが、契約金額が計算できる（傭船料（月額）3,200万円×６ヶ月＝１億9,200万円）ので、記載金額１億9,200万円の第１号の４文書（運送に関する契約書）に該当することとなります。

〔参考〕

　事例の契約書には、例えば、契約期間のみ定め、傭船料（月額）については「別途覚書で定める」とすれば、この契約書においては契約金額の計算ができないこととなり、記載金額のない契約書となることから、通則３のイの規定により、第７号文書（継続的取引の基本となる契約書）に所属が決定され、4,000円の印紙税負担に抑えることが可能となります。

　また、別途定める「覚書」についても、傭船料（月額）のみ定めるものとし、改めて契約期間を確認記載しないで「原契約書のとおり」と記載すれば、この覚書においてもやはり契約金額の計算ができないこととなり、記載金額のない契約書となることから、通則３のイの規定により、第７号文書（継続的取引の基本となる契約書）に所属が決定され、4,000円の印紙税負担となり、原契約書と２通合わせても8,000円の印紙税負担に抑えることが可能となります。

262　第2章　主な業種別文書実例から学ぶ課否判断と実務対応

事例 5-6 ┃ 備船料協定書

《文書の内容》

内航タンカーの船主である㈱甲汽船と備船者である乙海運㈱との間で、原契約書である「定期備船契約書」において定めていなかった備船料や備船期間などについて取り決め、次のような協定書を取り交わしています。

備船料協定書

船主㈱甲汽船（以下「甲」という）と備船者乙海運㈱（以下「乙」という）とは、X1年○月○日付「内航タンカー定期備船契約書」に基づき、以下のとおり協定する。

　1　船名　　　　　▲▲丸（3,800.00G/T）
　2　備船料　　　　38,500,000円（内消費税3,500,000円）/1月当たり
　3　支払方法　　　甲指定銀行口座振込（備船月の翌月20日まで）
　4　備船期間　　　6ヶ月（X1年4月1日～9月30日）

　　　　　　　　　　　　　　　（以下略）

《取扱い》

記載金額2億1,000万円の第1号の4文書（運送に関する契約書）に該当し、印紙税額は10万円です。

《解説》

1　運送に関する契約書の意義

※　事例5-1の解説1（p 249）を参照。

2　備船契約書の取扱い

※　事例5-5の解説2（p 260）を参照。

3　裸備船契約書の取扱い

※　事例5-5の解説3（p 260）を参照。

4 補充契約書の取扱い

通則5に規定する契約書には「契約の内容の補充」の事実を証すべき文書を含みますので、いわゆる補充契約書も印紙税法上の契約書となり、この「補充」とは、原契約の内容として欠けている事項を補充することをいいます。

この場合の補充契約書は、原契約書が文書化されていたかどうかを問わず、契約上重要な事項を補充するものを課税対象としています(基通18)。

なお、補充契約書の課税物件表における所属の決定は、次の区分に応じ、それぞれ次に掲げるところによります。

（1）原契約が課税物件表の一の号のみの課税事項を含む場合において、当該課税事項の内容のうちの重要な事項を補充する契約書は、原契約と同一の号に所属を決定します。

（例）　売買の目的物のみを特定した不動産売買契約書（第1号文書）について、後日、売買価額を決定する契約書

　　　　⇒　第1号文書

（2）原契約が2以上の号の課税事項を含む場合において、当該課税事項の内容のうちの重要な事項を補充する契約書については、当該2以上の号のいずれか一方の号のみの重要な事項を補充するものは、当該一方の号に所属を決定し、当該2以上の号のうちの2以上の号の重要な事項を補充するものは、それぞれの号に該当し、通則3の規定によりその所属を決定します。

（例）　契約金額の記載のない清掃請負契約書（第2号文書と第7号文書に該当し、所属は第7号文書）の報酬月額及び契約期間を決定する契約書

　　　　⇒　第2号文書

（3）原契約の内容のうちの課税事項に該当しない事項を補充する契約書で、その補充に係る事項が原契約書の該当する課税物件表の号以外の号の重要な事項に該当するものは、当該原契約書の該当する号以外

264 第2章 主な業種別文書実例から学ぶ課否判断と実務対応

の号に所属を決定します。

（例） 消費貸借契約書（第1号文書）に新たに連帯保証人の保証を付す契約書

　　　⇒ 第13号文書

（4）（1）から（3）までに掲げる契約書で、重要な事項以外の事項を補充するものは、課税文書に該当しません。

5 事例の「傭船料協定書」の取扱い

　事例の「傭船料協定書」は、原契約書の「定期傭船契約書」に定めていなかった、傭船料（月額）について取り決めるものであり、原契約書の内容として欠けている事項を補充する補充契約書に当たるものです（通則5）。

　傭船料（月額）を定めることは、第1号の4文書（運送に関する契約書）に係る重要な事項（単価）を定めるものになりますし、また、第7号文書（継続的取引の基本となる契約書）に係る重要事項（継続する2以上の運送取引に係る単価）を定めるものにも同時に該当します。

　したがって、通則3により所属の決定を行うこととなりますが、契約金額が計算できる（傭船料（月額）3,500万円×6ヶ月＝2億1,000万円）ので、記載金額2億1,000万円の、第1号の4文書（運送に関する契約書）に該当することとなります。

〔参考〕

　事例の協定書には、月額傭船料のみを定めることとし、契約期間については原契約書において取り決めておくこととすれば、この協定書においては契約金額の計算ができないこととなり、記載金額のない契約書となることから、通則3のイの規定により、第7号文書（継続的取引の基本となる契約書）に所属が決定され、4,000円の印紙税負担に抑えること（原契約書には記載金額がないため、第7号文書（継続的取引の基本となる契約書）として4,000円の印紙税が課されているとすると、2通合わせても8,000円の印紙税負担に抑えること）が可能となります。

---

5. 運送業　265

事例 5-7　車両賃貸借契約書

《文書の内容》

A運輸㈱と、B㈱との間で、継続的な運送業務の運用に当たり、次のような文書を作成しています。

車両賃貸借契約書

　A運輸株式会社（以下「甲」という）とB株式会社（以下「乙」という）とは、次のとおり車両の賃貸借契約を締結する。

第1条　甲は自己の所有する貸切バス3台をもって、乙の指示に基づき運送業務に従事する。

第2条　乙は甲に対して委託料月額1,650,000円（うち消費税150,000円）を支払うこととし、甲の請求に基づき、預金口座振込みにより翌月10日までに支払うこととする。

第3条　甲は、甲の責めに帰すべき事故により、乙に損害を与えた場合は、乙に対して賠償の責めを負う。

（中略）

第7条　本契約の有効期間は、X1年から向こう1ヶ年とし、契約期間終了1ヶ月前に甲乙から何らかの意思表示なき場合は、自動的に更に1ヶ年更新する。その後においても同様とする。

（以下略）

《取扱い》

　記載金額1,800万円の第1号の4文書（運送に関する契約書）に該当し、印紙税額は2万円です。

《解説》

1　運送に関する契約書の意義

　※　事例5－1の解説1（p 249）を参照。

266　第 2 章　主な業種別文書実例から学ぶ課否判断と実務対応

2　車両賃貸借契約書

　継続的な運送業務を委託する場合、車両の貸切りによる運行契約となるため、「賃貸借契約書」と表記される場合が見受けられますが、その内容をみると単なる乗用車やバスなどを賃貸する契約ではなく、乗用車やバスなどによる貨物又は旅客の運送を約する契約内容となるものがあり、その場合には、運送に関する契約書に該当して課税文書となります。

3　月単位等で契約金額を定めている契約書の記載金額の取扱い

　月単位等で契約金額を定めている契約書で、契約期間の記載のあるものは、その月単位等での契約金額はあくまでも月額単価と評価され、この月額単価に契約期間の月数等を乗じて算出した金額が記載金額となりますが、契約期間の記載のないものは記載金額がないものとなります。

　なお、契約期間の更新の定めがある契約書については、更新前の期間のみを記載金額算出の基礎とし、更新後の期間は考慮しないものとします（基通 29）。

4　事例の「車両賃貸借契約書」の取扱い

　事例の「車両賃貸借契約書」は、表題に車両の賃貸借契約とうたってはいますが、その契約内容をみると、「・・・運送業務に従事する。」としており、第 1 号の 4 文書（運送に関する契約書）に該当するものであり、また、3 ヶ月を超えて継続する運送取引について、単価、対価の支払方法などを定めるものですから、第 7 号文書（継続的取引の基本となる契約書）にも該当するものです。

　そうすると、運送契約に係る記載金額の有無により、所属の決定が分かれることになりますが、事例の文書においては、契約金額（＝記載金額）が算出できます（月額単価 150 万円（165 万円－消費税 15 万円）× 12 ヶ月＝ 1,800 万円）から、運送に関する契約書（第 1 号の 4 文書）に所属が決定されることとなります。

5. 運送業 267

〔参考〕

　事例の契約書には、例えば、契約期間のみ定め、月額の運送委託料については「別途覚書で定める」とすれば、この契約書においては契約金額の計算ができないこととなり、記載金額のない契約書となることから、通則3のイの規定により、第7号文書（継続的取引の基本となる契約書）に所属が決定され、4,000円の印紙税負担に抑えることが可能となります。

　また、別途定める「覚書」についても、月額の運送委託料のみ定めるものとし、改めて契約期間を確認記載しないで「原契約書のとおり」と記載すれば、この覚書においてもやはり契約金額の計算ができないこととなり、記載金額のない契約書となることから、通則3のイの規定により、第7号文書（継続的取引の基本となる契約書）に所属が決定され、4,000円の印紙税負担となり、原契約書と2通合わせても8,000円の印紙税負担に抑えることが可能となります。

268　第 2 章　主な業種別文書実例から学ぶ課否判断と実務対応

事例 5-8　運送契約単価変更覚書

《文書の内容》

　A 運輸㈱と、B㈱との間で、継続的な運送業務の運用に当たり、原契約書で定めていた運送委託料（月額単価）について、次のような変更覚書文書を作成しています。なお、原契約書における契約期間は「X 1 年 4 月 1 日〜X 2 年 3 月 31 日」となっており、異議がなければ、1 年更新する規定となっています。

覚　　書

　A 運輸株式会社（以下「甲」という）と B 株式会社（以下「乙」という）とは、X 1 年○月○日付で締結した車両賃貸借契約書（以下「原契約」という）の一部について、次のとおり覚書を交換する。

第 1 条　原契約第 2 条の月額料金を X 2 年 4 月 1 日より、1 月当たり 1,760,000 円（うち消費税 160,000 円）とする。

第 2 条　適用期間は X 2 年 4 月 1 日より X 3 年 3 月 31 日の 1 年とする。

第 3 条　前条以外の事項については、原契約のとおりとする。

（以下略）

《取扱い》

　記載金額 1,920 万円の第 1 号の 4 文書（運送に関する契約書）に該当し、印紙税額は 2 万円です。

《解説》

1　運送に関する契約書の意義

　※　事例 5 − 1 の解説 1（p 249）を参照。

2　車両賃貸借契約書

　※　事例 5 − 7 の解説 2（p 266）を参照。

5. 運送業　269

3　月単位等で契約金額を定めている契約書の記載金額の取扱い

　※　事例5－7の解説3（p 266）を参照。

4　月額単価を変更する契約書における記載金額の取扱い

（1）契約金額を変更する変更契約書の記載金額は、それぞれ次により
　　ます（通則4ニ、基通30）。

イ　その変更契約書に係る契約についての変更前の契約金額等の記載さ
　　れている契約書が作成されていることが明らかであり、かつ、その変
　　更契約書に変更金額（変更前の契約金額と変更後の契約金額の差額、す
　　なわち契約金額の増減額）が記載されている場合（変更前の契約金額と
　　変更後の契約金額の双方が記載されていることにより変更金額を明らかに
　　できる場合を含みます。）

　　（イ）変更前の契約金額を増加させるものは、その増加額が記載金額
　　　　となります。

　　（ロ）変更前の契約金額を減少させるものは、記載金額のないものと
　　　　なります。

ロ　上記イ以外の変更契約書

　　（イ）変更後の契約金額が記載されているもの（変更前の契約金額と変
　　　　更金額の双方が記載されていることにより変更後の契約金額が計算でき
　　　　るものも含みます。）は、その変更後の契約金額が、その文書の記載
　　　　金額となります。

　　（ロ）変更金額だけが記載されているものは、その変更金額が、その
　　　　文書の記載金額となります。

（2）ところで、月単位等で契約金額を定めている契約書で、契約期間
　　の記載のあるものはその月単位等での契約金額はあくまでも月額単価
　　と評価され、この月額単価に契約期間の月数等を乗じて算出した金額
　　が記載金額となります（契約期間の記載のないものは記載金額がないも
　　のとなります。）。

　　なお、契約期間の更新の定めがある契約書については、更新前の期

270 第2章 主な業種別文書実例から学ぶ課否判断と実務対応

間のみを記載金額算出の基礎とし、更新後の期間は考慮しないものとします（基通29）。

したがって、原契約書の記載金額の判定に当たっては、更新後の期間は考慮されていないことになります。

5 変更契約書の所属の決定

原契約が課税物件表の2以上の号の課税事項を含む場合において、その課税事項の内容のうち重要な事項を変更する契約書については、2以上の号のいずれか一方の号のみの重要な事項を変更するものは、その一方の号に所属を決定し、2以上の号のうちの2以上の号の重要な事項を変更するものは、それぞれの号に該当し、通則3の規定によりその所属を決定することとなります。

6 事例の「覚書」の取扱い

事例の「覚書」は、原契約書において定めていた、運送契約における重要事項（月額単価や契約期間）を変更するものであり、第1号の4文書（運送に関する契約書）に該当することは明らかです（基通17、別表第二「重要な事項一覧表」）。

また、原契約書は、3ヶ月を超えて継続する2以上の運送取引契約の重要事項について、単価（月額単価）や契約期間（適用期間）を変更するものであり、第7号文書（継続的取引の基本となる契約書）にも該当する文書となります（基通17、別表第二「重要な事項一覧表」）。

そうすると、上記5のとおり、通則3の規定により、所属の決定を行うこととなりますが、この場合は契約金額があれば、第1号の4文書（運送に関する契約書）に、契約金額がなければ第7号文書（継続的取引の基本となる契約書）に所属が決定されることとなります。

事例の「覚書」においては、原契約書における契約期間の更新後の期間（X2年4月1日～X3年3月31日）における月額単価を定めるものですから、原契約書の月額単価そのものを変更するものではありません。

したがって、上記4（1）イの取扱いの適用はないこととなり、更新後の期間に係る契約金額（月額単価160万円（176万円－消費税16万円）×12ヶ月＝1,920万円）を定めるものとなりますから、この記載金額の定めのある運送に関する契約書（第1号の4文書）に所属が決定されることとなります。

※　「請負契約書などの月額単価変更契約書の記載金額の取扱い（増額変更の場合）」の表の6、7を（p 38）参照

〔参考〕

　事例の覚書については、例えば、次の文書のように第1条で月額単価を定め、第2条では適用始期のみ定め、適用期間については記載を省略することで、契約金額の計算ができないこととなり、記載金額のない契約書となることから、通則3のイの規定により、第7号文書（継続的取引の基本となる契約書）に所属が決定され、4,000円の印紙税負担に抑えることが可能となります。

覚　　書

　A運輸株式会社（以下「甲」という）とB株式会社（以下「乙」という）とは、X1年〇月〇日付で締結した車両賃貸借契約書（以下「原契約」という）の一部について、次のとおり覚書を交換する。

第1条　原契約第2条の月額料金を、1月当たり1,760,000円（うち消費税160,000円）とする。

第2条　前条の月額料金はX2年4月1日より適用とする。

第3条　前条以外の事項については、原契約のとおりとする。

（以下略）

ソフトウエア業

事例6-1　ソフトウエア等開発委託業務基本契約書

《文書の内容》

甲㈱は、システム開発に関して乙システム㈱との間で、ソフトウエア、コンピュータプログラム、及びそのデータ等の開発を依頼する基本契約を締結しています。

ソフトウエア等開発委託業務基本契約書

甲株式会社（以下「甲」という）と乙システム株式会社（以下「乙」という）とは、ソフトウエア等の開発委託に関して、以下のとおり契約を締結する。

第1条（基本契約と個別契約）

　　本契約は、甲乙間でなされる種々の成果物に関する基本契約である。なお、個別契約に格別の規定がない場合は、本契約条項が適用されるものとする。

第2条（定義）

　　前条の「成果物」とは、甲が企画し、甲が定めた仕様にしたがって、乙が開発した以下の共同成果物をいう。

　　①ソフトウエア②コンピュータプログラム及びそのデータ③画像データ

第3条（納期）

　　乙は、甲乙の協議により定める日までに成果物を乙自ら完成させ納品する。乙は、甲乙の協議により定めた納期を厳守するものとする。

第4条（検収）

　　甲は、乙による成果物の納入後、遅滞なく成果物が甲の定める仕様を充たしているか否かを検査し、結果が合格と認めた場合は、その旨を乙に速やかに通知し、これにより成果物の検収を完了するものとする。

2　前項により成果物が仕様書を充たしていない場合には、乙は遅滞なく補修し、甲の指定する期限までに納入し、再度甲の検収を受けるものとする。

第5条（成果物に関する甲の権利）

　　成果物に関する一切の著作権（翻訳権、翻案権及び二次著作物の利用に関する権利を含む）は、乙より甲に移転されるものとし、乙は以後甲又は甲の指定するものに対して著作者人格権の主張を一切行わないものとする。

第6条（支払条件）

　　甲は、乙より納品を受け検収を完了した成果物の開発代金について、検収完了日の属する月の翌々月末日までに、乙の指定する銀行口座に振り込むものとする。

（中略）

第10条（契約期間）

　　本契約の実施期間はＸ1年4月1日からＸ3年3月31日までとする。

　　なお、期間満了の●ヶ月前までに、甲乙いずれからも解約の申し出がない場合は、更に一年間自動的に延長されるものとし、以後同様とする。

《取扱い》

　　第7号文書（継続的取引の基本となる契約書）に該当し、印紙税額は4,000円です。

《解説》

1　ソフトウエア等の開発業務の委託契約の取扱い

　　ソフトウエア等の開発業務の委託契約は、外部の第三者に開発業務を委託し、完成させることを内容としますが、この契約関係は、業務の完成を受託者に一切任せてしまうのか、委託者の指揮命令によりソフトウエア等の開発を行うのかによって異なってきます。

　　業務の完成を受託者に任せてしまう場合は請負契約となるものであ

274　第2章　主な業種別文書実例から学ぶ課否判断と実務対応

り、一方、委託者の指揮命令の下に、ソフトウエア等の開発業務の作業に携わるものである場合は、人材派遣契約又は委任契約となります。

2　請負契約の意義

　請負契約は、当事者の一方（請負人）が仕事の完成を約し、相手方（注文者）が仕事の完成に対して一定の報酬の支払を約束する契約です（民法632）。

　契約の類型としては、他人の労務を利用することを目的とする労務供給型の契約に分類され、仕事の内容は、有形のもの（建物の建築、物品の製造加工・修理など）だけでなく、無形のもの（商品の運送やシステムの開発など）も含まれますが、いずれにせよ、仕事の完成と報酬との支払が対価関係に立つ契約をいいます。

　請負契約の例としては　各種工事、エレベーター保守、機械等の据付・修理、コンピュータソフトの開発、洋服の仕立て、広告宣伝、音楽の演奏、宿泊、結婚披露宴の引受けなどが挙げられます。

3　著作権等の取扱い

　ソフトウエア等の開発に関しては、成果物に関する権利についての規定が定められる場合があり、成果物の著作権が受託者から委託者に移転するとされている場合には、第1号の1文書（無体財産権の譲渡に関する契約書）に該当することとなります。

　なお、第1号の1文書（無体財産権の譲渡に関する契約書）でいう無体財産権とは、特許権、実用新案権、商標権、意匠権、回路配置利用権、育成者権、商号及び著作権をいい（課税物件表の第1号文書の定義欄2）、著作権とは、著作権法の規定に基づき著作者が著作物に対して有する権利をいいます（基通別表第一の第1号の1文書18）。

　また、無体財産権の譲渡に関する契約書は、無体財産権そのものの権利を他人に譲渡する場合の契約書であり、無体財産権を利用できる権利（実施権又は使用権）を他人に与えたり、その与えられたところの無体財産権を利用できる権利をさらにそのまま第三者に譲渡したりする場合の

契約書は、第1号の1文書（無体財産権の譲渡に関する契約書）には当たらないこととなります。

4　第7号文書（継続的取引の基本となる契約書）の意義

　第7号文書（継続的取引の基本となる契約書）とは、特約店契約書、代理店契約書、業務委託契約書、銀行取引約定書、信用取引口座設定約諾書、保険特約書その他の契約書で、特定の相手方との間で継続的に生ずる取引に適用する基本的な取引条件を定めたもので、令第26条第1号から第5号に定める要件を満たすものをいいます（契約期間が3ヶ月以内で、かつ、更新の定めのないものは除かれます。）。

　同条の第1号の契約書の場合をみると、次の要件をすべて満たすものが第7号文書（継続的取引の基本となる契約書）に該当することになります。

（1）営業者の間における契約であること

（2）売買、売買の委託、運送、運送取扱又は請負のいずれかの取引に関する契約であること

（3）2以上の取引を継続して行うための契約であること

（4）2以上の取引に共通して適用される取引条件のうち目的物の種類、取扱数量、単価、対価の支払方法、債務不履行の場合の損害賠償の方法又は再販売価格のうち1以上の事項を定める契約であること

（5）電気又はガスの供給に関する契約ではないこと

　（例）工事請負基本契約書、エレベーター保守契約書、清掃請負契約書

　したがって、ソフトウエア等の開発委託契約書が、請負契約となる場合で、継続する2以上の取引に係る基本的な取引条件等を定める契約書については、第7号文書（継続的取引の基本となる契約書）にも該当する場合があります。

5　事例の「ソフトウエア等開発委託業務基本契約書」の取扱い

　事例の「ソフトウエア等開発委託業務基本契約書」においては、甲乙

間の種々のソフトウエア、コンピュータプログラム及びそのデータ、画像データ等の開発についての基本的な事項を定めており、この契約による成果物であるソフトウエア等を受託者である乙が自ら開発・完成し、委託者である甲はその成果物の納品を受け、検収の上で開発代金を乙に支払うとされていますから、この契約は請負契約であると認められます。

したがって、第2号文書（請負に関する契約書）に該当します。

また、この契約書は営業者間において、種々の開発物に関する2以上の取引を継続して行うために作成する文書でもあり、令第26条第1号に規定する取引条件のうち、第2条において「目的物の種類」（成果物）を、第7条において「対価の支払方法」を具体的に定めていますから、第7号文書（継続的取引の基本となる契約書）にも該当します。

さらには、第5条において、「成果物に関する一切の著作権（翻訳権、翻案権及び二次著作物の利用に関する権利を含む）は、乙より甲に移転されるものとし、」とされていますから、この契約書は第1号の1文書（無体財産権の譲渡に関する契約書）にも該当することとなります。

以上により、事例の「ソフトウエア等開発委託業務基本契約書」は、第1号の1文書（無体財産権の譲渡に関する契約書）、第2号文書（請負に関する契約書）及び第7号文書（継続的取引の基本となる契約書）とに同時に該当することとなりますが、第1号の1文書と第2号文書に係る契約金額の記載がありませんから、通則3のイの規定により第7号文書（継続的取引の基本となる契約書）に所属が決定されることになります。

したがって、本契約書に係る印紙税額は4,000円となります。

6. ソフトウエア業　277

事例 6-2　プログラム等開発業務委託基本契約書

《文書の内容》

　甲㈱は乙開発㈱との間でコンピュータのプログラム及びそのデータの開発を委託するに当たっての基本的な事項を定める契約書を次のとおり締結しています。

プログラム等開発業務委託基本契約書

　甲株式会社（以下「甲」という）と乙開発株式会社（以下「乙」という）は、第2条に定義する開発物に関して、以下のとおり本契約を締結する。

第1条（基本契約と個別契約）

　本契約は、甲乙間で行われる各種の開発物に関する基本契約であり、個別契約に特段の規定がない場合は本契約中の条項を適用するものとする。

第2条（定義）

　本契約において「開発物」とは、甲が企画し、乙の定めた仕様に従って乙が開発した共同開発物であって、コンピュータプログラム及びこれに付随するデータをいう。

第3条（納期）

　乙は、甲乙の協議により定める日までに開発物を乙自ら完成して納品する。

第4条（検収）

　甲は、乙による納品後、遅滞なく当該開発物が、甲乙の定める仕様を充たしているか否かを検査し、その結果が合格と認められた場合は、その旨を乙に速やかに通知する。

　これにより本件開発物の検収を完了したものとする。

第5条（支払条件）

　甲は、乙より納品を受け検収を完了した本件開発物の代金について、納品日の属する月の末日を締日として、その翌々月末日までに、小切手又は現金にて乙に支払うものとする。

278　第 2 章　主な業種別文書実例から学ぶ課否判断と実務対応

第 6 条（開発物に関する権利）

　　乙から甲に納品された開発物についての著作権は乙に帰属する。

2　乙は甲に納品された開発物について、甲に対して以下の権利を永久的に許諾する。

　①　開発物を独占的に使用・複製する権利

　②　開発物の複製・改変物を独占的に販売する権利

　　　　　　　　　　　（以下略）

《取扱い》

　第 7 号文書（継続的取引の基本となる契約書）に該当し、印紙税額は4,000 円です。

《解説》

1　ソフトウエア等の開発業務の委託契約の取扱い

　※　事例 6 − 1 の解説 1（p 273）を参照。

2　請負契約の意義

　※　事例 6 − 1 の解説 2（p 274）を参照。

3　著作権等の取扱い

　※　事例 6 − 1 の解説 3（p 274）を参照。

4　第 7 号文書（継続的取引の基本となる契約書）の意義

　※　事例 6 − 1 の解説 4（p 275）を参照。

5　事例の「プログラム等開発業務委託基本契約書」の取扱い

（1）この契約書は、甲乙間の各種のコンピュータプログラム及びそのデータの開発についての基本的な事項を定めた契約書ですが、開発物であるコンピュータプログラム及びそのデータを受託者である乙が自ら完成し、委託者である甲はその開発物の納品を受けることにより、開発代金を支払うものであることから、この契約は請負契約であると認められ、第 2 号文書（請負に関する契約書）に該当することとなります。

※　納品された開発物の所有権は委託者である甲に移転することか
　　　ら、完成物の引渡しに対して報酬を支払う契約であり請負契約と認
　　　められます。

（2）また、本契約書は、営業者間において請負に関する2以上の取引
　　を継続して行うために作成する契約書であり、令第26条第1号に規
　　定する取引条件のうち、第2条において「目的物の種類」を、第5条
　　において「対価の支払方法」を具体的に定めていることから第7号文
　　書（継続的取引の基本となる契約書）にも該当することになります。

　　　したがって、いずれかにその所属を決定する必要がありますが、本
　　契約書には第2号文書の課税事項についての契約金額の記載がないこ
　　とから、通則3のイのただし書の規定により、第7号文書に所属が決
　　定され、印紙税額は4,000円となります。

（3）なお、本契約では開発物の著作権は、受託者（著作者）である乙
　　に帰属したままであり、乙は甲に対して開発物の独占複製権等を許諾
　　するにすぎませんから、第1号の1文書（無体財産権の譲渡に関する契
　　約書）には該当しません。

280　第2章　主な業種別文書実例から学ぶ課否判断と実務対応

事例 6-3　システム開発委託契約書

《文書の内容》

　甲㈱は、同社の○○システムの開発を委託するため、乙システム㈱との間で、次のようなシステムの開発を委託する契約書を作成することとしています。

システム開発委託契約書

　甲株式会社（以下「甲」という）と乙システム株式会社（以下「乙」という）は、○○システムの開発の委託に関し、次のとおり契約する。

第1条（契約の目的）

　　甲は乙に○○システムの開発業務を委託し、乙は受託した。

第2条（用語の定義）

　　本契約で使用する用語を以下のとおり定義する。

①　本業務：本契約に基づく○○システムの開発業務

②　成果物：本契約に基づき作成されるもの

③　本プログラム：本契約に基づいて開発されるプログラム

第3条（再委託の許諾）

　　乙は、その責任において、本業務を第三者に再委託することができる。

第4条（成果物の納入）

　　乙は甲に対し、令和○年○月○日までに成果物を納入する。

第5条（検査）

　　甲は、乙による納入後、遅滞なく成果物が、甲の定める仕様を充たしているか否かを検査し、結果が合格と認めた場合は、その旨を乙に速やかに通知する。これにより成果物の検収を完了するものとする。

第6条（対価）

　　甲は乙に対して、本業務の対価として金2億円を成果物が検収を受けた月末の翌月末までに乙の指定する銀行口座に振り込み支払うものとする。

---

6. ソフトウエア業　281

> **第 7 条（プログラム等の権利帰属）**
>
> 　本業務に基づく発明、考案などに関する著作権その他の権利は、発明、考案、著作権などを甲が行った場合は甲に、乙が行った場合は乙に、甲乙共同で行った場合は、甲乙共有（持分均等）に帰属する。
>
> 2　本プログラムに関する著作権及び成果物の所有権は、甲より乙へ第 6 条の対価が完済されたときに乙から甲へ移転する。
>
> （以下略）

《取扱い》

　記載金額 2 億円の第 2 号文書（請負に関する契約書）に該当し、印紙税額は 10 万円です。

《解説》

1　ソフトウエア等の開発業務の委託契約の取扱い

　※　事例 6 - 1 の解説 1（p 273）を参照。

2　請負契約の意義

　※　事例 6 - 1 の解説 2（p 274）を参照。

3　著作権等の取扱い

　※　事例 6 - 1 の解説 3（p 274）を参照。

4　事例の「システム開発委託契約書」の取扱い

（1）事例の「システム開発委託契約書」は、システム開発業務を委託するために作成されるものですが、本契約に基づき開発されるシステムを委託者である甲に納品することにより、その対価の支払を受けるものであることから、このシステム開発委託契約は請負契約であると認められ、第 2 号文書（請負に関する契約書）に該当します。

　　また、第 7 条において本契約により開発されるシステムのうちプログラムについて、その著作権は第 6 条に規定する対価が完済されたときに、乙から甲へ移転することとされていることから、第 1 号の 1 文

書（無体財産権の譲渡に関する契約書）にも該当します。

　したがって、契約金額の記載のない第1号文書と契約金額の記載の
ある第2号文書に該当しますから、通則3のロの規定により第2号文
書に所属が決定され、契約金額（＝記載金額）は2億円ですから印紙
税額は10万円となります。

（2）なお、この契約書は、個別取引の契約書であり、特定の相手方と
の間に継続的に生ずる取引の基本となるもので、令第26条各号の要
件を満たすものではありませんから、事例6－1（p272）及び事例6
－2（p277）とは異なり、第7号文書（継続的取引の基本となる契約
書）には該当しません。

　※　第7号文書（継続的取引の基本となる契約書）の意義については、
　　　事例6－1の解説4（p275）を参照。

6. ソフトウエア業　283

事例 6-4　ソフトウエア保守契約書

《文書の内容》

甲㈱が乙システム㈱に開発を委託して作成されたソフトウエアについて、乙システム㈱にその保守業務を委託する契約です。

ソフトウエア保守契約書

甲株式会社（以下「甲」という）と乙システム株式会社（以下「乙」という）とは、ソフトウエア等の保守業務に関して、以下のとおり契約を締結する。

第1条（目的）

　甲は乙に対してソフトウエアプログラムの保守業務を委託し、乙はこれを有償にて引き受ける。

第2条（対象ソフトウエア）

　保守業務の対象となるソフトウエアプログラムとは、甲乙間にてX1年〇月〇日付で締結されたソフトウエア開発委託契約（以下「原契約」という）に基づき、乙が開発した△△システム（以下「原システム」という）におけるソフトウエアプログラム（以下「本件プログラム」という）をいう。

第3条（保守業務の範囲）

　乙が実施する保守業務（以下「本件業務」という）は以下のとおりとする。

1　第一類の保守業務

①　原契約に基づく乙の保証期間経過後の原システムの稼働不良に関する原因調査・修復及び本件プログラムの修復

②　原契約に基づく乙の保証期間経過後の本件プログラムその他成果物に対する瑕疵の修復

③　電話又はメール文書による本件プログラムの使用に関する甲からの相談に対するサポート

④　甲の使用するハードウエアの変更及びOSの新バージョンに対するサポート

⑤　甲の要員に対する本件プログラムの使用に関するトレーニング

2　第二類の保守業務

①　本件プログラムに対する新たな機能の追加若しくは改造又は甲の要請に基づく機能の変更及び変更後のテスト

②　甲の要請によるハードウェアの変更に伴う作業及びそのテスト

③　前二号における本件プログラムのドキュメント作成

④　本項による保守後の成果物の提供

第4条（保守後の成果物の納入）

乙は甲に対して第3条第2項において乙が作成した保守後の成果物を、甲乙別途協議して決定する期日までに納入する。

第5条（保守料金及び支払方法）

1　乙による第3条の保守義務に係る保守料金は、下記の基準単価に作業時間を乗じて算出して得られる金額とする。

基準単価；　1時間当たり平均時間単価　○，○○○円也

2　甲は乙に対して1により算出して得られた保守料金を、毎月●日締めの翌月●日限りで、乙指定の銀行口座に振り込むものとする。

（中略）

第11条（成果物に関する甲の権利）

成果物に関する一切の著作権（翻訳権、翻案権及び二次著作物の利用に関する権利を含む）は、乙より甲に移転されるものとし、乙は以後甲又は甲の指定するものに対して著作者人格権の主張を一切行わないものとする。

第12条（契約期間）

本契約の実施期間はX1年4月1日からX3年3月31日までとする。

なお、期間満了の●ヶ月前までに、甲乙いずれからも解約の申し出がない場合は、更に一年間自動的に延長されるものとし、以後同様とする。

《取扱い》

第7号文書（継続的取引の基本となる契約書）に該当し、印紙税額は4,000円です。

《解説》

1 保守契約の取扱い

保守契約とは、一定の設備又は機械などを使用する者が、その設備や機械などを常に良好な状態で有効に使用し、かつ、耐久性を維持させる目的で、設備や機械などの保守・管理を専門の業者に委託する契約です。

保守契約は、保守業務を委託された業者に対して、その目的に沿う結果の達成（仕事の完成）が要求されているため、契約類型としては請負契約の性質を有するとみるべきものです。

※　請負契約の意義については、事例 6 － 1 の解説 2 （p 274）を参照。

2 委任契約の取扱い

委任契約は、当事者の一方（委任者）が法律行為をすることを相手方（受任者）に委任し、相手方がこれを承諾することを内容とする契約です（民法 643）。

なお、委任者が受任者に法律行為でない事務を委託する場合は準委任といい、委任に関する規定が準用されます（民法 656）。

委任契約が成立すると、受任者は、契約で定められた事務を処理する義務を負い、「委任の本旨に従い、善良な管理者の注意をもって、委任事務を処理する義務」（善管注意義務）（民法 644）や「委任者の請求があるときは、いつでも委任事務の処理の状況を報告し、委任が終了した後は、遅滞なくその経過及び結果を報告しなければならない」という報告義務等を負います（民法 645）。

報酬については、「受任者は、特約がなければ、委任者に対して報酬を請求することができない」とされていますが（民法 648 ①）、報酬の支払についての特約条項が設けられることがほとんどです。

委任契約は、一般的には、相手方の知識、経験、才能等に基づく契約をいい、その例としては、工事監理、コンサルタント、諸種の調査・研

究、経営指導、診療嘱託の引受けなどが挙げられます。

3　第7号文書（継続的取引の基本となる契約書）の意義

　※　事例6−1の解説4（p 275）を参照。

4　ソフトウエアの保守契約に係る取扱い

　ソフトウエアに係る保守契約については、様々な業務が想定されますが、その契約の内容に応じて、おおむね次のような取扱いとなります。

① 　委任契約となるもの

・プログラムのバージョンアップ情報の提供を行うとするもの
　　⇒　不課税文書

・プログラムに関する質問、問い合わせへの電話、メール、ＦＡＸ等による回答を行うとするもの　⇒　不課税文書

・プログラムの使用方法、使用上の問題点を解決するための技術的相談や、保守要員を派遣しての指導を行うとするもの
　　⇒　不課税文書

② 　請負契約となるもの

・プログラムの瑕疵の修理補修を行うとするもの
　　⇒　第2号文書（請負に関する契約書）

・ソフトウエアの不稼働・稼働不良の場合に、ソフトウエアが正常に稼働するようにその修正又は代替措置を行うとするもの
　　⇒　第2号文書（請負に関する契約書）

③ 　売買契約となるもの

・プログラムの機能を改善した場合に、最新版（バージョンアップソフトウエア）を提供するとするもの
　　⇒　不課税文書

　　なお、複数回のバージョンアップが義務付けられている場合で、令第26条第1号の要件を満たす場合
　　⇒　第7号文書（継続的取引の基本となる契約書）

・マニュアルの更新版を提供するとするもの

⇒　不課税文書

　　なお、複数回のマニュアルの提供が義務付けられている場合で、令第26条第1号の要件を満たす場合

⇒　第7号文書（継続的取引の基本となる契約書）

5　事例の「ソフトウエア保守契約書」の取扱い

（1）事例の「ソフトウエア保守契約書」は、ソフトウエア等の開発委託契約によって、製造されたソフトウエア等の使用者である甲が、そのソフトウエア等の製造者である乙に対して、ソフトウエア等の保守業務を有償で委託するために締結するもので、保守対象ソフトウエア等（第2条）、保守業務の範囲（第3条）、保守料金及びその支払方法（第7条）、契約期間（第12条）を定めています。

（2）本契約書の第3条に規定している保守業務の範囲のうち、第一類の③「電話又はメール文書による本件プログラムの使用に関する甲からの相談に対応するサポート」、④「甲の使用するハードウェアの変更及びOSの新バージョンに対応するサポート」及び⑤「甲の要員に対する本件プログラムの使用に関するトレーニング」の業務については、準委任契約となります。

（3）しかしながら、本契約書の第3条に規定している保守業務の範囲のうち、第一類の①「原契約に基づく乙による保証期間経過後の、原システムの稼働不良に関する原因調査・修復及び本件プログラムの修復」、②「原契約に基づく乙による保証期間経過後の、本件プログラムその他成果物に対する瑕疵の修復」の業務及び第2類①～④に規定する一連の保守業務については、本件プログラム等を常に良好な状態で有効に使用し、かつ、耐久性を維持させる目的に沿う結果の達成（仕事の完成）が要求されているものであり、その仕事の完成に対して報酬を支払うものとなっていますから、請負契約であると認められます。

　　したがって、本契約書は、第2号文書（請負に関する契約書）に該

当します。

（4）また、本契約書には、保守後の成果物の著作権は受託者である乙から甲へ移転することとされていますから（第11条）、第1号の1文書（無体財産権の譲渡に関する契約書）にも該当します。

（5）さらに、本契約書は営業者間において、請負に関する2以上の取引を継続して行うために作成する文書でもあり、令第26条第1号に規定する取引条件のうち、第2条において「目的物の種類」（保守業務）を、第7条において「対価の支払方法」を具体的に定めていますから、第7号文書（継続的取引の基本となる契約書）にも該当します。

（6）以上のとおり本契約書は、第1号の1文書（無体財産権の譲渡に関する契約書）と第2号文書（請負に関する契約書）及び第7号文書（継続的取引の基本となる契約書）とに同時に該当しますが、第1号の1文書（無体財産権の譲渡に関する契約書）と第2号文書（請負に関する契約書）に係る契約金額の記載がありません（契約内容からは単価の記載しかなく、契約金額の算定ができません）から、通則3のイにより第7号文書（継続的取引の基本となる契約書）に所属が決定されることになります。

　したがって、本契約書に係る印紙税額は4,000円となります。

〔参考〕

　本契約書の第5条（保守料金及び支払方法）において、例えば、「月間最低作業時間を●時間とする」といった約定がある場合には、「月間最低作業時間●時間」×「基準単価；1時間当たり平均時間単価〇,〇〇〇円」×「契約期間」により契約金額の算定が可能となります。この場合には、第2号文書（請負に関する契約書）に所属が決定され、記載金額に応じた印紙税が課税されます。

　したがって、契約金額が500万円以下となる場合には印紙税額は2,000円以下となりますから、このような約定とすることで、印紙税負担をやわらげることも可能となります。

6. ソフトウエア業　289

事例 6-5　ソフトウエア OEM 契約書

《文書の内容》

　甲開発㈱は、自社で開発したソフトウエアを㈱乙に提供するに当たり、次のような OEM 取引に関する契約書を取り交わすこととしています。

ソフトウエア OEM 契約書

　甲開発株式会社（以下「甲」という）と、株式会社乙（以下「乙」という）とは、甲の開発に係るコンピュータプログラムの OEM 取引に関し、次のとおり契約する。

第1条（目　的）

　甲は乙に対して、パーソナルコンピュータ用のコンピュータプログラムの複製物（以下「本件プログラム」という）及び本件プログラムに関するマニュアルの原稿（以下「本件マニュアル原稿」という）を継続的に売り渡し、乙はこれを継続的に買い受け、乙の商標を付した上で乙の販売網を通じて顧客に販売する。

第2条（仕　様）

　本件プログラム及び本件マニュアル原稿（以下「本件製品」という）の仕様は、甲乙が別途合意する仕様書に規定する。

第3条（商　標）

　甲は、本件製品及びその梱包等に乙の指示に従って商標を表示した上でこれを乙に引渡すものとする。なお、甲は、前項の本件製品を乙以外の第三者には販売しないものとし、かつ、乙の商標を他の目的には一切使用しないものとする。

第4条（発　注）

　発注は、購入を希望する本件製品の品目、数量及びその納期、納入場所等の条件を記載した甲の認める注文書を甲に提出することで行う。

第5条（売買価格）

　甲及び乙は、別途協議の上本件製品の売買価格を定めるものとす

290   第2章   主な業種別文書実例から学ぶ課否判断と実務対応

る。

第6条（納入、受入検査）

甲は、乙からの注文書に従った本件製品を乙指定の場所に納入するものとし、かかる納入後における本件製品の滅失毀損等の危険負担は、すべて乙が負担する。

乙は、前条による納入後乙指定の検査基準に従い受入検査を行い、その結果を納入日から10業務日以内に甲に通知する。

第7条（売買代金の支払方法）

乙は、毎月20日締めの翌月10日限りで本件製品の売買代金を現金で支払う。

第8条（契約の有効期間）

本契約の有効期間は、本契約締結の日よりX2年3月31日までの1年間とし、期間満了の1ヶ月前までに甲乙いずれかから相手方に対して本契約を終了する旨の書面による通知がなかったときは、本契約は更に1年間自動的に延長されるものとし、以後も同様とする。

《取扱い》

第7号文書（継続的取引の基本となる契約書）に該当し、印紙税額は4,000円である。

《解説》

1 請負契約の意義

※ 事例6－1の解説2（p 274）を参照。

2 著作権等の取扱い

※ 事例6－1の解説3（p 274）を参照。

3 第7号文書（継続的取引の基本となる契約書）の意義

※ 事例6－1の解説4（p 275）を参照。

4 ソフトウエアOEM契約の取扱い

ＯＥＭとは、"Original Equipment Manufactuer" の略であり、Ａ社が製造する製品をＢ社がＢ社のブランドとして販売する取引をいいます。

ソフトウエアのＯＥＭ取引については、ＯＥＭ元（メーカー）が持っ

ているソフトウエアをほぼそのままOEM先に提供してOEM先が自社ブランドとして販売する場合と、OEM元（メーカー）の製品であるソフトウエアをOEM先用にカスタマイズして、OEM先がそれを自社ブランドとして販売する場合とがあります。

　いずれの場合であっても、A社が開発したソフトウエア製品をB社ブランドとしてA社からB社に対して販売する契約となるもので、ソフトウエア製品（物品）の売買契約となるものであり、請負契約には該当しません。

5　事例の「ソフトウエアOEM契約書」の取扱い

（1）事例の「ソフトウエアOEM契約書」は、プログラムの複製物及びマニュアル原稿を、甲から乙へ継続的に販売することを約していますから、これらの製品の売買に関する2以上の取引を継続して行うために作成される契約書で、当該2以上の取引に共通して適用される取引条件のうち第1条において「目的物の種類」を、第8条において「対価の支払方法」を定めていますから、第7号文書（継続的取引の基本となる契約書）に該当し、印紙税額は4,000円となります。

（2）なお、乙から甲に対してプログラムの開発を依頼するものではないことから、第2号文書（請負に関する契約書）には該当しません。

　　また、甲から乙に対してプログラムやマニュアル原稿の著作権その他の無体財産権を譲渡することなどを定めるものでもありませんから、第1号の1文書（無体財産権の譲渡に関する契約書）にも該当しません。

292　第2章　主な業種別文書実例から学ぶ課否判断と実務対応

事例 6-6　サイバーモール出店契約書

《文書の内容》

　甲販売㈱は、契約会員に対する商品販売などのため、乙通信㈱が運営するインターネットを利用したオンラインショッピングのためのサイバーモールを利用するため、次のような出店契約を結んでいます。

サイバーモール出店契約書

　甲販売株式会社（以下「甲」という）と乙通信株式会社（以下「乙」という）は、乙の運営するサイバーモール（以下「モール」という）内において、甲が、商品又はサービスを会員に提供するため、モール上にショップを出店することについて、次のとおりサイバーモール出店契約（以下「本契約」という）を締結する。

第1条（定義）

　　本契約において、次の各号記載の用語は、それぞれ次の意味で使用するものとする。

1　「モール」とは、乙がインターネットの WEB サイト上において商品又はサービスを提供するために必要な機能（オンラインにより受注し、会員管理を行う機能）を持ったシステム全体（ハードウェア及びソフトウエアを含む）をいう。

2　「ショップ」とは、乙のモール上で甲が商品又はサービスを会員に対して提供するバーチャル・ショップをいう。

3　「会員」とは、モールにアクセスし、ショップで商品又はサービスの提供を受けることを乙により承認された、個人又は法人をいう。

4　「商品又はサービス」とは、甲がショップで会員に提供する「物品」、「ソフトウエア」及び「役務」で、第3条に規定の乙による承認を受けた出店申込書に記載されたものをいう。

第2条（契約の対象）

　　乙が甲に提供するモールの機能は、次のとおりとする。

1　商品検索　会員が容易に希望商品を見つけることができる商品検索機能の提供。

2　オンラインによる受注　会員からの甲に対する商品又はサービスの
提供の申込情報の受付、転送。

3　会員管理　モール内で商品を提供した会員をデータベースで管理。

4　情報提供　ショップへのアクセス数、ショップにおける売上データ
等の情報提供。

第3条（提供する商品又はサービス）

　　甲が乙のモールにショップを出店するに当たって、甲は、各号記載
の事項を保証し、契約するものとする。

1　甲がショップ内で提供し、又は提供する予定の商品又はサービス
は、別途甲が乙の提供した出店申込書、又は今後甲が乙に提供し、乙
が承認した修正申込書に記載したものに限ること

2　インターネット上で乙との間で本契約の遂行に必要な諸データの受
け渡しができるシステム環境を有しており、同体制を維持すること

第4条（出店料）

　　甲は、ショップを乙のモールに出店するに当たり、その対価として
下記の費用を乙に支払うものとする。

　　　　初期費用：　　　　　　円

　　　　管理料：　　　　　　円／月

第5条（支払方法）

1　甲は、前条における初期費用を出店時に消費税相当額とともに、乙
の指定する銀行口座に振り込む方法により、乙に対し支払うものとす
る。

2　乙は、前条における管理料について、毎月20日までに前月に係る
金額を書面により甲に対し請求するものとする。これに対し、甲は乙
からの請求書受領月の翌月末日までに当該請求書に係る月額管理料及
びそれらに係る消費税相当額を、乙の指定する銀行口座に振り込む方
法により支払うものとする。

第6条（有効期間）

　　本契約の有効期間は、X1年〇月〇日より1年間とし、期間満了の
1ヶ月前までに甲・乙いずれかが書面による更新拒絶の意思表示をし
ない限り、本契約は同一条件にてさらに1年間を延長するものとし、
以後も同様とする。

《取扱い》

　第7号文書（継続的取引の基本となる契約書）に該当し、印紙税額は4,000円である。

《解説》

1　第7号文書（継続的取引の基本となる契約書）の意義（令第26条第2号関係）

（1）第7号文書（継続的取引の基本となる契約書）とは、特約店契約書、代理店契約書、業務委託契約書、銀行取引約定書、信用取引口座設定約諾書、保険特約書その他の契約書で、特定の相手方との間で継続的に生ずる取引に適用する基本的な取引条件を定めたもので、令第26条第1号から第5号に定める要件を満たすものをいいます（契約期間が3ヶ月以内で、かつ、更新の定めのないものは除かれます。）。

（2）同条の第2号においては、「代理店契約書、業務委託契約書その他名称のいかんを問わず、売買に関する業務、金融機関の業務、保険募集の業務又は株式の発行若しくは名義書換えの事務を継続して委託するために作成される契約書で、委託される業務又は事務の範囲又は対価の支払方法を定めるもの」と規定されています。

　　したがって、同条第2号に該当して第7号文書（継続的取引の基本となる契約書）になるものは、次に掲げる二つの要件を満たすものでなければなりません。

イ　売買に関する業務、金融機関の業務、保険募集の業務又は株式の発行若しくは名義書換えの事務を委託するために作成される契約書であること。

　　なお、「売買に関する業務の委託」とは、売買に関する業務の全部又は一部を包括的に委託することをいいますので、特定の物品等の販売又は購入を委託する「売買の委託」（令26一）とは区別して考えなければなりません。

　　具体的には、販売施設を所有している者が、そこにおける販売業務

を委託する場合、販売店の経営そのものを委託した場合、更には業務の一部である集金業務、仕入業務、在庫管理業務等を委託した場合等がこれに含まれることになります。

ロ　継続して委託される業務又は事務の範囲又は対価の支払方法を定めるものであること。

（例）販売代理店契約書、食堂経営委託契約書、金融業務委託契約書、保険代理店契約書等

（注）令第26条第2号の文書は1号の文書と異なり、「営業者間」における契約でなくても課税対象となります。

※　令第26条第1号の契約書の要件については、事例6－1の解説4（p275）を参照。

2　事例の「サイバーモール出店契約書」の取扱い

インターネットを利用したオンラインショッピングを支援するためのサイバーモールは、リンク集的な窓口機能しか持たないものから、決済の代行などのサービスを提供しているものまでさまざまな形態のものがあります。

事例の「サイバーモール出店契約書」は、サイバーモールの運営会社である乙が、会員からのオンラインによる商品の購入申込みを受け付けてその情報を出店者である甲に対して転送する機能を、出店者である甲に対して提供することを内容としています。

したがって、乙は、単に取引の場所（窓口）を提供しているだけではなく、売買に関する業務の一部（購入申込受付業務）を受託しているものと認められ、令第26条第2号に規定する事項のうち、第2条において委託される業務の範囲を、また、第5条において対価の支払方法を定めているものですから、第7号文書（継続的取引の基本となる契約書）に該当し、印紙税額は4,000円となります。

296　第2章　主な業種別文書実例から学ぶ課否判断と実務対応

事例 6-7　バナー広告掲載契約書

《文書の内容》

　　乙システム㈱はインターネットのホームページ上でのバナー広告を管理・運営しており、甲販売㈱から広告を受託した際に次のような契約書を取り交わしています。

バナー広告掲載契約書

　甲販売株式会社（以下「甲」という）と乙システム株式会社（以下「乙」という）とは、以下のとおりバナー広告の掲載契約を締結する。

第1条（目的）

　　甲は、規定に基づき、乙に対し○○バナー広告に広告を掲載することを委託し、乙は、○○バナー広告掲載規定（以下「規定」という）に基づき、甲から委託された広告を掲載する。

第2条（掲載期間）

　　　自：X1年4月1日　至：X1年9月30日

第3条（掲載場所及びサイズ）

　掲載場所：　　　　　　　　　　掲載サイズ：

第4条（掲載料金）

　　掲載料金は月額金100,000円とし、6ヶ月合計金600,000円とする。

第5条（支払条件）

　　甲乙の掲載契約が成立した日より■日以内に、掲載料金合計の全額、又は、分割払い指定の場合は初回支払金額を、乙は、甲の指定する銀行口座に振り込む。

　　分割払い指定の場合、2回目以降は、翌月より、各月　　限り振り込むものとする。

　　　　　　　　　　　（以下略）

---

6. ソフトウエア業　297

《取扱い》

第2号文書（請負に関する契約書）に該当し、印紙税額は200円となります。

《解説》

1　広告契約の取扱い

広告契約は、広告という仕事を行い、それに対して報酬を支払う契約ですから請負契約に該当し、広告契約書は第2号文書（請負に関する契約書）に該当することになります。

また、営業者間において将来行われる2以上の広告について共通して適用される取引条件（数量、単価、対価の支払方法など）を定めるものは、第7号文書（継続的取引の基本となる契約書）にも該当しますが、この場合には、通則3のイの規定によって所属を決定することになります（基通別表第一第2号文書の12）。

※　請負契約の意義については、事例6-1の解説2（p 274）を参照。

※　第7号文書（継続的取引の基本となる契約書）の意義については、事例6-1の解説4（p 275）を参照。

2　バナー広告について

インターネット上で行われるWEB広告には、バナー広告をはじめ、メールマガジン広告や音声や動画を取り入れたリッチメディア広告などさまざまな形態のものがありますが、一定の金額で一定の期間の広告を約することを内容とする契約は、広告契約（請負契約）となりますから、上記1のとおり第2号文書（請負に関する契約書）又は第7号文書（継続的取引の基本となる契約書）に該当します。

3　事例の「バナー広告掲載契約書」の取扱い

（1）事例の「バナー広告掲載契約書」は、インターネット上で行われる広告を受託し、これに対して広告主が広告の対価を支払う内容となっていますから、第2号文書（請負に関する契約書）に該当します。

また、広告の掲載期間6ヶ月間の掲載料金が記載されていますので、これが本契約書の記載金額となりますから、記載金額60万円の第2号文書に該当し、印紙税額は200円となります。

（2）なお、この契約書では、一つの広告を掲載期間中取り扱うものですから、2以上の広告取引に係る契約書とはなりませんので、第7号文書（継続的取引の基本となる契約書）には該当しません（令26一）。

〔参考〕

事例の「バナー広告掲載契約書」が2以上の広告を取り扱う契約書であった場合に、第7号文書（継続的取引の基本となる契約書）にも同時に該当することとなる場合があります。

契約期間中の広告の掲載料金が記載されている場合（契約書上で算定できる場合を含みます。）は、この金額が請負契約に係る契約金額となりますから、この場合には、通則3のイの規定により、その所属（号別）を判定することとなります。

したがって、契約金額の記載がある場合（契約書上で契約金額が算定できる場合を含みます。）には、第2号文書（請負に関する契約書）に所属が決定され、記載金額に応じた印紙税が課されることになります。

一方で、契約金額の記載がない場合（契約書上で契約金額が算定できない場合を含みます。）には、第7号文書（継続的取引の基本となる契約書）に該当し、4,000円の印紙税が課税となります。

6. ソフトウエア業　299

事例 6-8　プログラム著作権譲渡契約書

《文書の内容》

　プログラム開発業者の甲システム㈱が所有するプログラム著作権等を、乙㈱に譲渡することを約するために作成する契約書です。

プログラム著作権譲渡契約書

　甲システム株式会社（以下「甲」という）と、乙株式会社（以下「乙」という）とは、甲の所有に係るプログラム著作権等を乙に譲渡するに当たって、次のとおり契約する。

第1条（目　的）

　　甲は乙に対して、甲の所有に係る別紙プログラム目録記載のプログラム（以下「本件プログラム」という）及び別紙関連資料目録記載の関係資料（以下「本件関連資料」という）に関する著作権（著作隣接権を含む）（以下「本件著作権」という）を譲渡する。

第2条（本件著作権の譲渡及び対価）

　①　甲は乙に対して、本件プログラム及び本件関連資料の複製物を乙の指示に従って納入する。

　②　本件著作権の譲渡の対価は、金700万円とする（消費税別）。

第3条（登　録）

　①　甲は乙のために、本件著作権の移転登録申請を行う。

　②　前項の登録申請費用は、甲が全額負担する。

第4条（著作者人格権）

　①　乙は、甲が本件プログラム及び本件関連資料の著作者であり著作者人格権を有することを確認する。

　②　甲に帰属する著作者人格権が第三者により侵害された場合に、乙からの請求により、甲は当該侵害者に対し著作者人格権を行使する。

（以下略）

《取扱い》

　第1号の1文書（無体財産権の譲渡に関する契約書）に該当し、印紙税

額は1万円となります。

《解説》

1　著作権等の取扱い

　ソフトウエア等の開発に関しては、成果物に関する権利についての規定が定められる場合があり、成果物の著作権が受託者から委託者に移転するとされている場合には、第1号の1文書（無体財産権の譲渡に関する契約書）に該当することとなります。

　　※　第1号の1文書（無体財産権の譲渡に関する契約書）の意義については、事例6-1の解説3（p 274）を参照。

2　事例の「プログラム著作権譲渡契約書」の取扱い

（1）事例の「プログラム著作権譲渡契約書」は、プログラムやその関連資料に係る著作権（著作隣接権を含む）を譲渡する内容となっており、第1号の1文書（無体財産権の譲渡に関する契約書）に該当しますので、契約金額に応じた印紙税が課税されることとなります。

　　なお、ここでいう無体財産権とは、特許権、実用新案権、商標権、意匠権、回路配置利用権、育成者権、商号及び著作権をいい（課税物件表の第1号文書の定義欄2）、著作権とは、著作権法の規定に基づき著作者が著作物に対して有する権利をいいます（基通別表第一の第1号の1文書の18）。

（2）なお、第4条で規定する「著作者人格権」とは、著作者の一身に専属する権利で、著作物の公表について決定することのできる権利（公表権）、著作物に著作者名の表示を付するかどうか等を決定することのできる権利（氏名表示権）及び著作物の同一性を保持するための権利（同一性保持権）の三種類の権利が著作権者に認められています（著作権法18～20）が、著作者人格権は譲渡することができないこととされています（著作権法59）。

　　この、著作者人格権に関する定めは印紙税法上の課税事項とはなりません。

6. ソフトウエア業　　301

事例 6-9　作業単価確認書

《文書の内容》

　乙商事㈱では、事務の省力化、合理化を目指し、本支店間をネットで結ぶ新システムを段階的に構築していくためのシステム開発の基本契約をソフトウエアメーカーである甲電子㈱との間で締結していますが、このほど基本契約では決まっていなかったプログラム開発の一連の作業単価について協議が整ったことから、甲電子㈱との間で次のような確認書を取り交わすこととしています。

作 業 単 価 確 認 書

　甲電子株式会社（以下甲という）と株式会社乙商事株式会社（以下乙という）との間に締結したＸ１年○月○日付取引基本契約書に基づき、次のとおり作業単価を確認する。

　　件名　　　　　○○受注システム
　　確認書番号　　463 － 78940 － 02
　　契約期間　　　Ｘ１年○月○日～Ｘ２年○月○日

業務内容	工数	単価
基本業務		
第１工程	3.25	@ 4,000,000 円
システム基本設計支援	0.25	
システム詳細設計支援	0.50	
プログラム設計	1.25	
プログラム製造	0.75	
コーディング・ユニットテスト	0.25	
コーディング・ユニットテスト（Ｂ）	0.25	
第２工程	3.25	@ 4,000,000 円
システム基本設計支援	0.25	
システム詳細設計支援	0.50	
プログラム設計	1.25	
プログラム製造	0.75	
コーディング・ユニットテスト	0.25	
コーディング・ユニットテスト（Ｂ）	0.25	
第３工程	3.25	@ 4,000,000 円
システム基本設計支援	0.25	

システム詳細設計支援	0.50
プログラム設計	1.25
プログラム製造	0.75
コーディング・ユニットテスト	0.25
コーディング・ユニットテスト（B）	0.25

《取扱い》

　記載金額3,900万円の第2号文書（請負に関する契約書）に該当し、印紙税額は2万円です（軽減税率の適用はありません。）。

《解説》

1　変更・補充契約書の取扱い

　印紙税法上の契約書には、契約内容の変更又は補充の事実を証明する目的で作成する文書も含まれます。契約の変更とは、原契約の同一性を失わせないでその内容を変更するものをいい（基通17）、原契約と同一性を失わせるような変更は更改契約書であって変更契約書とはなりません。

　また、契約の補充とは、原契約の内容として欠けている事項を補充することをいいます（基通18）。なお、変更契約書又は補充契約書のうち、課税となるのは、「重要な事項の一覧表」（基通別表第二）に記載されている事項を変更又は補充するものをいいます。

〔参考1〕

　第2号文書（請負に関する契約書）の「重要な事項」は次の事項です（基通別表第二「重要な事項の一覧表」）。
（1）請負の内容
（2）請負の期日又は期限
（3）契約金額
（4）取扱数量
（5）単価
（6）契約金額の支払方法又は支払期日
（7）割戻金等の計算方法又は支払方法

（8）契約期間

（9）契約に付される停止条件又は解除条件

（10）債務不履行の場合の損害賠償の方法

〔参考2〕

　第7号文書（継続的取引の基本となる契約書）の「重要な事項」は次の事項です（基通別表第二「重要な事項の一覧表」）。

（1）令第26条各号に掲げる区分に応じ、当該各号に掲げる要件

※　同令第26条1号に掲げる要件　⇒　売買、売買の委託、運送、運送取扱い又は請負に関する2以上の取引に共通して適用される取引条件のうち、次のいずれかを定めるもの

①　目的物の種類

②　取扱数量

③　単価

④　対価の支払方法

⑤　債務不履行の場合の損害賠償の方法

⑥　再販売価格

（2）契約期間（原契約の基本契約書を引用して契約期間を延長するものに限るものとし、当該延長する期間が3ヶ月以内であり、かつ、更新に関する定めのないものを除きます。）

2　変更契約書又は補充契約書の課税物件表における所属の決定

　変更契約書又は補充契約書の課税物件表における所属の決定は、次の区分に応じ、それぞれ次に掲げるところによります（基通17、18）。

（1）原契約が課税物件表の一の号のみの課税事項を含む場合において、当該課税事項のうちの重要な事項を変更又は補充する契約書については、原契約と同一の号に所属を決定します。

（2）原契約が課税物件表の2以上の号の課税事項を含む場合において、当該課税事項の内容のうち重要な事項を変更又は補充する契約書については、当該2以上の号のいずれか一方の号のみの重要な事項を

変更又は補充するものは、当該一方の号に所属を決定し、当該2以上の号のうちの2以上の号の重要な事項を変更又は補充するものは、それぞれの号に該当し、通則3の規定によりその所属を決定します。

（3）原契約の内容のうちの課税事項に該当しない事項を変更又は補充する契約書で、その変更又は補充に係る事項が原契約書の該当する課税物件表の号以外の号の重要な事項に該当するものは、当該原契約書の該当する号以外の号に所属を決定します。

（4）（1）から（3）までに掲げる契約書で重要な事項以外の事項を変更又は補充するものは、課税文書に該当しません。

3　事例の「単価確認書」の取扱い

（1）事例の「単価確認書」は、原契約である基本契約書に記載のなかった請負契約単価を補充する文書となるものであり、第2号文書及び第7号文書に係る重要事項の「単価」を補充するもの（2以上の号の重要な事項を補充するもの）となりますから、上記2（2）の取扱いが適用されますので、それぞれの号に該当し、通則3の規定によりその所属を決定することとなります。

　※　変更契約書又は補充契約書の所属決定は、原契約書の所属決定において決定された号のいかんにかかわらず、その変更契約書又は補充契約書の記載内容に応じて、改めて行うことになります。

　　　そうすると、この場合には、第2号文書に係る記載金額の有無が所属決定の決め手となります。

（2）事例の単価確認書においては、「工数」と「単価」とが記載されており、「工数」に「単価」を乗ずることにより、次のとおり全体の対価の計算ができますから、契約金額が記載された契約書となります。

　　　〈工数3.25×＠400万円×3工程＝3,900万円〉

　　　したがって、第2号文書（請負に関する契約書）に所属が決定されることになります。

6. ソフトウエア業　305

事例 6-10　保守条項を含む電子計算機等賃貸借契約書

《文書の内容》

　㈱甲システムでは、新物流システムの本格稼動のため、電子計算機等のハード機器の調達についてリース方式によることとし、リース事業者である乙リース㈱との間で、次のような賃貸借契約書を取り交わします。

電子計算機の賃貸借契約書

　株式会社甲システム（以下「甲」という）と乙リース株式会社（以下「乙」という）とは、丙機器販売㈱（以下「メーカー」という）製造に係る乙所有の電子計算機（以下「装置」という）の賃貸借に関し、次のとおり契約を締結する。

1. 機種名及び数量：
2. 賃　貸　料：　月額　　　　　　　　円
3. 使　用　時　間：　1ヶ月　　　　時間
4. 引渡完了予定日：　X1年　　月　　日
5. 据　付　場　所：

（契約の趣旨及び装置の定義）

第1条　乙の甲に対する装置の賃貸については、この契約条項による。

（中略）

（装置の保守）

第8条　乙は装置が正常に作動するよう、乙の負担において、装置の調整、修理又は部品の交換等所要の保守を行う。なお、装置が正常に作動しない場合は、乙は誠意をもって所要の保守を行うこととするが、この場合の甲の損失に対して乙はその責を負わないものとする。

2　乙は前項の保守をメーカーに委託して行う。

3　装置の定期保守は、原則として、メーカーの通常の就業時間内に行う。

4　装置の保守に関連する費用で次の各号に定めるものは甲の負担とする。

イ 甲の申出により通常の保守基準を超えて行った保守の費用
ロ メーカーの通常の就業時間外に行った定期保守の費用
ハ 甲の故意又は過失により生じた装置の調整，修理又は部品の交換等に要する費用
ニ 第1項及び前各号の作業に当たり必要とする用役費用
　　　　　　　　　　　　　（以下略）

《取扱い》

　課税文書には該当しません（第2号文書（請負に関する契約書）には該当しません。）

《解説》

1　物品の賃貸借契約書の取扱い

　印紙税法においては、賃貸借契約のうち、土地が賃貸借の目的物である場合に限り、第1号の2文書（地上権又は土地の賃借権の設定に関する契約書）として課税の対象（課税文書）とされています。

　したがって、賃貸借の目的物が土地以外のもの、例えば建物や構築物、機械・装置あるいはその他の物品である場合の賃貸借契約書は、課税文書とはなりません（平成元年3月31日までは賃貸借に関する契約書として課税文書となっていましたが、平成元年4月1日からは課税が廃止されています。）。

2　請負契約の意義

　※　請負契約の意義については、事例6－1の解説2（p274）を参照。

3　保守契約の意義

　※　保守契約の意義については、事例6－4の解説1（p285）を参照。

　機械などの保守契約は、無形の仕事の完成を約するものですから、請負契約となります。

したがって、電子計算機などの保守契約については、請負契約に該当することとなります。

4　事例の「電子計算機の賃貸借契約書」の取扱い

（1）事例の「電子計算機の賃貸借契約書」は、電子計算機等の装置についての賃貸借契約であり、物品の賃貸借契約となるものですから、この契約事項は印紙税法における課税事項には当たりません（第7号文書（継続的取引の基本となる契約書）の課税事項にも該当しません。）ので、不課税文書となります。

（2）なお、第8条において装置の保守についての規定がありますが、これは、請負契約となる電子計算機の保守について定めたものではなく、民法606条第1項《賃貸人の修理義務》とその免責範囲を定めたものですから、第2号文書（請負に関する契約書）には該当しません。

（3）ただし、賃貸人（乙リース㈱）が、賃貸物件に係る自らの修理義務を果たすために、メーカー（丙機器販売㈱）に装置の保守業務を委託する場合において、賃貸人とメーカーとの間で「保守業務委託契約書」を取り交わす際の、その契約書については、原則として第2号文書（請負に関する契約書）に該当することとなりますから、留意が必要です。

7 金融業

事例 7-1 受入通知書

《文書の内容》

　甲銀行㈱では、担当外務員が顧客から定期預金や普通預金等への入金のために現金等を預かった際に、次のような文書を作成し、顧客に交付しています。

```
                    受入通知書
                                    No.
                                    X1年 ● 月 ● 日

氏名  △△△△      殿   甲銀行    担当者印

内容  定期 積金 通知 ⟦普通⟧ 当座      ⟦現金⟧ 有価証券
      納税 別段 手形貸付金 その他          金額      ¥40,000-
      （摘要）
      0343101               内訳  通貨      ¥40,000-
                                  諸手形
                                        枚

ご注意
1. この受入通知書は金額、内容を記入の上当組合担当者の証印を押して交付します。
2. この受入通知書は表記処理が完了するまでの受取りの証です。したがって、この受入通知書ではご預金支払の取扱いはいたしません。
3. この受入通知書は表記処理が完了しました上は、以後無効とします。
4. 万一、当組合処理事項にご不審の点がありましたら、直ちにご照会ください。
5. この受入通知書は質入、譲渡はできません。
```

（注）「内容」欄の（摘要）欄の数値は、預金口座番号です。

《取扱い》

　第 14 号文書（金銭の寄託に関する契約書）に該当し、印紙税額は 200円です。

《解説》

1　第 14 号文書（金銭又は有価証券の寄託に関する契約書）の意義

　当事者の一方（受寄者）が相手方（寄託者）のために物（受寄物）を保管することを約する契約（寄託契約）の成立等の事実を証する契約書で、受寄物が金銭又は有価証券であるものをいいます。

　（例）（金銭）保護預り証書、（金銭）預り証、株券預り証等

　寄託契約については、民法第 657 条《寄託》以下に定められているところですが、同法第 666 条《消費寄託》に定める消費寄託もこれに含めることにしています（基通別表第一第 14 号文書の 1）。

　消費寄託契約とは、受寄者が受寄物を消費することができ、これと同種、同等、同量の物を返還すればよい寄託で、銀行預金はその代表的なものです。

　印紙税法では、寄託契約のうち、金銭と有価証券の寄託契約書だけを課税することとしており、物品の寄託契約書は課税文書とはなりません。

　なお、預金証書・貯金証書は第 8 号文書となり、第 14 号文書（金銭又は有価証券の寄託に関する契約書）には該当しません。

2　金融機関の外務員が作成する預り証等の取扱い

　金融機関は金銭を預かること（金銭の寄託）を主要な業務としていますが、金融機関の外務員などが得意先から金銭を預かった際に、「預り証」などを作成して得意先に交付する場合があります。

　この場合の「預り証」などについては、その記載文言から金銭の寄託を証明することが明らかなものは、第 14 号文書（金銭の寄託に関する契約書）として取り扱われます。

　しかしながら、寄託物である金銭の受領事実のみを証明目的とするも

のは、第 17 号文書（金銭の受取書）として取り扱われます（基通別表第一第 14 号文書の 2）。

この場合、第 14 号文書に該当するか、第 17 号文書に該当するかの判断区分は、おおむね次のとおりとされています。

（1）第 14 号文書（金銭の寄託に関する契約書）とされるもの

イ 「預り証」、「預金取次票」、「入金受付票」などとして交付する文書で、金銭の寄託を証明する目的で作成されると認められる名称を用いており、かつ、預金として金銭を受け入れたことが文書上で明らかな文書

ロ 「受取書」、「受領証」などとして交付する文書で、受託文言、口座番号、預金期間等、寄託契約の成立に結びつく事項が記載されている文書

　（注）「預り証」、「入金取次票」、「入金受付票」などの名称が付されていても、金額のみの記載しかなく（受託文言、口座番号、預金期間等、寄託契約の成立に結びつく事項の記載がなく）、文書上預金の預りであることが明らかにできないものは、第 17 号の 1 文書（売上代金に係る金銭の受取書）となります（課税物件表の第 17 号文書の定義欄参照）。

（2）第 17 号文書（金銭の受取書）とされるもの

イ 「受取書」、「領収書」などと題して、金銭の受領事実のみを証明する目的で作成される文書

　　なお、金銭の受領事実のほかに、単に預金の種類が記載されているものは、第 17 号文書として取り扱われます。

　（注）1　受取金額が 5 万円未満の文書は非課税となります。

　　　　2　信用金庫等の会社以外の法人で、法令の規定等により利益金又は剰余金の配当又は分配のできる金融機関が、その出資者に交付する受取書は、営業に関しないものとして非課税文書となります。

ロ 上記（1）ロの（注）書の「預り証」、「入金取次票」、「入金受付票」などの文書で、文書上預金の預りであることが明らかにできない文書

3 事例の「受入通知書」の取扱い

　事例の「受入通知書」は、銀行の外務員担当者が、預金のための金銭40,000円を、預金者から預かった際に、普通預金（口座番号0343101）への入金のために預かったことを証するために預金者に対して交付する文書であることが認められます。

　したがって、単に金銭の受領事実のみを証するものではなく、金銭の消費寄託を証するための文書となりますから、第14号文書（金銭の寄託に関する契約書）に該当することとなります。

　そして、第14号文書（金銭の寄託に関する契約書）には、非課税規定がありませんから、5万円未満の金銭の受領となるものであっても、課税文書に該当することから、印紙税が200円課税されることとなります。

312　第2章　主な業種別文書実例から学ぶ課否判断と実務対応

事例7-2　仮預り証

《文書の内容》

　甲農協では、担当外務員が得意先を訪問して、貯金のための金銭など
を受け入れた際に、次のような文書を作成し、交付しています。

仮預り証

No 234

X1年 ● 月 ● 日

△△　　△△ 殿	金　　額		￥230,000 -
	現　金		￥230,000 -
毎度ありがとうございます。	内	当店券	枚
右記金額正にお受け取りしました。	訳	他店券	枚
		その他	枚

（備考）

定期預金として

甲農業協同組合

取扱者

《取扱い》

　第17号の2文書（金銭の受取書）に該当し、印紙税額は200円です。

《解説》

1　会社以外の法人で、利益金又は剰余金の配当又は分配のできる法人とは

　第17号文書（金銭又は有価証券の受取書）においては、営業に関しない受取書は非課税文書とされています。

　この営業に関しない受取書の中には、会社以外の法人で、利益金又は剰余金の配当又は分配のできる法人がその出資者との間で作成する受取

書も含まれています。

この場合の「会社以外の法人で、利益金又は剰余金の配当又は分配のできる法人」には、おおむね次に掲げる法人が該当します（基通別表第一第17号文書の21）。

① 貸家組合、貸家組合連合会
② 貸室組合、貸室組合連合会
③ 事業協同組合、事業協同組合連合会
④ 事業協同小組合、事業協同小組合連合会
⑤ 火災共済協同組合、火災共済協同組合連合会
⑥ 信用協同組合、信用協同組合連合会
⑦ 企業組合
⑧ 協業組合
⑨ 塩業組合
⑩ 消費生活協同組合、消費生活協同組合連合会
⑪ 農林中央金庫
⑫ 信用金庫、信用金庫連合会
⑬ 労働金庫、労働金庫連合会
⑭ 商店街振興組合、商店街振興組合連合会
⑮ 船主相互保険組合
⑯ 輸出水産業協同組合
⑰ 漁業協同組合、漁業協同組合連合会
⑱ 漁業生産組合
⑲ 水産加工業協同組合、水産加工業協同組合連合会
⑳ 共済水産業協同組合連合会
㉑ 森林組合、森林組合連合会
㉒ 蚕糸組合
㉓ 農業協同組合、農業協同組合連合会
㉔ 農事組合法人

314　第 2 章　主な業種別文書実例から学ぶ課否判断と実務対応

㉕　貿易連合

㉖　相互会社

㉗　輸出組合（出資のあるものに限ります。）、輸入組合

㉘　商工組合、商工組合連合会

㉙　生活衛生同業組合、生活衛生同業組合連合会

※　ここに掲げる法人以外の法人については、当該法人に係る法令の規定又は定款の定めにより判断する必要があります。

　したがって、これらの法人が、その出資者との間で作成する受取書が営業に関しない受取書として非課税文書とされますが、出資者以外の者との間で作成する受取書は課税文書となります。

　なお、事例の「仮預り証」の作成者である「甲農協」は上記㉓の「会社以外の法人で、利益金又は剰余金の配当又は分配のできる法人」に該当することとなります。

2　金融機関の外務員が作成する預り証等の取扱い

　※　事例 7 - 1 の解説 2 （p 309）を参照。

3　事例の「仮預り証」の取扱い

（1）事例の「仮預り証」は、農協の担当外務員が、得意先を訪問して、貯金のための金銭などを預かった（受け入れた）際に、作成される文書（金銭の受取書）です。

　そして、その文書上で、その金銭の受入れが、預金としての預りであることが明らかな場合には、第 14 号文書（金銭の寄託に関する契約書）に該当することとなりますが、単なる金銭の預り事実のみの記載であるものは、第 17 号文書（金銭の受取書）として取り扱われることとなります。

　事例の「仮預り証」においては、「定期預金として」という文言の記載がありますが、具体的な口座番号等の記載はなく、単に預金の種類が記載されているものですから、第 14 号文書（金銭の寄託に関する契約書）に該当せず、第 17 号文書（金銭の受取書）に該当するものと

して取り扱われます（事例7－1の解説2（p 309）の（2）イに該当します。）。

　なお、受け取る金銭は売上代金ではないことから、第17号の2文書となります。

（2）第17号文書（金銭の受取書）に該当する場合には、次に、上記1に記載のとおり「営業に関しない受取書」として非課税文書に該当するか否かの判定を要することとなります。

　事例の「仮預り証」の交付先となる得意先が、甲農協の出資者に該当しない者である場合は、農協とその出資者以外の者との間で作成する文書（金銭の受取書）に該当し、「営業に関しない受取書」とはならないことから、課税文書となります。

　一方、事例の「仮預り証」の交付先となる得意先が、甲農協の出資者に該当する者である場合は、農協とその出資者との間で作成する文書（金銭の受取書）に該当し、「営業に関しない受取書」に該当することとなり、非課税文書となります。

316　第 2 章　主な業種別文書実例から学ぶ課否判断と実務対応

事例 7-3　保証審査結果通知書

《文書の内容》

　甲総合信用㈱では、金融機関と顧客との間の金銭消費貸借契約に関して、金融機関から保証の申込みがあった際、金融機関に対して次のような文書を交付しています。

<table>
<tr><td colspan="6" align="center">保証審査結果通知書</td></tr>
<tr>
<td rowspan="2">審査年月日

年　　月　　日</td>
<td rowspan="2">申込人氏名</td>
<td rowspan="2"></td>
<td rowspan="2">金融機関</td>
<td rowspan="2" colspan="2">御中</td>
</tr>
<tr></tr>
<tr>
<td>保証種別</td>
<td>融資形式</td>
<td>証書貸付　当初貸付（　　　　）</td>
<td colspan="2">手数料</td>
<td>円</td>
</tr>
<tr>
<td rowspan="2">保証番号</td>
<td>貸付利率</td>
<td>金融機関所定の利率</td>
<td colspan="2">保証料</td>
<td>円</td>
</tr>
<tr>
<td>返済方法</td>
<td>金融機関所定の方法</td>
<td colspan="2">合　　計</td>
<td>円</td>
</tr>
<tr>
<td rowspan="2">保証金額</td>
<td rowspan="2">保証期間</td>
<td rowspan="2" colspan="2">融資実行日から

月数
　　　　ヶ月</td>
<td rowspan="2">審査済印押印欄</td>
<td>X 1 年 ● 月 ● 日</td>
</tr>
<tr><td>甲総合信用株式会社</td></tr>
<tr>
<td>保証条件</td>
<td colspan="5"></td>
</tr>
</table>

《取扱い》

　第 13 号文書（債務の保証に関する契約書）に該当し、印紙税額は 200 円です。

《解説》

1　第 13 号文書（債務の保証に関する契約書）の意義

　債務の保証とは、主たる債務者が債務を履行しない場合に、債務者以外の者（保証人）が債権者に対して債務を保証することをいいます（基通別表第一第 13 号文書の 1 ）。

　したがって、主たる債務者がその債務を履行しない場合に、債務者の保証人がこれを履行することを債権者に対して約する契約書が、第 13

号文書（債務の保証に関する契約書）に該当します。

（例）債務保証契約書、住宅ローン・消費者ローンの保証契約書等

なお、主たる債務の契約書に併記するもの（例えば、金銭消費貸借契約書に保証人が債務の保証をする旨の署名をしたもの）は課税文書から除かれます（課税物件表の第13号文書の物件名欄）。

2　当事者の一方が作成し、通知する文書の取扱い

印紙税法における「契約書」とは、契約証書、協定書、約定書その他名称のいかんを問わず、契約（その予約を含みます。以下、同じ）の成立若しくは更改又は契約の内容の変更若しくは補充の事実（以下「契約の成立等」といいます。）を証すべき文書をいい、念書、請書その他契約の当事者の一方のみが作成する文書又は契約の当事者の全部若しくは一部の署名を欠く文書で、当事者間の了解又は商慣習に基づき契約の成立等を証することとされているものを含むものとされています（通則5）。

また、課税事項のうちの一の重要な事項を証明する目的で作成される文書であっても、契約書に該当することとされており、その重要な事項は基通別表第二に定められています（基通12）。

事例の文書のように、「通知書」、「連絡書」等、通常連絡文書に用いられる名称が表題として付された文書であっても、当事者間で協議の上、相手方の申込みに対して承諾する内容となるものであることが文書上明らかなものについては、契約の成立等を証する文書であると認められますから、印紙税法上の「契約書」に該当することとなります（基通12、18）。

3　事例の「保証審査結果通知書」の取扱い

事例の「保証審査結果通知書」は、金融機関と顧客（借主）との間の金銭消費貸借契約に関して、債権者である金融機関から保証の申込みがあった際に、信用保証会社である甲総合信用㈱から金融機関に対して、主たる債務者である顧客（借主）の債務について、保証することについて承諾した旨を記載して、金融機関（債権者）に交付される文書と認め

られます。

　したがって、一方の申込み（債務保証依頼）に対して、承諾（債務保証）することを決定し通知する文書ですから、印紙税法上の契約書となり、第13号文書（債務の保証に関する契約書）に該当します。

7. 金融業　319

事例 7-4　保証についてのご通知

《文書の内容》

　甲信用保証㈱では、金融機関との包括的な債務保証契約に基づいて、金融機関から顧客との間の個々の金銭消費貸借契約に関して、保証の申込みがあった都度、金融機関に対して次のような文書を交付しています。

令和　　年　　月　　日

　　　　御中

甲信用保証株式会社

保証についてのご通知

いつもお引立にあずかり厚くお礼申し上げます。
さて、貴社よりお申込を頂きましたお客様に対するローンの保証について下記の通りお客様にご案内いたしましたのでご通知申し上げます。

記

ローン名称		
お取扱店		
保証依頼人		
借入金額	万円	借入期間　　年　　月
据置利息組入後金額	円	据置期間　　年　　月
総額	万円	第　　回実行
整理番号		
保証条件	1. 担保　　　　土地　第　　　順位 　　　　　　　　建物　第　　　順位 2. 連帯保証人 3. 返済方法 4. その他	

保証料	円	＊同封振込用紙をご利用下さい。
事務手数料	円	＊火災保険申込書同封
消費税	円	
合計	円	火災保険料契約金額　　万円　期限　　年
火災保険料	円	地震保険契約金額　　万円　期限　　年
徴求・不足書類		

以上

320　第2章　主な業種別文書実例から学ぶ課否判断と実務対応

《取扱い》

　第13号文書（債務の保証に関する契約書）に該当し、印紙税額は200円です。

《解説》

1　第13号文書（債務の保証に関する契約書）の意義

　※　事例7-3の解説1（p316）を参照。

2　当事者の一方が作成し、通知する文書の取扱い

　※　事例7-3の解説2（p317）を参照。

3　事例の「保証についてのご通知」の取扱い

　事例の「保証についてのご通知」は、金融機関との間で締結している包括的な債務保証契約に基づいて、金融機関と顧客との間の個別の金銭消費貸借契約に関して、金融機関から保証の申込みの連絡があった都度、信用保証会社である甲信用保証㈱から債権者である金融機関に対して、主たる債務者である顧客（借主）の債務について保証することについて承諾した旨を記載して、金融機関（債権者）に交付される文書と認められます。

　したがって、金融機関からの個別の保証の申込み（債務保証依頼）に対して、承諾（債務保証）することを決定し通知する文書ですから、印紙税法上の契約書となり、第13号文書（債務の保証に関する契約書）に該当します。

7. 金融業　321

事例 7-5　外国紙幣売買契約書

《文書の内容》

㈱甲銀行では、乙貿易㈱との間において、外貨の日本円への両替取引に関し、次のような契約を締結しています。

外　国　紙　幣　売　買　契　約　書

　株式会社甲銀行（以下「甲」という）と乙貿易株式会社（以下「乙」という）との間において、甲乙間の外国紙幣（以下「取扱外貨」という）の日本円への両替取引に関し、次のとおり契約を締結する。

第1条　甲及び乙は、関係法令、関係官庁の通達等に従い取扱外貨の売買取引を行う。

第2条　乙は甲より取扱外貨を本条で定める方法で買い取るものとする。

（中略）

第4条　乙は、甲に対して円貨又は外貨建てにより、取扱外貨受領日の翌営業日付で当該取扱外貨の買取代金を支払うものとする。

（中略）

第12条　本契約の有効期間は、X1年4月1日より、1ヶ年とする。ただし、期間満了の1ヶ月前までに甲乙いずれもが別段の意思表示をしない場合は、引き続き同一の条件をもって、契約を更新する。

（以下略）

《取扱い》

第7号文書（継続的取引の基本となる契約書）に該当し、印紙税額は4,000円です。

《解説》

1　第7号文書（継続的取引の基本となる契約書）の課税要件（令第26条第1号の要件）

特約店契約書、代理店契約書、業務委託契約書、銀行取引約定書、信

用取引口座設定約諾書、保険特約書その他の契約書で、特定の相手方との間で継続的に生ずる取引に適用する基本的な取引条件を定めたもので、令第26条第1号から第5号に定める要件を満たすものが第7号文書（継続的取引の基本となる契約書）となります。

このうち、同条第1号の契約書の場合には、次の要件をすべて満たすものが該当します。

（1）営業者の間における契約であること

（2）売買、売買の委託、運送、運送取扱又は請負のいずれかの取引に関する契約であること

（3）2以上の取引を継続して行うための契約であること

（4）2以上の取引に共通して適用される取引条件のうち目的物の種類、取扱数量、単価、対価の支払方法、債務不履行の場合の損害賠償の方法又は再販売価格のうち1以上の事項を定める契約であること

（5）電気又はガスの供給に関するものでないこと

（例）工事請負基本契約書、エレベーター保守契約書、清掃請負契約書等

2 「営業者の間」の取引とは

（1）上記1のとおり、営業者間で取引される場合で、継続する2以上の取引に共通して適用される基本的な取引条件を定めるものが、第7号文書（継続的取引の基本となる契約書）となるのですが、この該当要件の一つが「営業者間」における契約であることが必要とされています。

ここでの「営業者」とは、令第26条第1号で「法別表第一第17号の非課税物件の欄に規定する営業を行う者をいう」と規定されていることから、第17号文書（金銭又は有価証券の受取書）が非課税とされるいわゆる「営業に関しない受取書」における「営業」を行う者をいうこととされています。

したがって、同条第1号の要件の一つである「営業者間」における

契約とは、受取書を作成した場合には印紙税が課税される者の間で行う契約をいうことになります。

※　事例1－11の解説2の「作成者別の営業に関しないもの（受取書）の判定区分表（第17号文書関係）」（p99）を参照。

（2）営業者とは、一般に営業を行っている者をいい、営業とは、利益を得る目的で、同種の行為を反復的、継続的になすことであり、営利目的があるかぎり、現実に利益を得ることができなかったとしても、また、当初反復、継続の意思があるかぎり、1回でやめたとしても営業に該当します。

　　具体的には、個人の場合、個人商店などの経営者は「営業者」に該当しますが、商法における商行為に該当しない行為を業務とする医師、あん摩・マッサージ・指圧師、弁護士、司法書士等のいわゆる自由職業者、農林漁業等の原始生産者、会社員等は「営業者」に該当しません。

　　また、法人については、株式会社等の営利法人は「営業者」に該当しますが、公益社団法人、公益財団法人、学校法人などの公益法人は「営業者」に該当しません。

　　したがって、契約の相手先がこのような「営業者」に該当しない者である場合には、令第26条第1号における第7号文書（継続的取引の基本となる契約書）には該当しないこととなります。

（3）会社以外の法人で、法令又は定款の定めにより利益金又は剰余金の配当又は分配をすることができる法人（例えば、農業協同組合、信用金庫、消費生活協同組合等）が出資者以外の者と行う取引は「営業者」の行為とされています（事例7－2の解説1（p312）を参照）。

　　したがって、これらの法人と出資者との間で契約する場合には、出資者がたとえ「営業者」であっても、「営業者」の間の契約ということにはなりませんが、これらの法人と出資者以外の「営業者」との間で契約する場合には、「営業者」の間の契約ということになります。

（4）なお、「営業者」から契約の締結権を委ねられた非営業者が契約の当事者となって他の営業者との間で契約する事例がありますが、このように、契約の効果が直接的に「営業者」に帰属する場合には、単なる契約名義人を立てても「営業者」の間の契約となりますし、他人の委託に基づいて自己の名をもって取引を行う場合にも、その受託者と他の営業者との間の契約は、「営業者」の間の契約になります（基通別表第一第7号文書の3）。

3 事例の「外国紙幣売買契約書」の取扱い

事例の「外国紙幣売買契約書」は、株式会社間で締結された契約書ですから、営業者の間における契約であり、外国紙幣の売買に関し、継続する2以上の取引に共通して適用される基本的な取引条件（目的物の種類、対価の支払方法など）を定めたものと認められます。

したがって、上記1に記載の令第26条第1号の要件を満たすものですから、第7号文書（継続的取引の基本となる契約書）に該当します。

〔参考〕

事例の契約書の当事者が、例えば一般社団法人などの非営業者である場合は、令第26条第1号の要件を満たしませんから、単なる物品売買契約となり、不課税文書となります。

7.　金融業　　325

事例 7-6　ローンご完済のお知らせ

《文書の内容》

　甲生命保険㈱では、顧客（債務者）に対するローン貸付契約に関して、貸付金の完済があったことにより契約が終了した旨、次のような文書により顧客（債務者）に対して通知しています。

ローンご完済のお知らせ

　　　　　　　　　　　　　　　　　　　　Ｘ１年●月●日

□□　様

　　　　　　　　　　　　　　　　甲生命保険株式会社

拝啓　ますますご清栄のこととお喜び申し上げます。

　　　　　　　　（中略）

　さて、ご利用いただいておりました当社△△ローンにつきましては、Ｘ１年●月●日付で全額ご返済いただきましたのでご通知申し上げます。

　永らくご利用いただき誠にありがとうございました。

　　　　　　　　（中略）

　まずは取り急ぎ△△ローンご完済のお知らせかたがた御礼申し上げます。

　　　　　　　　　　　　　　　　　　　　　　　　敬具

お借入年月日	年　　月　　日
ローン名称	△△ローン（変動金利型）
お貸し付け番号	00378962
摘　　要	

　　　　　　　　　　　　　　　担当者

《取扱い》

　第17号文書（金銭又は有価証券の受取書）に該当し、印紙税額は200

円です。

《解説》

1　第 17 号文書（金銭又は有価証券の受取書）の意義

　金銭又は有価証券の受取書とは、金銭又は有価証券の引渡しを受けた者がその受領事実を証明するために作成し、その引渡者に交付する単なる証拠証書をいいます。

　つまり、金銭又は有価証券の受領事実を証明するすべての文書をいい、債権者が作成する債務の弁済事実を証明する文書に限らないのです。

　したがって、文書の表題、形式がどのようなものであっても、受取事実を証明するために請求書やお買上票等に「代済」、「相済」、「了」等と記入したものなど、その作成目的が金銭又は有価証券の受取事実を証明するものであるものは、金銭又は有価証券の受取書に該当します。

　なお、受取金額が 5 万円未満（平成 26 年 3 月 31 日以前は、3 万円未満）のものや、営業に関しないもの（例えば、サラリーマンや公益法人が作成する受取書）等は非課税となります。

2　当事者の一方が作成し、通知する文書の取扱い

　※　事例 7 - 3 の解説 2（p 317）を参照。

3　第 17 号文書に係る税率の適用区分

　第 17 号の文書については、売上代金の受取書か否かにより税率の適用区分が異なります。

（1）売上代金に係る金銭又は有価証券の受取書（第 17 号の 1 文書）

　　売上代金とは、「資産を譲渡し若しくは使用させること（当該資産に係る権利を設定することを含む。）又は役務を提供することによる対価（手付けを含む。）」、すなわち何らかの給付に対する反対給付として受領するものをいいます。

　　売上代金の受取書は、記載された受取金額に応じて階級定額税率が適用されます。

7. 金融業　327

（2）売上代金以外の金銭又は有価証券の受取書（第17号の2文書）

　　上記（1）に記載の売上代金以外の金銭又は有価証券の受取書をいい、例えば借入金、保証金、損害賠償金、保険金等の受取書がこれに該当し、一律に200円の定額税率が適用されます。

（3）なお、次のような受取書は、売上代金の受取書（第17号の1文書）として取り扱われることになり、階級定額税率が適用されます。

イ　受取金額の一部に売上代金を含む受取書

　（イ）受取書の記載金額を売上代金に係る金額とその他の金額とに区分することができるものは、売上代金に係る金額がその受取書の記載金額になります（通則4のハ（1））。

　（ロ）受取書の記載金額が売上代金に係る金額とその他の金額とに区分することができないものは、その受取金額全額が受取書の記載金額になります（通則4のハ（2））。

　（ハ）（ロ）の場合で、その他の金額の一部だけ明らかな場合は、その明らかな金額を除いた金額が、その受取書の記載金額になります（通則4のハ（2））。

ロ　受取代金の内容が明らかにされていない受取書

　　受取金額の全部又は一部が売上代金であるかどうかが、受取書の記載事項から明らかにされていない受取書は、売上代金に係る受取書とみなされます（課税物件表の第17号文書の定義欄1のイ）。

（注）売上代金以外の受取書であるという事実が他の書類等により証明できる場合であっても、その受取書に記載された内容によって、売上代金以外の受取りであることが明らかにならなければ、売上代金の受取書として課税されます。

4　事例の「ローンご完済のお知らせ」の取扱い

　事例の「ローンご完済のお知らせ」は、ローン貸付金（元本及び利息）の最終の支払があったことにより、ローンの全額が完済となったことで、顧客との間のローン契約が終了する旨を証するために作成し、顧客に交付する文書であると認められます。

このローン貸付金（元本及び利息）の完済について証する部分については、金銭の受領を証する内容であるため、第17号文書（金銭又は有価証券の受取書）に該当することとなります。

なお、受け取った金銭が売上代金か否かの記載がない（貸付金元本は売上代金以外の金銭であり、利息金額は売上代金となりますが、その記載がない）ことから、上記2（3）ロの取扱いが適用されることとなり、第17号の1文書（売上代金に係る金銭の受取書）として取り扱われることとなります。

(注) 事例の「ローンご完済のお知らせ」には、具体的な返済金額の記載がないことから、「受取金額の記載のないもの」となり、200円の印紙税が課されることとなります。

〈参考〉売上代金と売上代金以外の金銭とを受領した場合の記載金額の取扱い

上記3の解説（3）では、「イ　受取金額の一部に売上代金を含む受取書」として、「(イ) 受取書の記載金額を売上代金に係る金額とその他の金額とに区分することができるものは、売上代金に係る金額がその受取書の記載金額になります（通則4ハ（1））。」と解説したところです。

そこで、事例の「ローンご完済のお知らせ」において、最終の返済元本と利息金額とを区分して記載すれば、利息金額部分のみの金額に応じた印紙税負担となります。

なお、返済元本と利息金額を区分せずに合計額のみ記載した場合は、その合計額金額が売上代金とみなされますから、留意が必要です。

7. 金融業　329

事例 7-7　入出金明細証明書（無通帳扱い）

《文書の内容》

㈱甲銀行では、いわゆる無通帳取引を選択している顧客からの求めに応じて、次のような文書を作成し、当該顧客に対して交付しています。

入出金明細証明書

□□　様　　　　　　　　　　　　　　　　　Ｘ１年●月●日
　　　　　　　　　　　　　　　　　　　　　株式会社甲銀行

　当行の下記の口座の下記の期間における入金・出金額の明細は別添の明細書のとおりとなりますことを証明いたします。

証明期間	▲年▲月▲日　〜　△年△月△日
対象科目	当座・普通
口座番号	XXXXXXX

（別添明細書）

預金取引入出金明細書				P. 1
取引年月日	お支払金額	お預り金額	差引残高	備考
Ｘ１年〇月〇日		54,000	89,650	
Ｘ１年〇月〇日	20,000		69,650	
⋮	⋮	⋮	⋮	

《取扱い》

第14号文書（金銭の寄託に関する契約書）に該当し、印紙税額は200円です。

《解説》

1　第14号文書（金銭の寄託に関する契約書）の意義

※　事例7−1の解説1（p 309）を参照。

2 無通帳取引における預金取引明細書の取扱い

　ある一定期間内の預金取引に関して、その受入れ及び払い出しの事実を記入し、預金者に交付するいわゆる「預金取引明細書」等と称する文書については、預金の受入れ事実を記載しているものは預金契約の成立を証明する文書となりますから、原則として第14号文書（金銭の寄託に関する契約書）に該当することとなります。

　ただし、「預金取引明細書」等と称する文書で、預け入れ年月日、預け入れ額、預け入れ後の預金残高、口座番号、ページ数などが記載されている文書を、綴じ込むための専用の表紙をあらかじめ預金者に交付しておき、「預金取引明細書」等と称する文書を順次その専用表紙に綴じ込むこととしている場合には、特にその専用表紙と「預金取引明細書」等と称する文書の全体が一通の第18号文書（預金通帳）に該当するものとして取り扱われます。

　　(注)　有通帳取引である場合（預金通帳が交付されている場合）において、「預金
　　　取引明細書」等と称する文書を顧客（預金通帳の交付を受けている者）に交付
　　　する場合には、単に預金取引の照合用の文書の交付と評価されますから、通常
　　　は第14号文書（金銭の寄託に関する契約書）としては取り扱われません。

3 事例の「入出金明細証明書」の取扱い

　事例の「入出金明細証明書」は、無通帳取引を選択している預金者に対して一定期間内における預金取引の明細を証明するための文書であり、上記2の取扱いが適用となります。

　したがって、第14号文書（金銭の寄託に関する契約書）に該当することとなります。

〈参考〉

　あらかじめ「入出金明細証明書」の専用の綴じ込み用の表紙を交付しておき、かつ、上記解説2のただし書のような項目の記載表記がなされる場合には、全体が一通の第18号文書（預金通帳）に該当するものとして取り扱われ、印紙税の負担軽減が可能となります。

事例 7-8　振込金受取書

《文書の内容》

　甲銀行㈱では、窓口で顧客から振込の依頼を受け付けた際に、次のような受取書を作成し、顧客に交付しています。

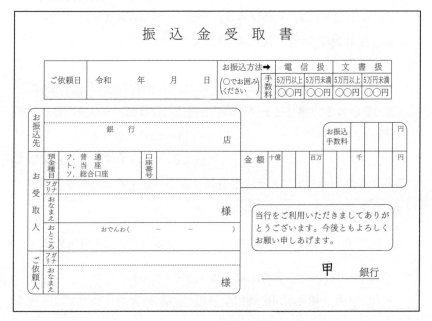

《取扱い》

　振込手数料の金額を記載金額とする第17号の1文書（売上代金に係る金銭の受取書）に該当し、印紙税額は200円です。

　なお、振込金と振込手数料の合計額が5万円未満の場合は、非課税となります。

《解説》

1　第17号文書（金銭又は有価証券の受取書）の意義

　※　事例7-6の解説1（p 326）を参照。

2 第17号文書に係る税率の適用区分

※ 事例7-6の解説3（p 326）を参照。

3 第17号文書の受取金額5万円未満の非課税文書の判定方法

例えば、貸付金元本（売上代金以外）と貸付金利息（売上代金）の受取りがある場合は、第17号文書の定義欄1のイにより、第17号の1文書（売上代金に係る金銭又は有価証券の受取書）とみなされます。

なお、記載金額5万円未満の非課税文書に該当するかどうかの判定については、次によります。

（1）記載金額5万円未満の非課税文書の判定方法（通則4イ、基通34）

第17号の1文書（売上代金に係る金銭又は有価証券の受取書）と第17号の2文書（売上代金以外の金銭又は有価証券の受取書）は、同一号（第17号文書）の文書ですから、記載金額5万円未満の非課税文書であるかどうかの判定は、その合計額により判定することになります。

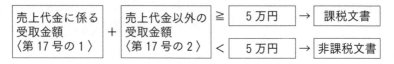

（2）税率適用に当たっての記載金額（通則4のハ）

税率（階級定額税率）を適用する場合の記載金額については、売上代金に係る受取金額のみで判定します。

4 事例の「振込金受取書」の取扱い

事例の「振込金受取書」は、口座振込という委任事務を受け付けて、振込金とその手数料を収受した際に、それらの受領事実を証明する文書と認められますから、振込手数料を記載金額とする第17号の1文書（売上代金に係る金銭の受取書）に該当することとなります。

この場合において、5万円未満の非課税文書に該当するか否かの判定は、上記3（1）のとおり、振込金（売上代金以外）と振込手数料（売上代金）の合計額により判定することとなります。

そして、振込金（売上代金以外）と振込手数料（売上代金）の合計額が

7. 金融業　333

5万円以上となり課税文書となる場合の税率の適用に当たっては、上記3（2）のとおり、売上代金に係る受取金額のみで判定しますから、振込手数料の金額が100万円以下の場合には、印紙税額は200円となります。

〔参考〕預金払戻請求書による振込金受付書の取扱い

預金払戻請求書 預金口座振替 による 振 込 受 付 書（兼振込手数料受取書）

ご依頼日	令和　年　月　日		お振込方法			手 数 料				円
			電信扱	文書扱						

| お振込先 | 銀行　　　　　　　支店 | | 金 額 | 十億 | | 百万 | | 千 | | 円 |

お受取人	預金種目	1. 普通　2. 当座 3. 貯蓄　4.	口座番号					（備　考）
	（フリガナ）							
	（おなまえ）							
	（おところ）　　　（電話）　－　－							

ご依頼人	（フリガナ）
	（おなまえ）
	（おところ）　　　（電話）　－　－

（ご注意）
1. 振込先銀行へは、受取人名のほか預金種目・口座番号を通知します。電信扱の場合には、受取人名はカナ文字により送信します。
2. 振込依頼書に記載相違等の不備があった場合には、照会等のために振込が遅延したり、振込ができないことがあります。
3. 通信機器、回線の障害または郵便物の遅延等やむを得ない事由によって振込が遅延することがありますのでご了承ください。
4. ご指定の口座から預金を払戻して振込む場合、その払戻しができないときは振込はできませんのでご注意ください。
5. この振込受付書は、振込ができない場合などに必要となりますので、ご依頼人が大切に保管してください。

甲 銀 行

《解説》

　この文書は、口座振込という委任事務の受付事実及び振込手数料の受領事実を併せて証明する文書と認められますから、振込手数料を記載金額とする第17号の1文書（売上代金に係る金銭の受取書）に該当するこ

ととなります。

　なお、預金払戻請求あるいは口座振替による振込みですので、振込金（売上代金以外）の受取りはないものですから、非課税文書に該当するか否かの判定は振込手数料（売上代金）の金額のみによって判定します。したがって通常は5万円未満で非課税文書となるものと考えられます。

8. 不動産業　335

8 不動産業

事例 8-1　土地売買契約書

《文書の内容》

　乙商事㈱は販売店舗の新設に備え、売主甲㈱との間で、丙不動産㈱に
その仲介を委託の上で、次のような土地の売買契約書を結んでいます。

土地売買契約書

　売主・甲株式会社（以下「甲」という）と、買主・乙商事株式会社
（以下「乙」という）との間に土地売買に関し次のとおり契約を締結し
た。

（売買の目的物及び価格）

第1条　甲は甲所有の後記土地を1平方メートル当たり100万円也にて
　　乙に売渡し、乙はこれを買受けた。

（手付金）

第2条　本契約締結と同時に、乙は甲に対し手付金として2,000万円也
　　を支払い、甲はこれを受領した。

　　この手付金は後に定める残余金授受のときに売買代金の一部に充当
　　するものとする。

（引渡義務）

第3条　甲は乙に対し、X1年〇月〇日までに本件土地の所有権の移転
　　登記申請の手続を完了しなければならない。

（支払方法）

第4条　乙は甲が第3条所定の手続一切を完了するのと引換えに、甲に
　　対して残余金8,000万円を支払わなければならない。

（仲介人の義務）

第5条　仲介人・丙不動産株式会社（以下「丙」という）は、甲及び乙
　　に代わり所有権の移転登記事務の手続を代行することを約し、その対
　　価として甲及び乙から各20万円也を受け取った。

第6条 本件土地の所有権移転の時期は、第4条の売買代金の支払が完了された時とする。

（物 件 の 表 示）

東京都　　区　　町 丁目　番地（地番）　　面積　100平方メートル

　後日の証として、本契約書3通を作成し各自署名捺印の上、各1通を所持する。

Ｘ1年△月△日

（売主）　　甲株式会社　　　　　印

（買主）　　乙商事株式会社　　　印

（仲介人）　丙不動産株式会社　　印

《取扱い》

　記載金額1億円の第1号の1文書（不動産の譲渡に関する契約書）に該当し、印紙税額は45,000円（軽減税率）です。

　なお、仲介人は収入印紙を貼付する義務はありません。

《解説》

1　第1号の1文書（不動産の譲渡に関する契約書）の意義

　不動産をその同一性を保持させつつ他人に移転させることを内容とする契約書が第1号の1文書（不動産等の譲渡に関する契約書）に該当します。

　その契約の原因には、売買、交換、代物弁済、現物出資、贈与等があります。

　なお、「不動産」とは、おおむね次のものをいいます（基通別表第一第1号の1文書関係の1）。

(1)　民法（明治29年法律第89号）第86条《不動産及び動産》に規定する不動産

(2)　工場抵当法（明治38年法律第54号）第9条の規定により登記された工場財団

(3)　鉱業抵当法（明治38年法律第55号）第3条の規定により登記された鉱業財団

(4)　漁業財団抵当法（大正14年法律第9号）第6条の規定により登記された漁業財団

(5)　港湾運送事業法（昭和26年法律第161号）第26条《工場抵当法の準用》の規定により登記された湾港運送事業財団

(6)　道路交通事業抵当法（昭和27年法律第204号）第6条《所有権保存の登記》の規定により登記された道路交通事業財団

(7)　観光施設財団抵当法（昭和43年法律第91号）第7条《所有権の保存の登記》の規定により登記された観光施設財団

(8)　立木ニ関スル法律（明治42年法律第22号）の規定により登記された立木

　　ただし、登記されていない立木であっても明認方法を施したものは、不動産として取り扱われます。

　　なお、いずれの場合においても、立木を立木としてではなく、伐採して木材等とするものとして譲渡することが明らかであるときは、不動産として取り扱わず、物品として取り扱われます。

(9)　鉄道抵当法（明治38年法律第53号）第28条の2の規定により登録された鉄道財団

(10)　軌道ノ抵当ニ関スル法律（明治42年法律第28号）第1条の規定により登録された軌道財団

(11)　自動車交通事業法（昭和6年法律第52号）第38条の規定により登録された自動車交通事業財団

2　取引の仲介人等の納税義務

　例えば、不動産売買契約における仲介人、消費貸借契約における保証人は、契約に参加する当事者であり、契約当事者に含まれることになって、これらの者が所持することとなる契約書は課税の対象になります。

　ただし、これらの不動産売買契約における仲介人、消費貸借契約にお

ける保証人などは、契約当事者ではありますが、売買契約や消費貸借契約の直接の当事者ではありませんから、印紙税法上の納税義務者とはなりません。

この場合は、売買取引の売主と買主あるいは消費貸借契約の貸主と借主に納税義務が生ずることとなり、契約当事者が所持する契約書すべてに連帯納税義務が生じます。

3 事例の「土地売買契約書」の取扱い

（1）事例の「土地売買契約書」は、典型的な土地の売買契約書となりますから、第1号の1文書（不動産の譲渡に関する契約書）に該当することは明らかです。

なお、第2条において売買当事者である甲乙間での手付金の授受について、第5条では売買当事者である甲乙と仲介人間での仲介手数料の授受についての契約事項の記載がありますが、これらは本来土地売買契約の附帯事項となるもので、売買契約に吸収されるものです。

ただ、手付金（2,000万円）及び仲介手数料（計40万円）の受領事実が併せて記載されていることから、この部分については第17号の1文書（売上代金に係る金銭の受取書）に該当します。

このため、通則3のイの規定により所属の決定が行われ、この文書全体が第1号の1文書（不動産の譲渡に関する契約書）となります。

（2）そこで、第1号の1文書の記載金額を求めることになりますが、第1条に記載されている1平方メートル当たりの金額（100万円）と、末尾記載の物件の面積（100平方メートル）とを乗ずることで、土地の売買金額（1億円）が計算できますから、これが記載金額となります。

（注）仲介人である丙不動産㈱は納税義務者とはなりませんが、丙不動産㈱が所持する文書についても、甲㈱と乙商事㈱が連帯納税義務者となります。

〔参考〕不動産譲渡契約書に係る印紙税率の軽減措置（租特法91）

【軽減措置の概要】

　軽減措置の対象となる契約書は、不動産（土地・建物）の譲渡に関する契約書のうち、記載金額が10万円を超えるもので、平成26年4月1日から令和2年3月31日までに作成されるものです。

　なお、これらの要件を満たすものであれば、土地・建物の譲渡の原契約のほか、その後における変更契約書や補充契約書等についても、軽減措置の対象となります。

（注）不動産（土地・建物）の譲渡に関する契約書は、第1号の1文書ですが、同じく第1号の1文書となるものには、無体財産権、船舶、航空機及び営業の譲渡契約書があります。

　　　ただし、軽減税率の適用があるのは、あくまでも不動産（土地・建物）の譲渡（売買、交換、代物弁済、現物出資、贈与等）に関する契約書に限られます。

【軽減税率】（平成26年4月1日～令和2年3月31日）

契約金額	軽減税率	本則税率	（参考；軽減額）
10万円超 50万円以下	200円	400円	200円
50万円超 100万円以下	500円	1,000円	500円
100万円超 500万円以下	1,000円	2,000円	1,000円
500万円超 1,000万円以下	5,000円	1万円	5,000円
1,000万円超 5,000万円以下	1万円	2万円	1万円
5,000万円超 1億円以下	3万円	6万円	3万円
1億円超 5億円以下	6万円	10万円	4万円
5億円超 10億円以下	16万円	20万円	4万円
10億円超 50億円以下	32万円	40万円	8万円
50億円超	48万円	60万円	12万円

340　第２章　主な業種別文書実例から学ぶ課否判断と実務対応

事例 8-2　不動産売買契約書（売買物件の面積を取り決める契約書）

《文書の内容》

　乙商事㈱は販売店舗の新設に備え、売主甲㈱との間で、丙不動産㈱にその仲介を委託の上で、次のような土地の売買契約書を結んでいます。

不動産売買契約書

　売主・甲株式会社（以下「甲」という）と、買主・乙商事株式会社（以下「乙」という）との間に土地売買に関し次のとおり契約を締結した。

第１条（売買価格）

　　末尾記載の物件の売買価格は、別途覚書で定めるものとする。

第２条（手付金）

　　買主は、別途覚書で定める手附金をＸ１年●月末日までに売主に交付する。

　　この手付金は、売買代金の一部として残金授受の時にこれを充当する。

第３条（残金）

　　買主は残金としてＸ１年●月末日までに売主に支払う。

第４条（引渡し）

　　売主は、買主が前条の残金を支払うと同時に、買主に対し本物件の引渡しと所有権移転登記申請手続を行うものとする。

（中略）

Ｘ１年●月●日

（売　主）	甲株式会社
（買　主）	乙商事株式会社
（仲介人）	丙不動産株式会社

---

8. 不動産業　　341

物 件 の 表 示		
所在地	○○市××区△△■丁目□番◇号	
地　目	宅地	
地　積	100㎡	
特記事項		

《取扱い》

　記載金額のない第1号の1文書（不動産の譲渡に関する契約書）に該当
し、印紙税額は 200 円です。

　なお、仲介人は収入印紙を貼付する義務はありません。

《解説》

1　第1号の1文書（不動産の譲渡に関する契約書）の意義

　※　事例8-1の解説1（p 336）を参照。

2　取引の仲介人等の納税義務

　※　事例8-1の解説2（p 337）を参照。

3　事例の「不動産売買契約書」の取扱い

　事例の「不動産売買契約書」は、典型的な土地の売買契約書となりま
すから、第1号の1文書（不動産の譲渡に関する契約書）に該当すること
は明らかです。

　なお、第1条（売買価格）において、「物件の売買価格は、別途覚書
で定める」としており、この文書上においては、契約金額の記載があり
ません。

　したがって、記載金額のない第1号の1文書（不動産の譲渡に関する
契約書）に該当しますから、印紙税額は 200 円となります。

　（注）仲介人である丙不動産㈱は納税義務者とはなりませんが、丙不動産㈱が所
　　　　持する文書についても、甲㈱と乙商事㈱が連帯納税義務者となります。

342　第 2 章　主な業種別文書実例から学ぶ課否判断と実務対応

事例 8-3　覚書（不動産売買物件の平米単価を取り決める覚書）

《文書の内容》

　乙商事㈱は販売店舗の新設に備え、売主甲㈱との間で、かねて土地の売買契約書を結んでいましたが、売買価額（平米単価）の合意をみたことから、丙不動産㈱にその仲介を委託の上で、このほど次のような覚書文書を取り交わしています。

覚　　書

　売主・甲株式会社（以下「甲」という）と、買主・乙商事株式会社（以下「乙」という）との間におけるＸ 1 年●月●日付「不動産売買契約書」に関し、次のとおり覚書を取り交わし、確認した。

第 1 条（売買単価）

　　本件の物件の売買単価は、1 平方メートル当たり 250,000 円とする。

第 2 条（手付金）

　　手付金の額は、2,500,000 円とする。

　　　　　　　Ｘ 1 年●月●日

　　　　　　　　　　　　（売　主）　　甲株式会社

　　　　　　　　　　　　（買　主）　　乙商事株式会社

　　　　　　　　　　　　（仲介人）　　丙不動産株式会社

《取扱い》

　記載金額のない第 1 号の 1 文書（不動産の譲渡に関する契約書）に該当し、印紙税額は 200 円です。

　なお、仲介人は収入印紙を貼付する義務はありません。

《解説》

1　「不動産の譲渡に関する契約書」の意義

　※　事例 8 － 1 の解説 1（p 336）を参照。

8. 不動産業　　343

2　補充契約書の取扱い

原契約の内容を補充する契約書は、印紙税法上の契約書に含まれます（通則5）。

「契約の内容の補充」とは、原契約の内容として欠けている事項を補充することをいい、この場合において、原契約が文書化されていたか、単なる口頭契約であったかは問いません。

そして、契約上重要な事項を補充する補充契約書を課税対象とすることとし、その重要な事項の範囲は基通別表第二「重要な事項の一覧表」に定められていますが、ここに掲げられているものは例示事項であり、これらに密接に関連する事項や例示した事項と比較してこれと同等、若しくはそれ以上に契約上重要な事項を変更するものも課税対象になります。

補充契約書は、補充する事項がどの号に該当する重要な事項であるかにより文書の所属を決定することになるのですが、2以上の号の重要な事項が2以上併記又は混合記載されている場合とか、一つの重要な事項が同時に2以上の号に該当する場合には、それぞれの号に該当する文書として原契約書の所属の決定方法と同様に所属を決定することになります（この場合、原契約書の所属号には拘束されず、補充契約書について、改めて所属号を決定することとなります。）。

3　取引の仲介人等の納税義務

※　事例8－1の解説2（p337）を参照。

4　事例の「覚書」の取扱い

事例の「覚書」は、X1年●月●日付の「不動産売買契約書」を原契約書とするもので、原契約書において定めていなかった1平方メートル当たりの売買単価を定めるものとなっています。

この場合、売買の対象となる土地の全体の面積も一緒に記載されていれば、売買金額の計算ができるのですが、事例の「覚書」には土地の面積の記載がありませんから、売買金額の計算はできないことになりま

344　第2章　主な業種別文書実例から学ぶ課否判断と実務対応

す。

　したがって、事例の「覚書」は、記載金額のない第1号の1文書（不動産の譲渡に関する契約書）に該当し、印紙税額は200円となります。

　なお、手付金や内入金などは原則契約金額にはなりません。

（注）仲介人である丙不動産㈱は納税義務者とはなりませんが、丙不動産㈱が所持する文書についても、甲㈱と乙商事㈱が連帯納税義務者となります。

〔参考〕第1号文書又は第2号文書の契約金額の取扱い（他の文書を引用する場合）

　第1号文書又は第2号文書については、その文書に契約金額の記載がない場合であっても、課税文書に該当しない見積書、注文書等を引用することにより、当事者間において契約金額が明らかになるのであれば、その明らかな金額が記載金額となります（通則4ホ（2））。

　ただし、課税文書を引用する場合は、通則4ホ（2）の適用はありません。

　事例の「覚書」においては、原契約書（課税文書）を引用しています。そして、契約金額の計算要素となる土地の面積は原契約書（課税文書）に記載されていますが、原契約書は課税文書ですから、その記載内容（契約金額の計算要素など）は、覚書文書には引用することができません（基通25②）。したがって、覚書文書では契約金額が計算できないことになります。

　なお、例えば、〔事例8－2の「不動産売買契約書」〕の内容と〔事例8－3の「覚書」〕の内容とを一つの文書の中に書き込む場合には、〔事例8－1の「不動産売買契約書」〕と同一の内容となることから、契約金額が計算できることとなり、算出された金額に応じた印紙税負担となります（〔事例8－1の不動産売買契約書〕と同じ税負担となります。）。

　また、例えば、〔事例8－2の「不動産売買契約書」〕と〔事例8－3の「覚書」〕とを合体して袋綴じして保存するような場合は、その袋綴じされた文書全体が一の文書として取り扱われますから、その袋綴じされた文書全体では契約金額が計算できることとなり、算出された金額に応じた印紙税負担となります（この場合も〔事例8－1の「不動産売買契約書」と同じ税負担となります。）。

8. 不動産業　　345

事例 8-4　仮契約協定書

《文書の内容》

㈱乙商会では新規事業に係る事業所用地の購入に当たって、土地の所有者である甲販売㈱との間で、後日正式契約を取り交わすこととし、差し当たって次の協定書を作成することとしています。

仮 契 約 協 定 書

甲販売株式会社（以下甲という）と株式会社乙商会（以下乙という）とは、末尾記載土地の売買に関し、下記条件を取り決めた。よってその証として本協定書2通を作成し、甲乙記名押印の上各自1通を所持する。

第1条（目的）

　甲は甲において造成工事を完了させ、その土地を乙に売り渡すものとし、乙はこれを買い受けるものとする。

第2条（売買金額）

　売買金額は、1平方メートル当たり金24万円とする。

第3条（申込み金）

　乙は、本協定書締結時に金2,000万円也を、造成工事着工時に金2,000万円也を申込み金として支払うものとする。この申込み金は次条の売買契約締結時に、手付金に充当するものとする。

第4条（売買契約締結の時期及び支払方法）

　甲乙は、X1年●月●日を目途として売買契約を締結するものとし乙は甲に売買代金全額一括支払うものとする。

第5条（その他）

　この協定書に記載されていない事項については、民法及び不動産の慣習に従い甲乙協議して決定するものとする。

　　　　物 件 の 表 示

　　　　　○○県○○市○○1丁目 321 - 3

　　　　　取引面積　有効面積　1,980 平方メートル

346 第2章 主な業種別文書実例から学ぶ課否判断と実務対応

《取扱い》

記載金額4億7,520万円の第1号の1文書（不動産の譲渡に関する契約書）に該当し、印紙税額は6万円（軽減税率）です。

《解説》

1 第1号の1文書（不動産の譲渡に関する契約書）の意義

※ 事例8－1の解説1（p 336）を参照。

2 仮（予約）契約書の取扱い

事例の文書は正式契約に先立って売買当事者である甲乙間で取り交わされる仮の土地の売買契約書となるものですが、予約契約や仮契約であっても契約の成立等を証明する目的で作成される文書であれば、印紙税法上は契約書として取り扱われますから、その記載事項に課税事項が含まれている場合には課税文書に該当します（通則5、基通15、58）。

〔参考〕 印紙税法上の契約書の定義（通則5）

契約書とは、契約証書、協定書、約定書その他名称のいかんを問わず、契約当事者間において作成する文書で、①契約（その予約を含みます。以下同じ。）の成立又は更改の事実を証明する目的で作成する文書、②契約内容の変更又は補充の事実（以下「契約の成立等」といいます。）を証明する目的で作成する文書をいい、さらに③念書、請書その他契約の当事者の一方のみが作成する文書又は契約の当事者の全部若しくは一部の署名を欠く文書で、当事者間の了解又は商慣習に基づき契約の成立等を証する文書も含まれます。

上記〔参考〕の定義の①では、契約には予約を含むとされていて、契約当事者のうちいずれかが将来希望したときに一定の内容の契約を締結することを約する契約、すなわち、本契約を将来成立させることを約する契約も契約書に含まれることになります。

3 事例の「協定書」の取扱い

事例の協定書は、この予約契約書に該当しますので、将来の土地売買の予約契約として、課税文書に、すなわち第1号の1文書（不動産の譲

渡に関する契約書）に該当します。

　また、事例の協定書の記載金額、すなわち土地の売買金額は、第2条
に記載されている1平方メートル当たり単価（24万円）と末尾物件の表
示面積（1,980㎡）とを乗じて得た金額（4億7,520万円）となります。

　なお、第1号の1文書（不動産の譲渡に関する契約書）には税率の軽減
措置が適用されます（事例8－1の解説の参考（p339）を参照）。

（注）契約書の名称などは自由につけられますから、協定書、覚書、仮予約書な
　　どといった名称であれば印紙税法上の課税文書に該当しないと、誤って認識し
　　ている場合がありますので、注意が必要です。

348　第 2 章　主な業種別文書実例から学ぶ課否判断と実務対応

事例 8-5　土地交換契約書

《文書の内容》

　新店舗用地の取得のため、乙商事㈱は甲不動産販売㈱所有の土地と自社所有の土地との交換を検討していたところ、このほど協議が整い、次のような交換契約書を取り交わすこととしています。

土地交換契約書

　甲不動産販売株式会社（以下「甲」という）と乙商事株式会社（以下「乙」という）との間で、土地の交換について次のとおり契約する。

第 1 条　交換する土地は、

　　　　甲が所有する物件　　　　○○市　　○○町　　●丁目　　●番地
　　　　　　　　　　　　　　　　　　　　　　　　　　　　　（100 平方米）
　　　　乙が所有する物件　　　　○○市　　○○町　　●丁目　　●番地
　　　　　　　　　　　　　　　　　　　　　　　　　　　　　（110 平方米）

第 2 条　甲の所有する土地の価格を 9,000 万円とし、乙の所有する土地の価格を 1 億円とする。

第 3 条　甲は乙に対し、交換する土地の差額 1,000 万円を現金にて支払う。

（以下略）

《取扱い》

　記載金額 1 億円の第 1 号の 1 文書（不動産の譲渡に関する契約書）に該当し、印紙税額は、45,000 円（軽減税率）です。

《解説》

1　第 1 号の 1 文書（不動産の譲渡に関する契約書）の意義

　※　事例 8 － 1 の解説 1（p 336）を参照。

2　交換契約書の取扱い

　土地の交換契約書は、土地の所有権を移転させることを内容とする契

約ですから、第1号の1文書（不動産の譲渡に関する契約書）に該当します。

土地と土地との交換の場合や、土地と動産の交換の場合などもありますが、いずれも同様です。

3 交換契約書の記載金額について

土地の交換契約書に係る記載金額については、次のとおり取り扱われます。

（1）土地と土地の交換の場合（基通23）

交換金額。なお、交換契約書に交換対象物の双方の価額が記載されているときはいずれか高い方（等価交換のときは、いずれか一方）の金額を、交換差金のみが記載されているときは当該交換差金をそれぞれ交換金額とします。

（例）土地交換契約書において、

① 甲の所有する土地（価額100万円）と乙の所有する土地（価額110万円）とを交換し、甲は乙に10万円支払うと記載したもの

⇒ （第1号文書）110万円

② 甲の所有する土地と乙の所有する土地とを交換し、甲は乙に10万円支払うと記載したもの

⇒ （第1号文書）10万円

（2）土地と動産の交換の場合（基通別表第一第1号の1文書の5）

イ 交換に係る不動産の価額が記載されている場合（動産の価額と交換差金とが記載されている場合等、不動産の価額が計算できる場合を含みます。）は、その不動産の価額を記載金額とします。

ロ 交換差金のみが記載されていて、その交換差金が動産提供者によって支払われる場合は、その交換差金を記載金額とします。

なお、この交換差金が動産提供者から不動産提供者に支払われる場合は不動産の対価ということができますが、逆に不動産提供者から動産提供者に支払われる場合には不動産の対価ではなく動産の対価とみ

350　第2章　主な業種別文書実例から学ぶ課否判断と実務対応

るべきものとなります。

　したがって、後者の場合の交換差金は、動産の記載金額であって、不動産の記載金額ではありませんので、結局、不動産の譲渡に関する契約書としての記載金額はないこととなります。

ハ　イ又はロ以外の場合は、記載金額がないものとします。

4　事例の「土地交換契約書」の取扱い

　事例の「土地交換契約書」は、土地と土地との交換契約であり、土地の所有権を移転させることを内容とする契約ですから、第1号の1文書（不動産の譲渡に関する契約書）に該当します。

　そして、契約金額については、交換対象土地の双方の価額が記載されており、交換差金の記載がされていますから、価格の高い乙商事㈱の所有する土地の価格1億円が、契約金額（＝記載金額）となります。

　なお、第1号の1文書（不動産の譲渡に関する契約書）には税率の軽減措置が適用されます（事例8－1の解説の「参考」（p 339）を参照）。

8. 不動産業　　351

事例 8-6　土地売買契約変更契約書

《文書の内容》

　乙物流㈱では、物流の拠点となる新しい倉庫を建設するための用地については既に売買契約書を取り交していましたが、このほど売主甲不動産㈱との間で、売買金額の増額について合意がなされ、次のような変更契約書を作成することとしています。

土地売買契約変更契約書

　甲不動産株式会社（以下甲という）と買主乙物流株式会社（以下乙という）とは甲乙間においてＸ１年●月●日に締結した土地売買契約書（以下原契約という）の売買代金を次のとおり変更した。
記

1　甲乙は、原契約第１条に定める売買代金を金１億5,000万円に変更する。
2　乙の借入金の変更については、既に打合せのとおりとする。
3　甲乙は，上記２項の変更以外には原契約に変更のないことを相互に確認した。

（以下略）

《取扱い》

　記載金額１億5,000万円の第１号の１文書（不動産の譲渡に関する契約書）に該当し、印紙税額は、６万円（軽減税率）です。

《解説》

1　第１号の１文書（不動産の譲渡に関する契約書）の意義

　※　事例８－１の解説１（p 336）を参照。

2　変更契約書の取扱い

　印紙税法上の契約書には、契約内容の変更又は補充の事実を証明する目的で作成する文書も含まれます。契約の変更とは、原契約の同一性を

352 第2章 主な業種別文書実例から学ぶ課否判断と実務対応

失わせないでその内容を変更するものをいい（基通17）、原契約と同一
性を失わせるような変更は更改契約書であって変更契約書とはなりませ
ん。

　なお、変更契約書のうち、課税となるのは、「重要な事項の一覧表」
（基通別表第二参照）に記載されている事項を変更するものをいいます。

　事例の文書のように、原契約である土地売買契約に係る売買代金を変
更するものは、重要事項である「契約金額」を変更するものとなります
から、変更契約書として課税対象文書となります。

〔参考〕第１号の１文書（不動産の譲渡等に関する契約書）の
　　　　「重要な事項」（基通別表第二「重要な事項の一覧表」）

（１）目的物の内容
（２）目的物の引渡方法又は引渡期日
（３）契約金額
（４）取扱数量
（５）単価
（６）契約金額の支払方法又は支払期日
（７）割戻金等の計算方法又は支払方法
（８）契約期間
（９）契約に付される停止条件又は解除条件
（10）債務不履行の場合の損害賠償の方法

3　変更契約書の所属の決定方法

　契約の内容の変更を証するための文書（以下「変更契約書」といいま
す。）の課税物件表における所属の決定は，次の区分に応じて、それぞ
れ次に掲げるところによります。

（１）原契約が課税物件表の一の号のみの課税事項を含む場合におい
　　　て、当該課税事項のうちの重要な事項を変更する契約書については、
　　　原契約と同一の号に所属を決定します。

（２）原契約が課税物件表の２以上の号の課税事項を含む場合におい

て、当該課税事項の内容のうち重要な事項を変更する契約書については、当該2以上の号のいずれか一方の号のみの重要な事項を変更するものは、当該一方の号に所属を決定し、当該2以上の号のうちの2以上の号の重要な事項を変更するものは、それぞれの号に該当し、通則3の規定によりその所属を決定します。

（3）原契約の内容のうちの課税事項に該当しない事項を変更する契約書で、その変更に係る事項が原契約書の該当する課税物件表の号以外の号の重要な事項に該当するものは、当該原契約書の該当する号以外の号に所属を決定します。

　事例の文書のように、原契約である土地売買契約に係る売買代金を変更するものである場合には、上記（1）の取扱いが適用されるので、第1号の1文書（不動産の譲渡に関する契約書）に所属決定されることとなります。

4　契約金額を変更する契約書の記載金額の取扱い

（1）変更前の契約書（原契約書）が作成されていることが明らかであり、かつ、変更契約書に変更金額が記載されている場合（変更前の契約金額等と変更後の契約金額等が記載されていることにより、変更金額を明らかにすることができる場合を含みます。）

イ　記載されている変更金額の分、契約金額を増加させる契約書

　　⇒　増加額が記載金額となります。

ロ　記載されている変更金額の分、契約金額を減少させる契約書

　　⇒　記載金額はないことになります（通則4ニ）

　（注）「変更前の契約書（原契約書）が作成されていることが明らかであり」とは、変更契約書に、変更前の契約金額等を証明した文書（以下「変更前契約書」といいます。）の名称、文書番号又は契約年月日等、変更前契約書を特定できる事項の記載があること又は変更前契約書と変更契約書とが一体として保管されていること等により、変更前契約書が作成されていることが明らかな場合をいいます。

（2）（1）以外の変更契約書

イ　変更後の契約金額が記載されている契約書（当初の契約金額と変更
　金額の双方が記載されている等により、変更後の金額が算出できる場合を
　含みます。）

　⇒　変更後の金額

ロ　変更金額のみが記載された契約書

　⇒　変更金額

5　事例の「土地売買契約変更契約書」の取扱い

　事例の「土地売買契約変更契約書」では、変更前契約書（原契約である土地売買契約書）が作成されていることが明らかにされていますが、変更金額が記載されてない（変更前の契約金額等と変更後の契約金額等の記載もなく、変更金額を計算することもできない）ことから、上記4（1）イ又はロの取扱いが適用できません。

　したがって、上記4（2）イを適用することとなり、変更契約書の中で明らかにされている変更後の金額（1億5,000万円）が記載金額として取り扱われます。

　なお、第1号の1文書（不動産の譲渡に関する契約書）には税率の軽減措置が適用されます（事例8－1の解説の「参考」（p 339）を参照）。

〔参考〕変更契約書の記載金額（変更金額）の取扱い

　変更契約書を作成する場合には、変更前契約書が作成されていることを明らかにするとともに、変更金額を明らかにする（変更前の契約金額と変更後の契約金額の双方を記載することで変更金額を明かにすることを含みます。）ことにより、印紙税負担を少なくすることができます。

　例えば、事例の「土地売買契約変更契約書」の場合において、「甲乙は、原契約書第1条に定める売買代金1億2,000万円を金1億5,000万円に変更する。」と記載すれば、増額変更金額3,000万円が明らかとなることから、記載金額3,000万円の第1号の1文書（不動産の譲渡に関する契約書）となり、印紙税額を1万円に抑えることが可能です。

8. 不動産業　355

事例 8-7　土地売買契約書の写し

《文書の内容》

　㈱乙運輸では、駐車場用の土地の確保のため、売主の甲不動産㈱との間で次のような契約書を交わすこととしており、その際、契約書の原本は1通だけ作成して売主の甲不動産㈱がそれを保管することとし、㈱乙運輸においてはその写しを甲不動産㈱から交付を受けて保管することとしています。

土地売買契約書

　売主甲不動産株式会社（以下「甲」という）と買主株式会社乙運輸（以下「乙」という）との間に土地売買に関し下記の条項による売買契約を締結したのでその証として契約書1通を作成し、甲及び乙署名押印の上、甲がこれを保有し、乙はその写し（複写機によるコピー）を保有するものとする。

第1条（売買の目的物及び価額）

　　売主は末尾記載の物件を総額￥100,000,000円にて買主に売り渡す。

第2条（手付金）

　　買主は本契約書作成と同時に手付金￥10,000,000円を支払い売主はこれを受領した。この手付金は、売買代金の一部として残金授受時にこれを充当する。

（中略）

第6条（買主の代金支払義務及び所有権の移転）

　　売主が第3条の手続一切を完了すると同時に残金￥90,000,000円を売主に支払うものとする。この支払により所有権は買主に移転する。

（以下略）

X1年●月●日

　　　　　甲　　甲不動産株式会社

　　　　　乙　　株式会社乙運輸

356　第2章　主な業種別文書実例から学ぶ課否判断と実務対応

> 原本の写しに相違ありません
> 　　X1年●月●日
> 　　　　　甲不動産株式会社　代表取締役　○○○　㊞

《取扱い》

　記載金額1億円の第1号の1文書（不動産の譲渡に関する契約書）に該当し、印紙税額は、3万円（軽減税率）です。

《解説》

1　第1号の1文書（不動産の譲渡に関する契約書）の意義

　※　事例8－1の解説1（p336）を参照。

2　契約書の写しの取扱い

　印紙税は、契約が成立したという事実そのものを課税対象とするのではなく、契約の成立を証明する目的で作成された文書を課税対象とするものですから、一つの契約について2通以上の文書が作成された場合であっても、それらの文書がそれぞれ契約の成立を証明する目的で作成されたものであるならば、すべて印紙税の課税対象となります。

　契約書は、契約の当事者がそれぞれ相手方当事者に対して、成立した契約の内容を主張するために作られるのですから、各契約当事者が1通あて所持する必要が生じます。

　この場合、契約当事者の一方が所持するものには正本又は原本と表示し、他方が所持するものには写し、副本、謄本などと表示する場合が見受けられますが、写し、副本、謄本などという表示をしたとしても、その文書が契約の成立を証明する目的で作成されたものであれば、正本又は原本と同様に印紙税の課税対象となってきます。

3　写し、副本、謄本などで契約の成立を証明する目的で作成されたものの判断基準

　契約書の写しについての一般的な考え方は上記のとおりですが、契約書に写し、副本、謄本などと表示された文書の中には、契約の成立を証

明するためではなく、単なる控えとするためのものもあります。

そこで、写し、副本、謄本などと表示された文書が、契約の成立を証明する目的で作成されたかどうかは、その文書の形式、内容など文書に記載された形態から判断することとなるのですが、おおむね次のような形態のものは、契約の成立を証明する目的で作成されたことが文書上明らかと認められますから、印紙税の課税対象となります（基通19）。

（1）契約当事者の双方又は一方の署名又は押印があるもの

　※　写し、副本、謄本などと表示された文書が契約の成立を証明する目的で作成されたかどうかについて、契約当事者の署名又は押印の有無を重視して判断することとしているのは、わが国においては、一般に印鑑の有無が文書の証明力の有無の一つの判断基準にされているからでもあるとされています。

（2）正本（原本）と相違ないこと、又は写し、副本、謄本などであることの契約当事者の証明（正本との割印も含む。）のあるもの

　※　契約書の写しに「原本写しに相違ありません」と表示した場合には、契約の成立を証明する目的で作成されたものと認められますから、印紙税の課税対象となります。

なお、上記（1）、（2）のように、契約書に写し、副本、謄本などと表示されたものが印紙税の課税対象となる場合があるとしても、契約書の単なる写しや控えまで課税対象となるものではなく、また、例えば、自己の所持する文書に自己のみの印鑑を押したものは、契約の相手方当事者に対しては証明の用をなさないので、一般に課税対象とはなりません。

また、契約書の正本を複写機で複写しただけのものは、たとえ精巧なものであっても単なる手控えとしての写しにすぎないので、課税対象とはなりません。

4　事例の「土地売買契約書」の写しの取扱い

事例の「土地売買契約書」においては、「乙はその写し（複写機による

コピー）を保有する」とされていますが、その末尾に取引の相手方である甲不動産㈱が「原本の写しに相違ありません」との証明文言の記載をしていることから、単なる写し（コピー）とはいえないものであり、印紙税法上の契約書に該当することとなります。

そして、その契約内容から記載金額が 2,400 万円の第 1 号の 1 文書（不動産の譲渡に関する契約書）に該当しますから、印紙税額は 15,000 円（軽減税率）となります。

※　第 1 号の 1 文書（不動産の譲渡に関する契約書）には税率の軽減措置が適用されます（事例 8 − 1 の解説の「参考」（p 339）を参照）。

なお、第 2 条に手付金の受領事項の記載がありますので、第 17 号の 1 文書（売上代金に係る金銭の受取書）との間での所属の決定（通則 3 イ）がなされることとなりますが、第 1 号の 1 文書（不動産の譲渡に関する契約書）に係る契約金額が第 17 号の 1 文書（売上代金に係る金銭の受取書）の受領金額より大きいことから、結果的に、第 1 号の 1 文書（不動産の譲渡に関する契約書）に所属決定となるものです。

8. 不動産業   359

事例 8-8 土地購入資金消費貸借契約書

《文書の内容》

　㈱乙不動産販売は、用地取得のための資金を、関係会社である甲㈱より融通してもらうこととなり、次のような金銭消費貸借契約書を交わしています。

金銭消費貸借契約書

　債権者甲株式会社（以下「甲」という）と債務者株式会社乙不動産販売（以下「乙」という）は金銭消費貸借について次のとおり契約を締結した。

（元　　金）

第1条　甲は、金 654,000,000 円を乙に貸付け交付し、後記土地○○○．○㎡の購入資金として、乙は、これを借り受けた。

（弁済方法）

第2条　乙は、前条の借入金をＸ1年●月●日迄に弁済するものとする。

（利息支払期限等）

第3条　甲の乙に対する貸付金利息は、年○％とする。

2　乙は、甲に対してＸ1年●月●日を第1回として毎月 20 日迄に、当該月分の利息を甲に支払うものとする。

3　乙が前項の利息の支払いを2回以上遅滞したときは、乙は、第2条に定める期限の利益を失い、一括で甲に支払わなければならない。

（繰り上げ返済）

第4条　当債務を期限前に一部又は全部について繰り上げて返済する場合は、返済日の 15 日前迄に、乙は、甲に通知しなければならない。

（その他）

第5条　本契約の定めなき事項について疑義が生じたときは、甲乙お互いに誠意をもって協議し、解決するものとする。

（以下略）

《取扱い》

記載金額6億5,400万円の第1号の3文書（消費貸借に関する契約書）に該当します。

なお、第1号の1文書（不動産の譲渡に関する契約書）には該当しませんから、軽減税率の適用はなく、印紙税額は20万円となります。

《解説》

1 消費貸借契約の意義

（1）「消費貸借」とは、民法第587条に規定する消費貸借をいい、当事者の一方が種類、品質及び数量の同じものをもって返還することを約し、相手方から金銭その他のものを受け取ることによりその効力を生ずる契約です。

　　借主は、目的物の所有権をこれにより取得し勝手に消費することができ、後に同種、同等、同量のものをもって返還すればよいとされます。

　　したがって、使用収益権だけを取得し、所有権は依然として貸主に残る賃貸借又は使用貸借とは異なります。

　　なお、消費貸借の目的物は金銭に限られません。

（2）また、消費貸借には、民法第588条に規定する準消費貸借を含むものとされます。

　　「準消費貸借」とは、消費貸借によらないで金銭その他の物を給付する義務（例えば、取引における買掛金を支払う義務）を負う者がある場合において、当事者がその債務を消費貸借の目的とすることを約することにより成立するものをいいます。

2 消費貸借契約への印紙税の軽減税率の適用について

印紙税の税率の軽減措置（税率については事例8-1の解説中の「参考」（p 339）を参照）は、住宅・土地等の取引に伴なって作成される「不動産の譲渡に関する契約書」について適用があるものです。

消費貸借に関する契約書も「不動産の譲渡に関する契約書」と同じ第

8. 不動産業　361

1号文書に該当することや、住宅・土地等の取引に伴なって作成される消費貸借契約がある場合には、「不動産の譲渡に関する契約書」と同様に軽減措置の適用があるのではないかとの疑義が生じますが、消費貸借契約の成立を証明する目的のみで作成される契約書については、税率の軽減措置の適用はありません。

　なお、これは同じように軽減税率の適用がある建設工事の請負に係る契約書（第2号文書）に伴なって、その建設工事に必要な資金の調達に関して作成される消費貸借契約についても同様の扱いとなりますので、注意が必要です。

〔参考〕税率の軽減措置の対象

　一の文書に第1号に掲げる2以上の事項が記載されているもののうち、不動産の譲渡に関する事項が記載されているもので、通則4の規定により計算した記載金額が10万円を超える場合（注）には、税率の軽減措置の対象となりますから、不動産の譲渡契約と消費貸借契約とが、一つの契約の中に記載されている場合には、税率の軽減措置の適用がある場合があります。

（注）平成26年3月31日までに作成される不動産の譲渡契約書については、1,000万円を超える場合に軽減措置の対象となります。

3　事例の「金銭消費貸借契約書」の取扱い

　事例の「金銭消費貸借契約書」は、金銭の消費貸借について定める内容となっており、記載金額6億5,400万円の第1号の3文書（消費貸借に関する契約書）に該当する文書です。

　なお、土地の購入資金を借り受ける内容の文書ではありますが、第1号の1文書（不動産の譲渡に関する契約書）には該当しませんから、上記2に記載のとおり軽減税率の適用はありません。

飲食その他のサービス業

事例 9-1　御精算書

《文書の内容》

　レストランチェーンを経営する㈱甲では、各店舗で顧客から飲食代金を受領した際に、レジスターを使用して、次のようなレシートを発行しています。

```
                御　精　算　書

  X1年〇月〇日
                                              レストラン甲

    特選コース      12,000円×  4  = 48,000円
    ビール             800円×  3  =  2,400円
    ワイン（赤）     3,500円×  2  =  7,000円
       小　計                      57,400円
       消費税（10%）                5,740円
       現　金                      65,000円
       お釣り                       1,860円
```

《取扱い》

　第17号の1文書（売上代金に係る金銭の受取書）に該当し、印紙税額は200円です。

《解説》

1　金銭又は有価証券の受取書の意義

　金銭又は有価証券の受取書とは、金銭又は有価証券の引渡しを受けた者がその受領事実を証明するために作成し、その引渡者に交付する単な

る証拠証書をいいます。

つまり、金銭又は有価証券の受領事実を証明するすべての文書をいい、債権者が作成する債務の弁済事実を証明する文書に限らないのです。

したがって、「領収書」、「受取書」、「領収証書」など、客観的に金銭の受領事実を表示するものと認められるものに限らず、例えば販売業者が商品を販売したときに、レジスターによって発行するレシート（お買上票）や、販売代金を領収したときにその請求書又は納品書に、相済、了、領収等と表示して金銭の領収書に代えるものなど、具体的に領収した旨の記載がないものであっても、その内容を実質的に判断して、金銭の受領事実を証明する目的で作成されたと認められるものは、すべて第17号文書（金銭又は有価証券の受取書）に該当します（基通別表第一第17号文書の1、2、3、10）。

なお、受取金額が5万円未満のものや、営業に関しないもの（例えば、サラリーマンや公益法人が作成する受取書）等は非課税となります。

2　事例の「御精算書」の取扱い

事例の「御精算書」は、レストランで飲食した顧客から飲食代金を現金で受領した際にレジスターから発行・交付されるものですから、第17号の1文書（売上代金に係る金銭の受取書）に該当することは明らかです。

したがって、受領金額に応じた印紙税が課税されますが、事例の場合は、受領金額が100万円以下ですから、200円の印紙税が課税されます。

（注）受領金額が5万円未満の場合は非課税文書となります。

〔参考〕クレジットカードなど各種カード取引等に係る領収書（レシート等）の取扱い

（1）クレジットカード取引に係る領収書（レシート等）の取扱い

　　クレジットとは、一般に商品等の代金を後払いにすることをいい、「販売信用」とも呼ばれており、現在多くのクレジット会社からクレジットカードの発行・交付がなされ、クレジットカードを使用した取引も増えています。

このクレジットカード取引において、商品の販売時に、加盟店が顧客に対して交付する領収書（レシート等）は、信用取引により商品を販売したことを証するものであり、クレジットカードによる支払であること（信用取引による支払であること）が明らかにされているものは、金銭の受領事実を証するものではないことから、金銭の受取書（第17号文書）には該当しません。

なお、この場合、領収書やレシート等に、「クレジットカード利用」といった、信用取引型での決済である旨の記載がある場合には、金銭の受取書（第17号文書）には該当しないものとして取り扱われます。

したがって、クレジットカード取引による決済においては、その旨を領収書やレシート等に明記する必要があることに留意が必要です。

（2）デビットカード取引に係る領収書（レシート等）の取扱い

デビットカード取引には、「即時決済型」と呼ばれるもののほか、クレジットカード決済のシステムを利用する「信用取引型」の二つの型があるといわれます。

イ　即時決済型のデビットカード取引に係る領収書（レシート等）の取扱い

即時決済型のデビットカード取引とは、顧客が商品等を購入する際、現金の支払に代えて、金融機関の発行したデビットカード（キャッシュカード）で支払うことができる取引であり、即時決済（銀行等の金融機関が顧客の預金口座から商品販売代金の引き落としを瞬時に行い、加盟店の預金口座に振込まれることが確定しているものをいいます。）を前提とした取引をいいます。

この、即時決済型のデビットカード取引では、顧客の引落口座に残高がないと商品を購入することができません（口座残高を上回って使用することもできません）が、残高があれば商品購入時に即座に引き落としがされることから、「即時決済型」と呼ばれています。

このように、即時決済型のデビットカード取引では、加盟店における商品販売代金の決済時に、レジカウンター等で顧客との間で直接金銭等の授受を行わない点で、上記（1）のいわゆるクレジットカードによる信用取引の場合と類似した取引となりますが、このデビットカ

ード取引は、即時決済を前提とするものですから、その性格は全く異なるものです。

即時決済型のデビットカード取引に係る領収書（レシート等）は、商品販売代金の決済時に即時に顧客口座から加盟店口座への入金が確定することを前提に、加盟店が商品販売代金の入金が確定したことを確認した上で、金銭の受領事実を証明するために顧客に対して交付している書面と認められますから、金銭の受取書（第17号文書）に該当することとなります（受領金額が5万円未満であれば、非課税となります。）。

ロ　信用取引型のデビットカード取引に係る領収書（レシート等）の取扱い

信用取引型のデビットカード取引（クレジットカードの国際ブランドである各カード会社発行のデビットカード取引）については、現在のところクレジットカードの決済システムを利用したものが一般的なようであり、信用取引型のデビットカード取引に係る領収書（レシート等）は信用取引型となります。

このクレジットカードの決済システムを利用した場合、加盟店が売上債権に係る金銭を受領するのはデビットカード利用時点から起算して約30日後となり、上記（1）のクレジットカード取引による販売の場合と同様に、信用取引により商品を引き渡しているものと認められ、加盟店が商品を販売する時に顧客に領収書（レシート等）を交付する時点では金銭の受領事実はありません。

したがって、信用取引型デビットカード取引における領収書（レシート等）については、クレジットカード取引と同じく金銭の受取書（第17号文書）には該当しないこととなります。

なお、この場合も、クレジットカード利用等による支払であること（信用取引による支払であること）が明らかにされていない場合には、金銭の受取書（第17号文書）として取り扱われることになります（受領金額が5万円未満であれば、非課税となります。）から留意が必要です。

366　第 2 章　主な業種別文書実例から学ぶ課否判断と実務対応

事例 9-2　ご宴会承り書

《文書の内容》

　㈱甲グランドホテルでは、顧客からの予約申込を受け付けて、宴会等を引き受けた際には、次のような文書を作成し、顧客に交付しています。

ご宴会承り書

　　宴会主催者名　　　▲▲商事
　　　住所・所在地　　東京都港区□□
　　　ご担当者氏名（連絡先電話番号）　■■　■■　㊞

　開催期日　　　　　Ｘ１年〇月〇日
　開始時間　　　　　18：00 ～
　終了時間　　　　　20：30
　御人数　　　　　　200 名
　お部屋　　　　　　エメラルドルーム
　総額　　　　　　　￥15,785,000（明細は別紙参照）
　　請求先
　　お支払期日　　　Ｘ１年△月△日まで
　　お支払方法　　　銀行振込
　　お取消料金

　　　　　上記のとおりご予約承りました。
　　　　　　　　　　　　甲グランドホテル総支配人　　㊞

《取扱い》

　記載金額が 15,785,000 円の第 2 号文書（請負に関する契約書）に該当し、印紙税額は 2 万円です。

《解説》

1　契約書の意義

　契約書とは、契約証書、協定書、約定書その他名称のいかんを問わ

ず、契約（その予約を含みます。以下同じ。）の成立若しくは更改又は契約の内容の変更若しくは補充の事実（以下「契約の成立等」といいます。）を証すべき文書をいい、念書、請書その他契約の当事者の一方のみが作成する文書又は契約の当事者の全部若しくは一部の署名を欠く文書で、当事者間の了解又は商慣習に基づき契約の成立等を証することになっているものも含まれます。

2 第2号文書（請負に関する契約書）の意義

請負契約書とは、当事者の一方（請負人）がある仕事の完成を約し、相手方（注文者）がその仕事の結果に対して報酬の支払を約することを内容とする契約書をいいます。

請負の目的物には、家屋の建築、道路の建設、橋りょうの架設、洋服の仕立て、船舶の建造、車両及び機械の製作、機械の修理のような有形なもののほか、シナリオの作成、音楽の演奏、舞台への出演、講演、機械の保守、建物の清掃のような無形のものも含まれます。

（例）工事請負契約書、工事注文請書、物品加工注文請書、広告契約書　等、エレベーター保守、機械等の据付・修理、コンピュータソフトの　開発、洋服の仕立て、音楽の演奏、宿泊、結婚披露宴の引受けなど

したがって、対価を得て、披露宴や宴会等の無形の仕事を行うことについての契約は、請負契約となります。

3 事例の「ご宴会承り書」の取扱い

事例の「ご宴会承り書」は、ホテルの一室における宴会の開催の予約を受け付けた際に、開催日時、参加人数、宴会総額（宴会費用、部屋代等の総額）及び代金の支払方法などを記載して、宴会を引き受けたことの証として、ホテルの総支配人から宴会主催者である顧客に対して交付している文書と認められます。

したがって、対価を得て宴会という無形の仕事を引き受けた証として作成される文書となりますから、第2号文書（請負に関する契約書）に該当し、契約金額（＝記載金額）に応じた印紙税が課税されます。

368　第 2 章　主な業種別文書実例から学ぶ課否判断と実務対応

事例 9-3 　警備に関する覚書

《文書の内容》

　甲警備保障㈱は、㈱乙商事との間で、既に締結済みの「警備保障契約書」において約定の警備代金（月額警備料）を変更する覚書を次のとおり定めることとしています。

警備に関する覚書

　甲警備保障株式会社（以下「甲」という）と株式会社乙商事（以下「乙」という）とは、Ｘ 1 年 3 月 31 日付で締結した次の警備対象に関する警備請負契約書（以下「原契約書」という）につき、以下のとおり覚書を作成する。

　　　　警備対象；東京都中央区○○　株式会社乙商事　本店ビル

第 1 　原契約書第 5 条の警備請負料金を次のとおり変更する。

　変更前　月額 3,300,000 円（うち消費税 300,000 円）とする。

　変更後　月額 3,520,000 円（うち消費税 320,000 円）とする。

第 2 　本覚書の発効期日は、Ｘ 2 年 4 月 1 日とし、有効期間は、Ｘ 3 年 3 月 31 日までとする。

第 3 　その他の条項は、原契約書のとおりとする。

　　　　　　　　　　　　　　　　　　　（以下略）

（注）Ｘ 1 年 3 月 31 日付の原契約書における契約期間は、「Ｘ 1 年 4 月 1 日〜Ｘ 2 年 3 月 31 日」とされている。

《取扱い》

　記載金額 3,840 万円の第 2 号文書（請負に関する契約書）に該当し、印紙税額は 2 万円です。

《解説》

1 　契約書の意義

　※　事例 9 − 2 の解説 1 （ p 366）を参照。

2 第2号文書（請負に関する契約書）の意義

※ 事例9－2の解説2（p 367）を参照。

したがって、対価を得て、建物の警備等の無形の仕事を行うことについての契約は、請負契約となります。

3 変更契約書の記載金額の取扱い

契約金額を変更する変更契約書の記載金額は、それぞれ次によります（通則4ニ、基通30）。

（1）その変更契約書に係る契約についての変更前の契約金額等の記載されている契約書（原契約書）が作成されていることが明らかであり、かつ、その変更契約書に変更金額（変更前の契約金額と変更後の契約金額の差額、すなわち契約金額の増減額）が記載されている場合（変更前の契約金額と変更後の契約金額の双方が記載されていることにより変更金額を明らかにできる場合を含みます。）

イ 変更前の契約金額を増加させるものは、その増加額が記載金額となります。

ロ 変更前の契約金額を減少させるものは、記載金額のないものとなります。

（2）上記（1）以外の変更契約書

イ 変更後の契約金額が記載されているもの（変更前の契約金額と変更金額の双方が記載されていることにより変更後の契約金額が計算できるものも含みます。）は、その変更後の契約金額が、その文書の記載金額となります。

ロ 変更金額だけが記載されているものは、その変更金額が、その文書の記載金額となります。

4 月額料金を変更する契約書（覚書など）の記載金額の取扱い

月単位等で契約金額を定めている契約書で、契約期間の記載のあるものはその月単位等での契約金額に契約期間の月数等を乗じて算出した金額が記載金額となり、契約期間の記載のないものは記載金額がないもの

370　第2章　主な業種別文書実例から学ぶ課否判断と実務対応

となります。

　なお、契約期間の更新の定めがある契約書については、更新前の期間のみを記載金額算出の基礎とし、更新後の期間は考慮しないものとします（基通29）。

　したがって、例えば原契約書の契約期間が「X1年4月1日〜X2年3月31日」である場合に、この契約期間内の月額料金を変更する契約書（覚書など）の記載金額については、上記2（1）の取扱いの適用があることから、増額変更の場合で、変更金額（変更後の金額と変更前の金額との差額）が記載されている場合には、通則4のニの規定により、その変更金額が記載金額として取り扱われます。

　また、減額変更の場合には、変更金額（変更後の金額と変更前の金額との差額）が記載されている場合には、一旦その変更金額（あるいは変更後の金額）の記載がある文書（契約金額の記載のある文書）となりますが、通則4のニの規定により、税率適用に当たっての記載金額はないものとして取り扱われます。

　一方、例えば原契約書の契約期間の更新後の期間である「X2年4月1日〜X3年3月31日」までの月額料金を定めるものであれば、例え原契約書の引用があった場合であっても、新しい契約期間における月額料金を定めるものであることから、上記2（1）の取扱いの適用はなく、上記2（2）の取扱いが適用となります。

　※　請負契約書などの月額単価変更契約書の記載金額の取扱い（増額変更の場合）、同（減額変更の場合）の各取扱表（p38、39）参照。

5　事例の「警備に関する覚書」の取扱い

　事例の「警備に関する覚書」においては、原契約書である「X1年3月31日付」の「警備請負契約書」を引用していますが、変更後の月額料金の発効期日を「X2年4月1日」とし、向こう1年間適用する内容となっています。

　そうすると、原契約書の契約期間である「X1年4月1日〜X2年3

月 31 日」における月額料金を変更するものではなく、更新後の契約期間「X 2 年 4 月 1 日〜X 3 年 3 月 31 日」の月額料金を定めるものとなりますから、変更金額 {(変更後の月額料金 320 万円 × 12 ヶ月 − 変更前の月額料金 300 万円 × 12 ヶ月 = 240 万円} を記載金額として取り扱うことはできず、変更後の契約金額(変更後の月額料金 320万円 × 12 ヶ月 = 3,840 万円)がこの覚書の記載金額となります。

372　第 2 章　主な業種別文書実例から学ぶ課否判断と実務対応

事例 9-4　ツアーご予約確認書

《文書の内容》

　甲ツーリスト㈱では、顧客からのツアー参加申込を受け付け、これを引き受けた場合に、次のような文書を作成し、顧客に交付しています。

□□ツアーご予約確認書

●●様

　このたびは□□ツアーにお申し込みいただき誠にありがとうございます。

　下記のとおりご予約を承りましたので、ご確認願います。

予約 NO.	0045670		代表者氏名	●●●●　様
参加人員	4 名		会費合計	560,000 円
ツアー名	□□ツアー		日　程	8/3 ～ 7
内容	日付	人員	部屋数	泊数
■コース	8/3 ～ 7	4 名	2	3

甲ツーリスト株式会社　ツアー担当　　㊞

《取扱い》

　記載金額 56 万円の第 2 号文書（請負に関する契約書）に該当し、印紙税額は 200 円です。

《解説》

1　契約書の意義

　※　事例 9 - 2 の解説 1（p 366）を参照。

2　第 2 号文書（請負に関する契約書）の意義

　※　事例 9 - 2 の解説 2（p 367）を参照。

　したがって、旅行業者が自ら企画した旅行、いわゆる主催旅行を引き受けることを内容とするものは、ツアーの催行という無形の仕事を行う

ことについての請負契約となるものです。

3 主催旅行の取扱い

「主催旅行」には、旅行会社が、あらかじめ旅行計画を作成し、参加者を募集して実施する「募集型企画旅行（パッケージツアー）」と、旅行者の依頼に基づいて、旅行会社が旅行計画を作成する「受注型企画旅行」があるようですが、いずれも請負契約となるものです。

なお、旅行業者が旅行者の旅行申込の内容に従って、乗車券等の購入、旅館等の手配などの事務処理を代行すること（手配旅行）を引き受けることを内容とするものは、原則として委任契約となり、不課税文書に該当します。

4 事例の「□□ツアーご予約確認書」の取扱い

事例の「□□ツアーご予約確認書」は、いわゆる「受注型企画旅行」を引き受けた証として、旅行会社から顧客に対して交付される文書と認められます。

ツアーの催行という無形の仕事を行うことは、上記2に記載のとおり請負契約となりますから、事例の「□□ツアーご予約確認書」は、第2号文書（請負に関する契約書）に該当し、記載金額に応じた印紙税が課されます。

374　第 2 章　主な業種別文書実例から学ぶ課否判断と実務対応

事例 9-5　宿泊受付通知書（案内書）等

《文書の内容》

　甲グランドホテル㈱では、顧客からの宿泊申込を受け付け、これを引き受けた場合に、次のような文書を作成し、顧客に通知しています。

受 付 通 知 書　　　　No.02376

　このたびは当ホテルへの宿泊申込みいただきありがとうございます。

　下記のとおり、●月●日確かにお引き受けいたします。

　なお、お人数等ご変更がありましたらご一報願います。

甲グランドホテル

宿泊月日	Ｘ 1 年●月●日　　　　1 泊		
フリガナ			
御名前		様	
	2 名様〔内訳 ご夫婦　1 組 ご婦人　名 お子様　名〕		
宿泊料	1 泊　2 食　税 金 込　42,000 円 サービス料　別 込		本館 別館
御到着 時　間	16 時　30 分頃着	御宴会	お座敷
	列車 ・ 自家用 ・ 観光バス		シアター
芸妓	時　　　分より　　　名（地　　　名）		
ホステス			
扱　者			
中　食	当　日	会　議	時　　　分
	翌　日		
受付日	Ｘ 1 年 ○月 ○日　　　係名		
備　考			

《取扱い》

　記載金額 42,000 円の第 2 号文書（請負に関する契約書）に該当し、印紙税額は 200 円です。

9. 飲食その他のサービス業　　375

《解説》

1 契約書の意義

※ 事例9-2の解説1（p366）を参照。

2 第2号文書（請負に関する契約書）の意義

※ 事例9-2の解説2（p367）を参照。

　旅館、ホテル業者が宿泊客に対して宿泊を引き受けることを内容とするものは、宿泊サービスという無形の仕事を行うことについての請負契約となるものです。

3 通知書、案内書等の契約書該当性

　通知書（案内書）等といった文書の場合には、ある事実を他人に通知（案内）等をするために作成される文書であり、一般的には契約書には該当しない場合が多いのですが、通知書（案内書）等といった文書であっても、例えば、次のような文書は契約書に該当します。

（1）相手方の申込みに対して応諾することがその文書上明らかなもの

（2）基本契約書等を引用していることにより、双方の合意に基づくものであることが明らかなもの

（3）当事者間で協議の上、決定した事項を、その文書により通知することが基本契約書等に記載されているもの

　したがって、旅館・ホテル業者等が宿泊客から宿泊の申込みを受けて、宿泊年月日、人員、宿泊料金等を記載し、その申込みを引き受けた旨を記載して宿泊客に交付する宿泊申込請書などの文書は、印紙税法上契約書に該当し、第2号文書（請負に関する契約書）に該当するものとして取り扱われます（基通別表第一第2号文書16）。

4 事例の「受付通知書」の取扱い

　事例の「受付通知書」には、「下記のとおり…確かにお引き受けいたします」との記載があることから、宿泊客からの宿泊申込みに対して、応諾することがその文書上明らかなものに該当しますから、印紙税法上の契約書に該当します。

そして、宿泊サービスという役務の提供を約するものは請負契約であり、第2号文書（請負に関する契約書）に該当します。なお、宿泊料金の総額が記載金額になりますから、その金額に応じた印紙税が課税されます。

〔参考〕「宿泊案内書」等の取扱い

　次の文書も、「案内書」と題していますが「下記のとおり確認申し上げます」との記載があり、宿泊申込に対する応諾文書と認められますから、事例の「通知書」と同様に、第2号文書（請負に関する契約書）となります。

No.08976		
案　　内　　書 いつもお引立いただきましてありがとうございます。 お申し込みについて下記のとおり確認申し上げます。		
会社団体名		
ご　芳　名		様
ご　宿　泊	年　　　月　　　日（　　曜より）　　　泊	
ご　人　員	名（男　　　女　　）外　子供　　　名	
ご宿泊料	一泊二食	大人
		子供
ご　到　着	時　　　分　　　列車　・　バス　・　自家用車	
記事 ○　当館は、宿泊予約について、変更（減員）お取消の場合、旅館約款に基づき、 　　違約金を申し受けますので御了承くださいませ。		

　なお、次のような「御案内状」と称する文書については、その記載事項全般からみて（この文書の客観的な作成目的からみて）、宿泊申込みに対する承諾事実を証明するものではなく、宿泊申込者に対する宿泊申込の受付内容の案内のために作成交付するものであると認められます。したがって、契約書には該当しないものと判断されます（基通別表第一第2号文書16ただし書）。

9. 飲食その他のサービス業　　377

御　案　内　状

○○株式会社　　担当者　　　　　　　　様

毎度お引立を賜り有難とうございます。
尚、下記のとおり御来店御待ち致して
居りますので宜敷く御願い申上げます。

TEL	

受付　　　年　　　月　　　日

団 体 名					様
期　　日	年	月	日		
人　　員	名	添乗員	名		
単　　価	¥	内　容	朝・昼・夕 休・宿・他		
前　　泊		交通機関			
支払条件	現払、クーポン、その他				
現地電話		申　込	TEL FAX		
備　考					

人員等の変更は、前以て御連絡願います。	担当
○　○　案　内　所	

378　第2章　主な業種別文書実例から学ぶ課否判断と実務対応

事例 9-6　旅行申込金預り証

《文書の内容》

甲ツーリスト㈱では、顧客からの旅行参加申込を受け付け、これを引き受けた場合に、顧客から申込み証拠金を預かった際に、次のような文書を作成し、顧客に交付しています。

旅行申込金預り証

■■様

　　　¥78,000

　　　上記金額確かに預りました。（ただし旅行申込金として）

クーポン等お渡し予定日　Ｘ１年○月○日

お問い合わせ番号　00276386

ご旅行内容　　南欧の旅　　　出発日　　Ｘ１年○月○日

ご旅行費用総額　¥548,000

※クーポン等のお引き換えの際に本証をご持参ください。

　残額をクーポンお渡し日までにお支払ください。

　　　　　Ｘ１年●月●日　　　甲ツーリスト株式会社

《取扱い》

第17号の1文書（売上代金に係る金銭の受取書）に該当し、印紙税額は200円です。

《解説》

1　金銭又は有価証券の受取書の意義

※　事例9-1の解説1（p362）を参照。

2　売上代金に係る金銭又は有価証券の受取書の取扱い

（1）売上代金とは、「資産を譲渡し若しくは使用させること（当該資産に係る権利を設定することを含む。）又は役務を提供することによる対

価（手付けを含む。）」、すなわち何らかの給付に対する反対給付として受領するものをいいます。売上代金の受取書は、記載された受取金額に応じて階級定額税率が適用されます。

（2）売上代金の受取書に含まれるものの範囲

　次のような受取書は、売上代金の受取書（第17号の1文書）として取り扱われることになり、階級定額税率が適用されます。

イ　受取金額の一部に売上代金を含む受取書

　（イ）受取書の記載金額を売上代金に係る金額とその他の金額とに区分することができるものは、売上代金に係る金額がその受取書の記載金額になります（通則4ハ（1））。

　（ロ）受取書の記載金額が売上代金に係る金額とその他の金額とに区分することができないものは、その受取金額全額が受取書の記載金額になります（通則4ハ（2））。

　（ハ）（ロ）の場合で、その他の金額の一部だけ明らかな場合は、その明らかな金額を除いた金額が、その受取書の記載金額になります（通則4ハ（2））。

ロ　受取代金の内容が明らかにされていない受取書

　受取金額の全部又は一部が売上代金であるかどうかが、受取書の記載事項から明らかにされていない受取書は、売上代金に係る受取書とみなされます（基通別表第一第17号文書の定義欄1のイ）。

（注）売上代金以外の受取書であるという事実が他の書類等により証明できる場合であっても、その受取書に記載された内容によって、売上代金以外の受取りであることが明らかにならなければ、売上代金の受取書として課税されます。

3　事例の「旅行申込金預り証」の取扱い

　一般に旅行会社にて旅行の申込みを受け付ける場合には、所定の旅行申込書に所定の事項を記入の上、旅行代金の一部相当額の申込金を添えて申込みを受け付けることとされており、この申込書と申込金の受取りにより、旅行に係る契約が成立することとされている場合が多いよう

す。

　この場合の申込金は、旅行代金に充当されるものですが、旅行代金の一部となるものですから、基本的には売上代金となるものです（旅行のキャンセルがあった場合には取消料、違約料の一部として取り扱われることとなりますが、受領した時点では、旅行代金として受領するものと認められます。）。

　したがって、事例の「旅行申込金預り証」は、旅行代金の一部相当額の申込金の受領事実を証するために作成され、旅行客に交付されるものと認められますから、第17号の1文書（売上代金に係る金銭の受取書）に該当することとなります。

（注）旅行代金（申込金や申込金を除いた残額など）を銀行口座振込により受領
　　　した場合で、「お振込受領書（振込金受領書）」を発行する場合には、事例の場
　　　合と同様に、第17号の1文書（売上代金に係る金銭の受取書）に該当します。

9. 飲食その他のサービス業　　381

事例 9-7　エレベーターメンテナンス契約書

《文書の内容》

　㈱甲商事は、自社ビルに設置しているエレベーターのメンテナンス業務を、乙メンテナンスサービス㈱に委託するに当たり、次のような契約書を作成しています。

メンテナンス契約書

　株式会社甲商事（以下「甲」という）と乙メンテナンスサービス株式会社（以下「乙」という）とは、甲所有建物に設置されているエレベーターのメンテナンス契約を以下のとおり締結する。

1　対象建物の所在地、名称　東京都●●市△△ 6 － 1 － 20、甲商事ビル

2　業務内容　甲が乙に委託する業務は、上記 1 の対象建物に設置されたエレベーターに係るメンテナンス業務とする。

3　委託料金　月額 550,000 円（内消費税等 50,000 円）

4　支払条件及び支払期日　毎当月末日請求締め切り、毎翌月 20 日までに乙指定銀行口座に振込むものとする。

（中略）

6　契約の期間　本契約は、X 1 年 4 月 1 日から効力を生じ、X 2 年 3 月 31 日までとする。ただし、契約期間満了の 2 ヶ月前までに、甲乙双方より別段の申し出のない場合には、更に 1 年間延長するものとし、以後も同様とする。

　X 1 年 3 月 31 日

　　　　　　　　甲　株式会社甲商事　　　　　　　　　　　㊞
　　　　　　　　乙　乙メンテナンスサービス株式会社　　　㊞

《取扱い》

　記載金額 600 万円の第 2 号文書（請負に関する契約書）に該当し、印紙税額は 1 万円です。

《解説》

1 第2号文書（請負に関する契約書）の意義

※ 事例9−2の解説2（p 367）参照。

2 第7号文書（継続的取引の基本となる契約書）の課税要件（令第26条第1号の要件）

特約店契約書、代理店契約書、業務委託契約書、銀行取引約定書、信用取引口座設定約諾書、保険特約書その他の契約書で、特定の相手方との間で継続的に生ずる取引に適用する基本的な取引条件を定めたもので、令第26条第1号から第5号に定める要件を満たすものが第7号文書（継続的取引の基本となる契約書）となります。

このうち、令第26条第1号の契約書である場合は、次の要件をすべて満たすものが該当します。

（1）営業者の間における契約であること

（2）売買、売買の委託、運送、運送取扱又は請負のいずれかの取引に関する契約であること

（3）2以上の取引を継続して行うための契約であること

（4）2以上の取引に共通して適用される取引条件のうち目的物の種類、取扱数量、単価、対価の支払方法、債務不履行の場合の損害賠償の方法又は再販売価格のうち1以上の事項を定める契約であること

（5）電気又はガスの供給に関する契約ではないこと

3 事例の「メンテナンス契約書」の取扱い

（1）事例の「メンテナンス契約書」は、エレベーターのメンテナンス業務をメンテナンスサービス会社に委託するもので、請負契約に該当します（仕事の目的物が、音楽の演奏、舞台への出演、講演、機械の保守、建物の清掃といった無形のものとなる請負契約に該当します。）。

したがって、第2号文書（請負に関する契約書）に該当します。

また、営業者の間において継続する請負取引に関する2以上の取引に共通して適用される取引条件のうち目的物の種類、対価の支払方

法、などを定める契約書となりますから、第7号文書（継続的取引の基本となる契約書）にも同時に該当します。

（2）このように、第2号文書（請負に関する契約書）と第7号文書（継続的取引の基本となる契約書）とに該当する契約書については、通則3のイの規定により所属を決定することとなり、記載金額がある場合には、第2号文書（請負に関する契約書）に、記載金額がない場合には、第7号文書（継続的取引の基本となる契約書）に所属が決定されることとなります。

（3）事例の「メンテナンス契約書」では、委託料金が「月額550,000円（内消費税等50,000円）」とされていて、契約期間は「X1年4月1日から効力を生じ、X2年3月31日まで」と1年間となっていますので、契約金額が計算できます。

したがって、月額500,000円（550,000円－消費税等50,000円）×12ヶ月＝6,000,000円が契約金額（＝記載金額）となります。

〔参考〕

事例の契約書には、例えば、契約期間のみ定め、委託料については「別途覚書で定める」とすれば、この契約書においては契約金額の計算ができないこととなり、記載金額のない契約書となることから、通則3のイの規定により、第7号文書（継続的取引の基本となる契約書）に所属が決定され、4,000円の印紙税負担に抑えることが可能となります。

また、別途定める「覚書」についても、委託料のみ定めるものとし、改めて契約期間を確認記載しないで「契約期間は原契約書のとおり」と記載すれば、この覚書においてもやはり契約金額の計算ができないこととなり、記載金額のない契約書となることから、通則3のイの規定により、第7号文書（継続的取引の基本となる契約書）に所属が決定され、4,000円の印紙税負担となりますから、原契約書と2通合わせても8,000円の印紙税負担に抑えることが可能となります。

384　第 2 章　主な業種別文書実例から学ぶ課否判断と実務対応

事例 9-8　メンテナンス契約の変更契約書

《文書の内容》

　㈱甲商事では、自社ビルに設置しているエレベーターのメンテナンス業務を、乙メンテナンスサービス㈱に委託していますが、設置エレベーターが 1 基増設となることに伴い、次のような変更契約書を作成しています。

メンテナンス契約変更契約書

　株式会社甲商事（以下「甲」という）と乙メンテナンスサービス株式会社（以下「乙」という）とは、甲所有建物のエレベーター 1 基の増設に伴い、X 1 年 3 月 31 日付「メンテナンス契約書」（以下「原契約書」という）第 3 条の委託料金について、下記のとおり変更することに合意したので、以下のとおり変更契約を締結する。

1　委託料金
　　変更前　：　月額 550,000 円（内消費税等 50,000 円）
　　変更後　：　月額 792,000 円（内消費税等 72,000 円）
2　契約の期間　本契約は、X 1 年 8 月 1 日から、X 2 年 3 月 31 日までの間有効とする。
3　その他
　　その他の契約条項については、原契約書によるものとする。

　X 1 年 7 月 31 日

（注）原契約書における契約期間は、X 1 年 4 月 1 日から X 2 年 3 月 31 日までとなっています。

《取扱い》

　記載金額 176 万円の第 2 号文書（請負に関する契約書）に該当し、印紙税額は 1 万円です。

9. 飲食その他のサービス業　385

《解説》

1　第2号文書（請負に関する契約書）の意義

※　事例9－2の解説2（p 367）参照。

2　第7号文書（継続的取引の基本となる契約書）の課税要件

※　事例9－7の解説2（p 382）参照。

3　変更契約書の記載金額の取扱い

※　事例9－3の解説3（p 369）参照。

4　月額料金を変更する契約書の記載金額の取扱い

※　事例9－3の解説4（p 369）参照。

5　事例の「メンテナンス契約変更契約書」の取扱い

（1）事例の「メンテナンス契約変更契約書」は、第2号文書（請負に関する契約書）及び第7号文書（継続的取引の基本となる契約書）の重要な事項（基通別表第二「重要な事項の一覧表」参照）における「単価」（月額委託料金）を変更するものであり、第2号文書（請負に関する契約書）と第7号文書（継続的取引の基本となる契約書）とに同時に該当することとなりますから、通則3のイの規定により所属を決定することとなります。

（2）また、事例の「メンテナンス契約変更契約書」の記載金額については、変更前の契約書（原契約書）が作成されていることが明かであり、かつ、原契約書における契約期間内（X1年4月1日からX2年3月31日まで）のX1年8月1日からX2年3月31日までの月額委託料金を定めるものですから、上記3の事例9－3の解説3（p 369）の（1）イの規定の適用があります（基通30②一）。

そうすると、「1　委託料金」の約定において、変更前の金額（月額550,000円（内消費税等50,000円））と変更後の金額（月額792,000円（内消費税等72,000円））とが記載されていて、変更金額（変更前の金額と変更後の金額との差額）が明らかにされていますから、この変更金額に契約期間を乗じた金額が契約金額（＝記載金額）として取り扱わ

れますから、220,000 円× 8 ヶ月＝ 1,760,000 円が契約金額（＝記載金額）となり、印紙税額は 400 円となります。

※　220,000 円＝（792,000 円－72,000 円）－（550,000 円－50,000 円）

〔参考 1 〕

　事例の「メンテナンス契約変更契約書」の「2　契約の期間」を「本契約は、×1 年 8 月 1 日から有効とする。」と記載した場合には、契約期間の記載がなく、その始期のみを定めるものとなることから、この場合には、契約金額（＝記載金額）の計算ができないこととなり、記載金額のない契約書に該当しますから、通則 3 のイの規定により第 7 号文書（継続的取引の基本となる契約書）に所属が決定され、印紙税額は4,000 円となります。

〔参考 2 〕

　事例の「メンテナンス契約変更契約書」の「2　契約の期間」が「本契約は、X 1 年 8 月 1 日から X 2 年 7 月 31 日までとする。」となる場合には、原契約で定める契約期間内の期間と、原契約の更新後の契約期間にまたがる期間の契約金額の変更契約となります。

　この場合には、原契約で定める契約期間内の期間内の部分については、変更金額（変更前の金額と変更後の金額との差額）である 220,000円に 8 ヶ月を乗じた 1,760,000 円と、更新後の期間に適用となる月額委託料金（変更後の金額 720,000 円（792,000 円－72,000 円））に更新後の適用期間 4 ヶ月を乗じた 2,880,000 円との合計金額である 4,640,000 円が契約金額（＝記載金額）となります。

　したがって、この場合には、通則 3 のイの規定により第 2 号文書（請負に関する契約書）に所属が決定され、印紙税額は 2,000 円となります。

〔参考3〕

　事例の「メンテナンス契約変更契約書」の「2　契約の期間」が、「本契約は、X2年4月1日からX3年3月31日までとする。」と記載されている場合には、原契約の更新後の契約期間の契約金額を定める契約となります。

　この場合には、更新後の契約期間内の契約金額が算出できますから、更新後の期間に適用となる月額委託料金（変更後の金額720,000円（792,000円 − 72,000円））に更新後の適用期間12ヶ月を乗じた8,640,000円が契約金額（＝記載金額）となります。

　したがって、この場合には、通則3のイの規定により第2号文書（請負に関する契約書）に所属が決定され、印紙税額は1万円となります。

※　「請負契約書などの月額単価変更契約書の記載金額の取扱い（増額変更の場合）」取扱い表（p 38）参照。

参考資料

「契約形態別の各種文書の課否判定」

「契約形態別の各種文書の課否判定」

　売買契約、賃貸借契約など、各種契約形態別の契約文書に係る印紙税の取扱いは、おおむね以下のとおりとなります。

　なお、ここで紹介する各種文書に掲載された事例の課否判定については、あくまでも契約形態別の標準的な契約内容が記載された文書である場合の一般的な取扱いとなるものですから、実際に作成される文書の課否判定に当たっては、他に課税事項となるものの記載があるか否か、その記載文言の内容について十分に吟味する必要がありますので、ご留意ください。

1 売買契約

(1) 不動産の売買契約

イ **土地（建物）売買予約契約書**・・・土地又は建物について、その所有者（売主）と買主との間での売買の予約を行うもの。
  ⇒ 第1号の1文書（不動産の譲渡に関する契約書）。
    なお、第1号の1文書（不動産の譲渡に関する契約書）には**軽減税率が適用されます**（以下同じです。）。

ロ **不動産再売買予約契約書**・・・土地及び建物について、所有者（売主）と買主との間で売買契約を締結するに伴って、将来再びその土地及び建物を買主から元の所有者に売り渡すという売買の予約を行うもの。経済的には信用の供与と債権の担保に主たる意味がある。
  ⇒ 第1号の1文書（不動産の譲渡に関する契約書）

ハ **買戻特約付買戻特約付宅地売買契約書**・・・土地について、その所有者（売主）と買主との間の売買契約と同時に、売買代金及び契約の費用を買主に返還して売買契約を解除する特約を付すもの。売主が不動産を担保にして、買主から代金相当額の信用を受けて、弁済期までに弁済することができなければ、不動産をもって弁済するという契約と同じ意味がある。
  ⇒ 第1号の1文書（不動産の譲渡に関する契約書）

ニ **建売住宅売買契約**・・・既に建築された住宅を販売する場合や、これから建築する住宅を販売する場合もあるが、いずれにせよ売主が建てた住宅を販売する場合の契約となるもの。
  ⇒ 第1号の1文書（不動産の譲渡に関する契約書）

ホ **不動産売渡証書**・・・不動産の売主から買主に、その不動産を売り渡した旨を記載して交付される証書。不動産売渡証書は、通常、登記をする際に登記原因を証明するものとして使用され、これに登記済み

の記載がなされたものが、いわゆる登記済権利証となる。

⇒　第1号の1文書（不動産の譲渡に関する契約書）

ヘ　借地権負担付土地売買契約書・・・借地権が設定してある宅地について、その所有者（売主）と買主との間で売買契約を締結するもの。買主は、借地契約をそのまま引き継ぎ、借地人に対して敷金を返還する義務も引き継ぐこととなる。

⇒　第1号の1文書（不動産の譲渡に関する契約書）

ト　建物売買契約書（借地人が借地権とともに第三者に建物を売却）・・・建物について借地権とともに、建物の所有者（売主）と買主との間で売買契約を締結するもの。この場合売主は、買主への借地権譲渡について、地主の承諾を得なければならない。

⇒　第1号の1文書（不動産の譲渡に関する契約書）

チ　建物売買契約書（借家人が土地建物所有者から建物を購入）・・・建物及び建物が建っている宅地の所有者（売主）と、その建物を賃借している買主との間で建物だけの売買契約を締結するもの。売主は、買主がその建物を所有するための借地権を設定することとなる。

⇒　第1号の1文書（不動産の譲渡に関する契約書）

リ　建物売買契約書（地主が借地人である建物所有者から建物を購入）・・・建物の所有者（売主）と、その建物の所有者に底地を賃貸している土地所有者との間で、土地所有者が建物の買主となって売買契約を締結するもの。借地契約を合意解除して、買主が土地の返還を望む場合に多く行われる契約形態である。

⇒　第1号の1文書（不動産の譲渡に関する契約書）

ヌ　土地交換契約書・・・甲所有のＡ土地と乙所有のＢ土地を交換するなど、当事者が互いに金銭以外の財産権を移転するための契約を締結するもの。

⇒　不動産を交換するものは第1号の1文書（不動産の譲渡に関する契約書）となり、契約金額は、契約書に記載されている交換金額と

なります。

　なお、交換契約書に交換対象物の双方の価額が記載されているときは、いずれか高いほう（等価交換のときは、いずれか一方）の金額が、交換差金のみが記載されているときはその交換差金が、それぞれ記載金額となります。

(2) 動産等の売買契約

イ　**動産売買予約契約書**・・・動産である物品の所有者（売主）と買主との間で、動産売買の予約を行うもの。

　⇒　**不課税文書**

ロ　**動産売買契約書**・・・動産である物品の所有者（売主）と買主との間で売買契約を締結するもの。

　⇒　**不課税文書**

ハ　**機械売買契約書**・・・動産である機械の所有者（売主）と買主との間で売買契約を締結するもの。

　⇒　**不課税文書又は第2号文書（請負に関する契約書）**

　※　大型機械の取付けなど一定の物品を一定の場所に取り付けることにより所有権が移転することを内容とする契約書は、物品の譲渡より仕事の完成に重きをおいているものと認められることから、第2号文書に該当します。

　　一方、取付け行為が簡単であって、特別の技術を要しないものは不課税文書である物品の譲渡に関する契約書に該当します。

ニ　**中古自動車売買契約書**・・・動産である中古自動車について、その所有者（売主）と買主との間で売買契約を締結するもの。

　⇒　**不課税文書**

ホ　**電話加入権売買契約書**・・・加入電話について、その権利者（売主）と買主との間で売買契約を締結するもの。

　⇒　**第15号文書（債権譲渡に関する契約書）**

394 　参考資料 「契約形態別の各種文書の課否判定」

※ 　電話加入権売買契約は、加入電話会社との契約に基づいて加入電話の設置を受け、これにより電気通信役務の提供を受ける権利（債権）の売買契約となります。

ヘ 　**ゴルフ会員権売買契約書**・・・預託金制のゴルフ会員権について、その権利者（売主）と買主との間で売買契約が締結される場合の契約書である。

⇒ 　**第15号文書（債権譲渡に関する契約書）**

※ 　ゴルフ会員権には、株主会員制会員権、社団法人制会員権、預託金制会員権があります。預託金制会員権は、ゴルフ場の施設を規則に従って優先的に利用することができる権利、預託した保証金を据置期間経過後退会時に返還請求することができる権利、年会費等を納入する等の義務からなる契約上の地位をいいます。

　この契約上の地位の譲渡は、売主と買主の意思表示により成立しますが、ゴルフ場会社に対する関係では、ゴルフクラブの理事会の承認がない限り譲渡の効力は生じないと解されています。

ト 　**継続的売買契約書（製品の継続的売買）**・・・製品を製造する者（売主）が、買主のために製品を継続的に販売する場合の継続的取引の契約締結するもの。

⇒ 　**第7号文書（継続的取引の基本となる契約書）**

※ 　営業者間で締結される売買基本契約書（契約書に記載された契約期間が3ヶ月以内で、かつ、更新に関する定めのないものは除く。）のうち、取引に共通して適用される取引条件のうち、目的物の種類、取扱数量、単価、対価の支払方法、債務不履行の場合の損害賠償の方法又は再販売価格を定めるものは第7号文書（継続的取引の基本となる契約書）に該当します（令26一）。

チ 　**鉱山契約書**・・・鉱物の採掘事業場として鉱山（鉱区）について、設定登録されている採掘権を鉱山権者が他の者に売り渡すことを内容とするもの。

⇒ 　**第1号の1文書（鉱業権の譲渡に関する契約書）**

2 貸借契約

(1) 使用貸借契約

イ **動産使用貸借契約書**・・・絵画、機材、備品、自動車などの動産を無償で使用させる契約。

⇒ 不課税文書

ロ **土地使用貸借契約書**・・・土地を無償で使用収益させる契約で、親族友人など特殊な関係にある当事者間で結ばれることが多い。借地借家法の適用はない。

⇒ 不課税文書

ハ **建物使用貸借契約書**・・・建物を無償で使用収益させる契約で、親族友人など特殊な関係にある当事者間で結ばれることが多い。借地借家法の適用はない。

⇒ 不課税文書

ニ **社宅使用貸借契約書**・・・建物を社宅として無償で使用させる契約で、会社や事業主が貸主となり、従業員が借主となるのが一般的。借地借家法の適用はない。

⇒ 不課税文書

(2) 賃貸借契約

イ **動産賃貸借契約書**・・・絵画、機材、備品、自動車などの動産の賃貸借契約書。

⇒ 不課税文書

ロ **土地賃貸借契約書**・・・建物の所有を目的としない土地の賃貸借契約。例えば、屋外展示場や駐車場、資材置き場などとして土地を賃貸借する場合に締結されるもの。

⇒ 第1号の2文書（土地の賃借権の設定に関する契約書）

ハ　駐車場賃貸借契約書・・・駐車場としての土地の賃貸借契約。

　　⇒　第1号の2文書（土地の賃借権の設定に関する契約書）又は不課税
　　　文書

　　※　駐車場としての施設の賃貸借である場合には課税文書に該当しま
　　　せん。

ニ　一時使用土地賃貸借契約書・・・一時的な使用のために土地の賃貸
　　借を行う場合に締結するもの。例えば、臨時設備の設置、短期間の博
　　覧会用地、建設工事現場の作業員宿舎や詰所の設置等を目的として土
　　地を賃貸借する場合に使用する。

　　⇒　第1号の2文書（土地の賃借権の設定に関する契約書）

ホ　土地賃貸借契約書（普通借地権）・・・建物の所有を目的とする通
　　常の土地賃貸借に用いられるもの。

　　⇒　第1号の2文書（土地の賃借権の設定に関する契約書）

ヘ　一般定期借地権設定契約書・・・契約更新や再築による賃貸借期間
　　の延長及び建物買取請求権を排除することで、期間満了時に確実に土
　　地の返還を受けられる土地の賃貸借契約。

　　⇒　第1号の2文書（土地の賃借権の設定に関する契約書）

ト　事業用定期借地権設定契約書・・・もっぱら事業用に使用する建物
　　の所有を目的として、期間を10年から20年の間に設定する場合に締
　　結するもの。設定期間経過後には土地の返還が確保される。量販店、
　　レストラン、遊技場等、長期間の借地権の保証より低コストを望む借
　　地に利用される。

　　⇒　第1号の2文書（土地の賃借権の設定に関する契約書）

チ　建物賃貸借契約書（一般居住用）・・・居住用に建物を賃貸借する
　　場合に締結するもの。

　　⇒　不課税文書

リ　建物賃貸借契約書（取り壊し予定の建物の賃貸）・・・法令又は契約
　　によって一定期間経過後に建物を取り壊さなければならない場合に締

結される建物賃貸借契約。契約の更新がなく、期間経過後の建物の明
渡しが確保される。

⇒　不課税文書

ヌ　**建設協力金等の定めのある建物賃貸借契約書**・・・建物等の賃貸借
契約をする際に、賃借人から建設協力金・保証金等として一定の金銭
を受領し、賃貸借期間に関係なく、一定期間据置後一括返済又は分割
返済することを約する契約書。

⇒　第1号の3文書（消費貸借に関する契約書）

ル　**定期賃貸住宅契約書**・・・定期借家制度にもとづいて建物を賃貸す
る場合の契約書。正当事由の有無を問わず、期間満了により契約が終
了し、更新はない。

⇒　不課税文書

ヲ　**マンション（アパート）賃貸借契約書**・・・マンション（アパート）
を居住用として賃貸借する場合の契約書。

⇒　不課税文書

ワ　**ビル貸室賃貸借契約書**・・・ビルの一室を営業用の事務所として使
用する場合の賃貸借契約書。

⇒　**不課税文書又は第1号の3文書（消費貸借に関する契約書）**

※　保証金等として賃借人から一定の金銭を受領し、賃貸借期間に関
係なく、一定期間据置後、一括返済又は分割返済することを約する
ものは、第1号の3文書（消費貸借に関する契約書）に該当します。

カ　**店舗賃貸借契約書**・・・店舗を賃貸借する場合の契約書。

⇒　不課税文書

ヨ　**倉庫賃貸借契約書**・・・倉庫を賃貸借する場合の契約書。

⇒　不課税文書

タ　**一時使用建物賃貸借契約書**・・・自己の建物を改築等するため、一
時的な仮住居として建物を賃借する場合のような一時的な使用目的の
ために、建物を賃貸借する場合の契約書。

⇒　不課税文書

398　参考資料　「契約形態別の各種文書の課否判定」

3 金銭消費貸借契約・保証契約・担保契約

(1) 金銭を貸す（借りる）契約

イ　金銭消費貸借契約書・・・借主が貸主から一定金額の金銭を受け取り、これと同額の金銭を返還することを内容とする契約。通常は、返還期限、利息、遅延損害金等も約定される。

　　⇒　第1号の3文書（消費貸借に関する契約書）

ロ　金銭消費貸借契約書（連帯保証人付）・・・借主が貸主から一定金額の金銭を受け取り、これと同額の金銭を返還することを内容とする契約につき、借主の債務に関して連帯保証人が付された場合に締結するもの。

　　⇒　第1号の3文書（消費貸借に関する契約書）

　　※　連帯保証に関する事項は、主たる債務の契約書に併記されたものであり、第13号文書（債務の保証に関する契約書）には該当しません。

ハ　弁済期限等変更契約証書・・・既に契約が成立した金銭消費貸借契約につき、一定期日に定められた借主の債務の返還期日、分割弁済の期日や弁済方法などを変更するもの。

　　⇒　第1号の3文書（消費貸借に関する契約書）

　　※　借入金の弁済期限を変更する契約書に、原契約書における借入金額の記載がある場合、この金額は原契約の契約金額を変更するものではないことから、記載金額のない第1号の3文書となります。

ニ　債務承認弁済契約書・・・債務者が債権者に対して消費貸借に関する既存の債務を確認するとともに、その弁済を約する内容の契約書。

　　⇒　第1号の3文書（消費貸借に関する契約書）

　　※1　消費貸借の債務承認弁済契約書に記載されている既存の債務金額は、原則として、記載金額とはなりません。

3. 金銭消費貸借契約・保証契約・担保契約　　399

※2　債務発生についての原契約が、不動産売買、請負等の消費貸借以外の課税事項である場合には、原契約と同一の号に所属する文書として課税されます。

※3　債務発生についての原契約が、物品売買、損害賠償など、課税事項以外の事項に係るものである場合には、原契約と同様に不課税文書となります。

ホ　**金銭消費貸借契約書（限度貸付）**・・・金銭消費貸借契約のうち、貸付金額の累計額が契約で定められた一定金額に達するまでは借主に対する金銭の貸付けを認めるもの。

⇒　第1号の3文書（消費貸借に関する契約書）

※　貸付累計額が一定の金額に達するまで貸し付けることを約するものである場合の一定の金額は、貸付けの予約金額の最高額を定めるものであることから、その一定の金額を記載金額とする第1号の3文書となります。

ヘ　**金銭消費貸借契約書（極度貸付）**・・・金銭消費貸借契約のうち、貸付金額の累計額が契約で定められた一定金額の範囲内であれば、借主に対して反復して何度でも貸し付けることを認めるもの。

⇒　第1号の3文書（消費貸借に関する契約書）

※　一定の金額の範囲内で反復して何度でも貸し付けることを約するものである場合の一定の金額は、直接貸付金額を予約したものではなく、いわゆる信用枠を定めるものであり、記載金額のない第1号の3文書となります。

ト　**準消費貸借契約書**・・・売買によって買主が売主に対して負担している代金などの支払債務や、賃貸借契約から生じた賃借人の賃貸人に対する延滞賃借料債務などの既存の債務について、当事者がこれを消費貸借の目的に改めることを約する内容の契約書。

⇒　第1号の3文書（消費貸借に関する契約書）

※　印紙税法上の「消費貸借」には準消費貸借も含むこととされてい

ます。

(2) 保証契約

イ　保証契約書・・・金銭の貸借の契約につき、借主以外の者が、借主が支払を怠った場合に借主に代わって返済を行うことを約したもの。

　　⇒　第13号文書（債務の保証に関する契約書）

ロ　金銭消費貸借・連帯保証契約書・・・金銭の貸借の契約につき、借主以外の者が、借主が支払を怠った場合、借主に代わって全額の返済を行うことを約した契約書。

　　⇒　第1号の3文書（消費貸借に関する契約書）

　　※　債務保証に関する事項は、主たる債務の契約書に併記されたものであるため、第13号文書（債務の保証に関する契約書）には該当しません。

ハ　連帯保証契約書（根保証）・・・債務者が債務の弁済を怠った場合、債務者が負担する一定範囲の債務について、一定金額（限度額）を上限として、その範囲内の金額の債務の弁済を債務者に代わって行うことを約した契約書。

　　⇒　第13号文書（債務の保証に関する契約書）

ニ　保証意思確認照会書・・・債権者と債務者が、既に保証人付金銭消費貸借契約書を締結している場合で、あらためて保証人からその債務について保証する意思がある旨を自認させ、保証債務の成立について後日紛争が生じないようにするための書面。

　　⇒　不課税文書

ホ　保証人変更契約書・・・いったん保証人となった者について、保証債務を免除し、他の者を新たに保証人とする契約。

　　⇒　第13号文書（債務の保証に関する契約書）

(3) 担保契約（抵当権・根抵当権に関する契約）

イ　金銭消費貸借・抵当権設定契約書・・・特定の金銭の貸借の契約について、併せて借主の返済債務を担保するために、借主が所有する物件に抵当権を設定するもの。

　⇒　第1号の3号文書（消費貸借に関する契約書）

ロ　抵当権設定契約書・・・金銭の借主が負担する特定の金銭の返還債務につき、その返済を担保するため、借主以外の者が所有する物件に抵当権を設定するもの。

　⇒　不課税文書

ハ　抵当権追加設定契約書・・・金銭の借主が負担する特定の金銭の返還債務につき、その返済を担保するため、既に設定された抵当権に加えて、新たに借主又は借主以外の者が所有する物件に抵当権を設定するもの。

　⇒　不課税文書

ニ　抵当権順位譲渡契約書・・・同一物件に関して順位を異にする抵当権を有する者の間で、先順位の抵当権者から後順位の抵当権者に対して優先弁済を受ける権利を譲渡する際に締結する契約書。

　⇒　不課税文書

ホ　抵当権譲渡契約書・・・同一の債務者に対する債権者の間で、抵当権を有する者が抵当権を有しない者に対して自らの抵当権を譲渡し、その分だけ無担保の債権者になるための契約書。

　⇒　不課税文書

ヘ　抵当権順位変更契約書・・・同一物件に関して順位を異にする抵当権者の合意に基づき、それらの抵当権の順位を変更するための契約書。

　⇒　不課税文書

ト　抵当権付債権譲渡契約書・・・抵当権によって担保される債権（被担保債権）とともに抵当権を譲渡するための契約書。

　⇒　第15号文書（債権譲渡に関する契約書）

チ　根抵当権設定契約書・・・ある種類の取引から生じる不特定の債権や一定の範囲に属する債権などを一定の金額の範囲内で担保するために、債務者等が所有する物件に根抵当権を設定するための契約書。

　　⇒　不課税文書

リ　代物弁済予約付根抵当権設定契約書・・・ある種類の取引から生じる不特定の債権や一定の範囲に属する債権などを一定の金額の範囲内で担保するために、債務者等が所有する物件に根抵当権を設定するとともに、債務者が債務の履行を怠ったときは、債務の全部又は一部の弁済に代えて債権者が根抵当物件を取得することを約する契約書。

　　⇒　第1号の3文書（消費貸借に関する契約書）又は第1号の1文書（不動産の譲渡に関する契約書）

　　※　当初の債務の支払方法を定める契約（契約の内容を変更又は補充する契約）であることから、例えば、当初債務が借入金であれば、第1号の3文書（消費貸借に関する契約書）に該当するほか、代物弁済の目的物が不動産であれば、第1号の1文書（不動産の譲渡に関する契約書）に該当し、全体が第1号文書に該当することとなります（この場合の記載金額は、代物弁済により消滅することとなる債務の金額です。）。

ヌ　根抵当権変更契約書（極度額の変更）・・・根抵当権の極度額（根抵当権で担保される債権の限度額）を変更するための契約書。

　　⇒　不課税文書

ル　根抵当権変更契約書（債務者・被担保債権の範囲の変更）・・・根抵当権により担保される債権の債務者を変更し、それに伴って担保される債権の範囲も変わるため、これも併せて変更するための契約書。

　　⇒　不課税文書

ヲ　根抵当権全部譲渡契約書・・・根抵当権の被担保債権の元本の確定前に、被担保債権とは切り離された根抵当権（担保される枠）自体を譲渡するための契約書。

⇒　不課税文書

(4) 質権に関する契約

イ　**金銭消費貸借・質権設定契約書**・・・特定の金銭の貸借の契約につき、あわせて借主の返済債務を担保するため、借主が第三者に対して有する債権に質権を設定する契約書。

　　⇒　**不課税文書又は第1号の3文書（消費貸借に関する契約書）**

　　※　金銭消費貸借契約を当該契約書上で締結しているときは、第1号の3文書（消費貸借に関する契約）に該当します。

ロ　**質権設定通知書**・・・質権者が債権に対する質権設定の対抗要件を備えるため、質権設定者がその債権の債務者に対して行う質権設定の通知文書（確定日付必要）。

　　⇒　不課税文書

ハ　**質権設定承諾書**・・・債権に対する質権設定の対抗要件として、質権を設定された債権の債務者が質権設定を承諾するもの（確定日付必要）。

　　⇒　不課税文書

(5) 譲渡担保に関する契約

イ　**譲渡担保契約書（土地建物）**・・・借主が所有する土地建物を貸主に譲渡してその代金の形で貸付けを受け、一定期限までに借主はその土地建物を買い戻すことができるが、その期限を過ぎると、その土地建物の所有権が貸主に確定的に帰属するとする契約書。

　　⇒　**第1号の1文書（不動産の譲渡に関する契約書）**

　　※　譲渡する物件が不動産の場合は第1号の1文書に該当します。この場合の記載金額は弁済により消滅することとなる債務の金額です。

ロ　**譲渡担保契約書（自動車）**・・・特定の金銭の貸借の契約につき、

借主の返済債務を担保するため、借主が使用を継続する自動車について、その所有権を貸主に譲渡し、借主が返済を怠れば貸主においてその自動車を任意に処分できるとする契約書。

⇒　不課税文書

(6) その他の債権担保に関する契約

イ　仮登記担保設定契約書・・・金銭債務を担保するため、債務者又は第三者の有する不動産について、代物弁済の予約、停止条件付代物弁済の仮登記をするための契約書。

⇒　第1号の1文書（不動産の譲渡に関する契約書）

ロ　売渡担保契約書・・・ある債務を担保するために、機械、建物等を債権者に譲渡し、売渡人が使用料を支払うことによって、引き続き売渡人がその機械、建物等を使用できること及び弁済期日までに債務の支払が完了した場合には、機械、建物等の所有権を売渡人に移転させることにより現状に回復させることを約する契約書。

⇒　不動産を対象とするものは第1号の1文書（不動産の譲渡に関する契約書）。動産を対象とするものは不課税文書

贈与契約

イ 不動産贈与契約書・・・土地、建物などの不動産を無償で与える場合の契約書。
　⇒ 第1号の1文書（不動産の譲渡に関する契約書）
　※ 契約書に贈与する不動産の評価額を記載したとしても、当該評価額は不動産の譲渡対価としての額ではないことから、記載金額には該当しません。

ロ 動産贈与契約書・・・絵画、機材、備品、自動車などの動産を無償で与える場合の契約書。
　⇒ 不課税文書

ハ 負担付贈与契約書・・・例えば、マンションを贈与する代わりに受贈者に残ローンの支払を引き受けてもらうというような、ある物を贈与する代わりに一定の債務を負担してもらうための契約書。
　⇒ 贈与するものが不動産である場合には、第1号の1文書（不動産の譲渡に関する契約書）
　※ 負担付贈与は無償の契約であるから、原則として契約金額のない契約書となります。
　　なお、負担付贈与契約で、負担の価格が目的物の価格と同等又はそれ以上である等その実質が売買契約又は交換契約と認められる場合は、負担の価格が記載金額となります。

ニ 死因贈与契約書・・・贈与者の死亡により、例えばマンションを贈与するというような、贈与のための契約書。
　⇒ 贈与するものが不動産である場合には、第1号の1文書（不動産の譲渡に関する契約書）

5 委任契約

(1) 委任

イ　**委任契約書**・・・例えば、機械の売却について、所有者が売却についての事務処理を委任するための契約書。

　⇒　不課税文書

ロ　**販売代金等収納事務委託契約書**・・・物品の販売業者等が金融機関等に販売代金の収納事務を委託するために作成する契約書。

　⇒　不課税文書

　※　物品の販売業者等が、金融機関等に対して販売代金を積極的に集金することまで委託するものでないものは、「売買に関する業務」の委託には該当しません（基本通達別表第一 第7号文書17）。

ハ　**研究委託契約書**・・・相手方の有する知識、経験、才能などを利用して、ある目的について研究するという事務の処理を委託することを内容とする契約書。

　⇒　不課税文書

　※　報告書等の成果物の提出に対して、これを検収の上で報酬を支払うとしているものは請負契約に該当し、第2号文書（請負に関する契約書）となります。

(2) 民事訴訟

イ　**委任契約書（民事事件）**・・・民事事件の処理について、依頼者が弁護士にその事件等の処理を委任するための契約書。

　⇒　不課税文書

ロ　**訴訟委任状**・・・民事訴訟事件について、自らが委任する弁護士を訴訟代理人と定めて、署名又は記名、捺印して作成する委任状。

　⇒　不課税文書

6 寄託契約

イ　**寄託契約書**・・・当事者の定める一定の対象物件を、当事者の一方が保管するために受け取り、他方がそのための報酬を支払う旨の契約書。親族間等では無償の場合もあるが、通常は、有償（報酬付）とされている。

　⇒　不課税文書

　※　寄託契約書は、金銭又は有価証券に係るもののみが課税文書となります。

ロ　**有価証券寄託契約書**・・・当事者の一方が所有する有価証券をもう一方の当事者に対して寄託し、寄託された当事者の一方はこれを保管することを約する契約書。

　⇒　第14号文書（有価証券の寄託に関する契約書）

　※　寄託料が無償の場合であっても課税文書に該当します。

408 参考資料 「契約形態別の各種文書の課否判定」

7 請負契約

イ 設計委託契約書・・・個人向け住宅などの建物を建設する者が、建物の設計を他の者に委託する際に締結する契約書。

⇒ 第2号文書（請負に関する契約書）

ロ 工事請負契約書（造園、その他）・・・個人向け住宅などの造園や塀・門扉の設置工事などを他の者に委託する際に締結する契約書。

⇒ 第2号文書（請負に関する契約書）

ハ 製造委託契約書・・・委託者が原材料を供給して、受託者に製品を製造させるための契約書。

⇒ 第2号文書（請負に関する契約書）又は第7号文書（継続的取引の基本となる契約書）

※ 営業者間において、請負に関する2以上の取引を継続して行うため作成される契約書（契約書に記載された契約期間が3ケ月以内で、かつ、更新に関する定めのないものは除きます。）で、当該2以上の取引に共通して適用される取引条件のうち目的物の種類、取扱数量、単価、対価の支払方法、債務不履行の場合の損害賠償の方法又は再販売価格を定めるものは、第7号文書（継続的取引の基本となる契約書）にも該当します（令26一）。この場合には、通則3のイの規定により所属を決定します（具体的には、契約金額の記載がある場合には第2号文書、契約金額の記載がない場合には第7号文書に所属が決定されます。）。

ニ 保守契約書・・・機械設備の保守を他の者に依頼するときに締結する契約書。

⇒ 第2号文書（請負に関する契約書）又は第7号文書（継続的取引の基本となる契約書）【所属決定：上記ハに同じ】

ホ エレベーター保守等契約書・・・設置されたエレベーターの保守点

検を他の者に委託する際に締結する契約書。

⇒　第2号文書（請負に関する契約書）又は第7号文書（継続的取引の基本となる契約書）【所属決定：上記ハに同じ】

ヘ　**広告契約書**・・・一定の金額で、一定の期間、新聞広告、コマーシャル放送、インターネット広告等を行うことを内容とする契約書。

⇒　第2号文書（請負に関する契約書）又は第7号文書（継続的取引の基本となる契約書）【所属決定：上記ハに同じ】

※　対価を得て行う広告宣伝の引受けは請負に当たります。

　　なお、1回の契約で単に広告の登載等が数回にわたるものは、2以上の取引に共通して適用される取引条件を定めるものではないことから、第7号文書には該当しません。

ト　**壁面広告掲出契約書**・・・建物等の所有者が指定する壁面を広告物を掲出するために有償で使用させることを約する契約書。

⇒　不課税文書又は第2号文書（請負に関する契約書）

※　単に壁面等の利用を許諾するものでなく、壁面等を利用した広告宣伝の引受けを内容とする契約書は、第2号文書（請負に関する契約書）に該当します。

チ　**監査契約書**・・・公認会計士と被監査法人との間で作成する契約書。

⇒　第2号文書（請負に関する契約書）又は不課税文書

※　会計監査人就任承諾書等、監査報告書の作成まで約するものでない契約書の場合は不課税文書となります。

410　参考資料　「契約形態別の各種文書の課否判定」

8 運送契約

イ　**運送契約書**・・・当事者の一方（運送人）が、物品又は旅客の場所的移動を約し、相手（依頼人）が、これに報酬を支払うことを約する契約書。

　⇒　第1号の4文書（運送に関する契約書）

ロ　**運送契約書（継続的取引）**・・・上記イの運送契約書に該当し、かつ、営業者間において、運送に関する2以上の取引を継続して行うため作成される契約書（契約書に記載された契約期間が3ヶ月以内で、かつ、更新に関する定めのないものは除きます。）で、当該2以上の取引に共通して適用される取引条件のうち目的物の種類、取扱数量、単価、対価の支払方法、債務不履行の場合の損害賠償の方法又は再販売価格を定めるもの。

　⇒　第1号の4文書（運送に関する契約書）と第7号文書（継続的取引の基本となる契約書）とに該当（令26一）

　※　この場合は、通則3のイの規定により所属を決定します（契約金額の記載がある場合には第1号の4文書、契約金額の記載がない場合には第7号文書に所属を決定）。

会社組織再編等に関する契約

(1) 営業譲渡等
イ **営業譲渡契約書**・・・営業の重要な一部を譲渡し、また譲り受ける場合の契約書。
　⇒ 第1号の1文書(営業の譲渡に関する契約書)
ロ **商号譲渡契約書**・・・商号のみを譲渡する契約書。商号は、営業と共にする場合又は営業を廃止する場合に限り譲渡できる(商法第15条1項)。
　⇒ 第1号の1文書(無体財産権の譲渡に関する契約書)
ハ **商号および営業譲渡契約書**・・・営業を譲渡するだけでなく、譲渡人が従前使用してきた商号も併せて譲渡する場合の契約書。
　⇒ 第1号の1文書(営業の譲渡に関する契約書)

(2) 合併等
イ **合併契約書**・・・当事会社の一方が消滅し他方が存続する場合(吸収合併)、当事会社の双方が消滅し、新たな会社が設立される場合(新設合併)の合併契約書。
　⇒ 第5号文書(合併契約書)
ロ **合併覚書**・・・合併契約書作成に先立ち、合併に関する基本的方向付けを書面で確認する場合の文書。
　⇒ 不課税文書
　※ 印紙税の課税文書となる合併契約書は、会社法又は保険業法で作成が義務付けられているものに限られます。
ハ **株式交換契約書**・・・株式交換をする場合の契約書。
　⇒ 不課税文書

(3) 企業提携

イ　総代理店契約書・・・商品の継続的供給を内容とする売買契約書。

　　⇒　第 7 号文書（継続的取引の基本となる契約書）

　　※　営業者間で締結される売買基本契約書（契約書に記載された契約
　　　　期間が 3 ケ月以内で、かつ、更新に関する定めのないものは除きます。）
　　　　のうち、取引に共通して適用される取引条件のうち目的物の種類、
　　　　取扱数量、単価、対価の支払方法、債務不履行の場合の損害賠償の
　　　　方法又は再販売価格を定めるものは第 7 号文書に該当します（令
　　　　26 一）。

ロ　フランチャイズ契約書・・・特定の商品やサービスの提供について
　　独占的な権利を有する親企業（フランチャイザー）が、加盟店（フラン
　　チャイジー）に対して一定地域内での独占的販売権を与え、加盟店が
　　特約料（ロイヤリティー）を支払う契約書（加盟店は、親企業から経営
　　のノウハウを受け、その商号・商標を利用し、同一のイメージの下で事業
　　を行うもの。）。

　　⇒　不課税文書又は第 7 号文書（継続的取引の基本となる契約書）

　　※　単に商標やノウハウの利用を許諾するものは不課税文書となりま
　　　　すが、フランチャイザーとフランチャイジーとの間で継続する売買
　　　　を行うため、目的物の種類、取扱数量、単価、対価の支払方法、債
　　　　務不履行の場合の損害賠償の方法又は再販売価格を定める契約書
　　　　は、第 7 号文書に該当します（令 26 一）。

10 知的財産権に関する契約

(1) 特許権

イ　開発委託契約書・・・商品開発に際して、技術やノウハウを有する専門メーカーに対して、開発業務を委託するための契約書。

　⇒　第2号文書（請負に関する契約書）又は不課税文書

　※　具体的な商品の開発（仕事の完成）に対して報酬を支払うものは第2号文書となりますが、単に技術、ノウハウを活用して研究を行い、研究結果を求めるもの（研究の成果と見合う対価関係がないもの）は不課税文書となります。

ロ　共同研究契約書・・・特許出願済みの発明を商品化するために、他社と共同で研究を行うための契約書。

　⇒　不課税文書

ハ　特許権譲渡契約書・・・登録済みの特許権又は出願中の特許を受ける権利について、他社に譲渡を行うための契約書。

　⇒　第1号の1文書（無体財産権の譲渡に関する契約書）又は不課税文書

　※　特許を受ける権利は特許権そのものではないので、これのみの譲渡契約書は、第1号の1文書には該当しません。

ニ　譲渡証書（付・単独申請承諾書、特許を受ける権利）・・・特許権譲渡契約に基づいて特許を受ける権利の移転登録を行う際に提出する書面。

　⇒　不課税文書

　※　特許を受ける権利は、特許権（無体財産権）には該当しません。

ホ　特許実施許諾契約書（専用実施権）・・・登録済みの特許権について、他社に専用実施権を付与するための契約書。

　⇒　不課税文書

　※　無体財産権の実施権又は利用権の設定契約は、課税事項にはなり

ません。

ヘ　ノウハウ実施許諾契約書・・・秘密に保護されている自社の技術
上、営業上の情報について、他社に利用を認める際の契約書。

⇒　不課税文書

※　ノウハウは無体財産権には該当しません。

(2) 実用新案権

実用新案譲渡契約書・・・登録済みの実用新案権について、他社に譲渡
を行うための契約書。

⇒　第1号の1文書（無体財産権の譲渡に関する契約書）

(3) 意匠権

意匠権譲渡契約書・・・登録済みの意匠権について、他社に譲渡を行う
ための契約書。

⇒　第1号の1文書（無体財産権の譲渡に関する契約書）

(4) 商標権

商標権譲渡契約書・・・登録済みの商標権又は出願中の商標を受ける権
利について、他社に譲渡を行うための契約書。

⇒　第1号の1文書（無体財産権の譲渡に関する契約書）又は不課税文書

※　商標権は無体財産権に該当しますが、出願中の商標を受ける権利
は無体財産権には該当しないので、これのみを譲渡する場合には、
第1号の1文書には該当しません。

(5) 商品化権・宣伝・広告

商品化権ライセンス契約書・・・キャラクターなどを各種商品に付すこ
とを許諾するための契約書。

⇒　不課税文書

10. 知的財産権に関する契約　　415

※　商品化権のライセンスは、著作権、意匠権、商標権等の実施権を許諾されるものですが、これらの権利そのもの（無体財産権）の譲渡を受けるものではないので課税文書には該当しません。

(6) プログラム・ソフトウエア

イ　ソフトウエア開発委託契約書・・・ソフトウエアの開発を委託するための契約書。

　⇒　第2号文書（請負に関する契約書）

ロ　ソフトウエア使用許諾契約書・・・ソフトウェアの使用許諾を行うための契約書。

　⇒　不課税文書

ハ　ソフトウエア著作権譲渡契約書・・・ソフトウェアに関する著作権（プログラム、仕様書など）の譲渡を行うための契約書。

　⇒　第1号の1文書（無体財産権の譲渡に関する契約書）

(7) 出版関連

イ　出版契約書（一般用）・・・著作物について、出版者がこれを書籍として出版することにつき、著作権者が出版権を設定する場合の契約書。

　⇒　不課税文書

　※　出版権設定契約は、一般に、著作権の譲渡ではなく、著作権者、出版者間の出版権設定を目的とする契約であり、著作権を利用させる契約の一態様ですから、課税文書には該当しません。

ロ　出版権使用契約書・・・著作物について出版権設定契約が締結されている場合において、第三者に文庫版・リプリント版等の二次出版を認めることを、出版権者と二次出版者との間で、著作権者が二次使用を二次出版者に許諾することを条件として、出版権者が二次出版に同意する契約書。

　⇒　不課税文書

法令集

1 印紙税法（抄）
2 印紙税法別表第一
　課税物件表の適用に関する通則
3 課税物件表
4 印紙税法施行令（抄）

1 印紙税法（抄）

（課税物件）

第2条　別表第一の課税物件の欄に掲げる文書には、この法律により、印紙税を課する。

（納税義務者）

第3条　別表第一の課税物件の欄に掲げる文書のうち、第5条の規定により印紙税を課さないものとされる文書以外の文書（以下「課税文書」という。）の作成者は、その作成した課税文書につき、印紙税を納める義務がある。

2　一の課税文書を二以上の者が共同して作成した場合には、当該二以上の者は、その作成した課税文書につき、連帯して印紙税を納める義務がある。

（課税文書の作成とみなす場合等）

第4条　別表第一第3号に掲げる約束手形又は為替手形で手形金額の記載のないものにつき手形金額の補充がされた場合には、当該補充をした者が、当該補充をした時に、同号に掲げる約束手形又は為替手形を作成したものとみなす。

2　別表第一第18号から第20号までの課税文書を1年以上にわたり継続して使用する場合には、当該課税文書を作成した日から一年を経過した日以後最初の付込みをした時に、当該課税文書を新たに作成したものとみなす。

3　一の文書（別表第一第3号から第6号まで、第9号及び第18号から第20号までに掲げる文書を除く。）に、同表第1号から第17号までの課税文書（同表第3号から第6号まで及び第9号の課税文書を除く。）により証されるべき事項の追記をした場合又は同表第18号若しくは第19号の課税文書として使用するための付込みをした場合には、当該追記又は付込みをした者が、当該追記又は付込みをした時に、当該追記又は付込みに係る事項を記載した課税文書を新たに作成したものとみなす。

4　別表第一第19号又は第20号の課税文書（以下この項において「通帳等」という。）に次の各号に掲げる事項の付込みがされた場合において、当該付込みがされた事項に係る記載金額（同表の課税物件表の適用に関する通則4に規定する記載金額をいう。第9条第3項において同じ。）が当該各号に掲げる金額であるときは、当該付込みがされた事項に係る部分については、当該通帳等への付込みが

なく、当該各号に規定する課税文書の作成があったものとみなす。

一　別表第一第1号の課税文書により証されるべき事項　10万円を超える金額

二　別表第一第2号の課税文書により証されるべき事項　100万円を超える金額

三　別表第一第17号の課税文書（物件名の欄1に掲げる受取書に限る。）により証されるべき事項　100万円を超える金額

5　次条第二号に規定する者（以下この条において「国等」という。）と国等以外の者とが共同して作成した文書については、国等又は公証人法（明治41年法律第53号）に規定する公証人が保存するものは国等以外の者が作成したものとみなし、国等以外の者（公証人を除く。）が保存するものは国等が作成したものとみなす。

6　前項の規定は、次条第3号に規定する者とその他の者（国等を除く。）とが共同して作成した文書で同号に規定するものについて準用する。

（非課税文書）

第5条　別表第一の課税物件の欄に掲げる文書のうち、次に掲げるものには、印紙税を課さない。

一　別表第一の非課税物件の欄に掲げる文書

二　国、地方公共団体又は別表第二に掲げる者が作成した文書

三　別表第三の上欄に掲げる文書で、同表の下欄に掲げる者が作成したもの

（納税地）

第6条　印紙税の納税地は、次の各号に掲げる課税文書の区分に応じ、当該各号に掲げる場所とする。

一　第11条第1項又は第12条第1項の承認に係る課税文書　これらの承認をした税務署長の所属する税務署の管轄区域内の場所

二　第9条第1項の請求に係る課税文書　当該請求を受けた税務署長の所属する税務署の管轄区域内の場所

三　第10条第1項に規定する印紙税納付計器により、印紙税に相当する金額を表示して同項に規定する納付印を押す課税文書　当該印紙税納付計器の設置場所

四　前3号に掲げる課税文書以外の課税文書で、当該課税文書にその作成場所が明らかにされているもの　当該作成場所

五　第1号から第3号までに掲げる課税文書以外の課税文書で、当該課税文書に
　　その作成場所が明らかにされていないもの　政令で定める場所

（課税標準及び税率）

第7条　印紙税の課税標準及び税率は、別表第一の各号の課税文書の区分に応じ、
　同表の課税標準及び税率の欄に定めるところによる。

（印紙による納付等）

第8条　課税文書の作成者は、次条から第12条までの規定の適用を受ける場合を
　除き、当該課税文書に課されるべき印紙税に相当する金額の印紙（以下「相当印
　紙」という。）を、当該課税文書の作成の時までに、当該課税文書にはり付ける
　方法により、印紙税を納付しなければならない。

2　課税文書の作成者は、前項の規定により当該課税文書に印紙をはり付ける場合
　には、政令で定めるところにより、当該課税文書と印紙の彩紋とにかけ、判明に
　印紙を消さなければならない。

（税印による納付の特例）

第9条　課税文書の作成者は、政令で定める手続により、財務省令で定める税務署
　の税務署長に対し、当該課税文書に相当印紙をはり付けることに代えて、税印
　（財務省令で定める印影の形式を有する印をいう。次項において同じ。）を押すこ
　とを請求することができる。

2　前項の請求をした者は、次項の規定によりその請求が棄却された場合を除き、
　当該請求に係る課税文書に課されるべき印紙税額に相当する印紙税を、税印が押
　される時までに、国に納付しなければならない。

3　税務署長は、第1項の請求があった場合において、当該請求に係る課税文書の
　記載金額が明らかでないことその他印紙税の保全上不適当であると認めるとき
　は、当該請求を棄却することができる。

（印紙税納付計器の使用による納付の特例）

第10条　課税文書の作成者は、政令で定めるところにより、印紙税納付計器（印
　紙税の保全上支障がないことにつき、政令で定めるところにより、国税庁長官の
　指定を受けた計器（第16条及び第18条第2項において「指定計器」という。）
　で、財務省令で定める形式の印影を生ずべき印（以下「納付印」という。）を付
　したものをいう。以下同じ。）を、その設置しようとする場所の所在地の所轄税

務署長の承認を受けて設置した場合には、当該課税文書に相当印紙をはり付けることに代えて、当該印紙税納付計器により、当該課税文書に課されるべき印紙税額に相当する金額を表示して納付印を押すことができる。

2　前項の承認を受けて印紙税納付計器を設置する者は、政令で定めるところにより、同項の税務署長の承認を受けて、その者が交付を受ける課税文書の作成者のために、その交付を受ける際、当該作成者が当該課税文書に相当印紙をはり付けることに代えて、当該印紙税納付計器により、当該課税文書に課されるべき印紙税額に相当する金額を表示して納付印を押すことができる。

3　第1項の承認を受けた者は、前2項の規定により印紙税納付計器を使用する前に、政令で定めるところにより、第1項の税務署長に対し、当該印紙税納付計器により表示することができる印紙税額に相当する金額の総額を限度として当該印紙税納付計器を使用するため必要な措置を講ずることを請求しなければならない。

4　前項の請求をした者は、同項の表示することができる金額の総額に相当する印紙税を、同項の措置を受ける時までに、国に納付しなければならない。

5　第1項の承認を受けた者が印紙税に係る法令の規定に違反した場合その他印紙税の取締り上不適当と認められる場合には、税務署長は、その承認を取り消すことができる。

6　税務署長は、印紙税の保全上必要があると認めるときは、政令で定めるところにより、印紙税納付計器に封を施すことができる。

7　第1項又は第2項の規定により印紙税に相当する金額を表示して納付印を押す方法について必要な事項は、財務省令で定める。

（書式表示による申告及び納付の特例）

第11条　課税文書の作成者は、課税文書のうち、その様式又は形式が同一であり、かつ、その作成の事実が後日においても明らかにされているもので次の各号の一に該当するものを作成しようとする場合には、政令で定めるところにより、当該課税文書を作成しようとする場所の所在地の所轄税務署長の承認を受け、相当印紙のはり付けに代えて、金銭をもって当該課税文書に係る印紙税を納付することができる。

一　毎月継続して作成されることとされているもの

二 特定の日に多量に作成されることとされているもの

2 前項の承認の申請者が第15条の規定により命ぜられた担保の提供をしない場合その他印紙税の保全上不適当と認められる場合には、税務署長は、その承認を与えないことができる。

3 第1項の承認を受けた者は、当該承認に係る課税文書の作成の時までに、当該課税文書に財務省令で定める書式による表示をしなければならない。

4 第1項の承認を受けた者は、政令で定めるところにより、次に掲げる事項を記載した申告書を、当該課税文書が同項第1号に掲げる課税文書に該当する場合には毎月分（当該課税文書を作成しなかった月分を除く。）をその翌月末日までに、当該課税文書が同項第2号に掲げる課税文書に該当する場合には同号に規定する日の属する月の翌月末日までに、その承認をした税務署長に提出しなければならない。

一 その月中（第1項第2号に掲げる課税文書にあっては、同号に規定する日）に作成した当該課税文書の号別及び種類並びに当該種類ごとの数量及び当該数量を税率区分の異なるごとに合計した数量（次号において「課税標準数量」という。）

二 課税標準数量に対する印紙税額及び当該印紙税額の合計額（次項において「納付すべき税額」という。）

三 その他参考となるべき事項

5 前項の規定による申告書を提出した者は、当該申告書の提出期限までに、当該申告書に記載した納付すべき税額に相当する印紙税を国に納付しなければならない。

6 第1項第1号の課税文書につき同項の承認を受けている者は、当該承認に係る課税文書につき同項の適用を受ける必要がなくなったときは、政令で定める手続により、その旨を同項の税務署長に届け出るものとする。

（過誤納の確認等）

第14条 印紙税に係る過誤納金（第10条第4項の規定により納付した印紙税で印紙税納付計器の設置の廃止その他の事由により納付の必要がなくなったものを含む。以下この条において同じ。）の還付を受けようとする者は、政令で定めるところにより、その過誤納の事実につき納税地の所轄税務署長の確認を受けなけれ

ばならない。ただし、第11条及び第12条の規定による申告書（当該申告書に係る国税通則法（昭和37年法律第66号）第18条第2項若しくは第19条第3項（期限後申告・修正申告）に規定する期限後申告書若しくは修正申告書又は同法第24条から第26条まで（更正・決定）の規定による更正若しくは決定を含む。）に係る印紙税として納付され、又は第20条に規定する過怠税として徴収された過誤納金については、この限りでない。

2　第9条第2項又は第10条第4項の規定により印紙税を納付すべき者が、第9条第1項又は第10条第1項の税務署長に対し、政令で定めるところにより、印紙税に係る過誤納金（前項の確認を受けたもの及び同項ただし書に規定する過誤納金を除く。）の過誤納の事実の確認とその納付すべき印紙税への充当とをあわせて請求したときは、当該税務署長は、その充当をすることができる。

3　第1項の確認又は前項の充当を受ける過誤納金については、当該確認又は充当の時に過誤納があったものとみなして、国税通則法第56条から第58条まで（還付・充当・還付加算金）の規定を適用する。

（印紙納付に係る不納税額があった場合の過怠税の徴収）

第20条　第8条第1項の規定により印紙税を納付すべき課税文書の作成者が同項の規定により納付すべき印紙税を当該課税文書の作成の時までに納付しなかつた場合には、当該印紙税の納税地の所轄税務署長は、当該課税文書の作成者から、当該納付しなかった印紙税の額とその2倍に相当する金額との合計額に相当する過怠税を徴収する。

2　前項に規定する課税文書の作成者から当該課税文書に係る印紙税の納税地の所轄税務署長に対し、政令で定めるところにより、当該課税文書について印紙税を納付していない旨の申出があり、かつ、その申出が印紙税についての調査があつたことにより当該申出に係る課税文書について国税通則法第32条第1項（賦課決定）の規定による前項の過怠税についての決定があるべきことを予知してされたものでないときは、当該課税文書に係る同項の過怠税の額は、同項の規定にかかわらず、当該納付しなかった印紙税の額と当該印紙税の額に100分の10の割合を乗じて計算した金額との合計額に相当する金額とする。

3　第8条第1項の規定により印紙税を納付すべき課税文書の作成者が同条第2項の規定により印紙を消さなかった場合には、当該印紙税の納税地の所轄税務署長

は、当該課税文書の作成者から、当該消されていない印紙の額面金額に相当する金額の過怠税を徴収する。

4 第1項又は前項の場合において、過怠税の合計額が1,000円に満たないときは、これを1,000円とする。

5 前項に規定する過怠税の合計額が、第2項の規定の適用を受けた過怠税のみに係る合計額であるときは、当該過怠税の合計額については、前項の規定の適用はないものとする。

6 税務署長は、国税通則法第32条第3項（賦課決定通知）の規定により第1項又は第3項の過怠税に係る賦課決定通知書を送達する場合には、当該賦課決定通知書に課税文書の種類その他の政令で定める事項を附記しなければならない。

7 第1項又は第3項の過怠税の税目は、印紙税とする。

2 印紙税法別表第一 課税物件表の適用に関する通則

1 この表における文書の所属の決定は、この表の各号の規定による。この場合において、当該各号の規定により所属を決定することができないときは、2及び3に定めるところによる。

2 一の文書でこの表の二以上の号に掲げる文書により証されるべき事項又はこの表の一若しくは二以上の号に掲げる文書により証されるべき事項とその他の事項とが併記され、又は混合して記載されているものその他一の文書でこれに記載されている事項がこの表の二以上の号に掲げる文書により証されるべき事項に該当するものは、当該各号に掲げる文書に該当する文書とする。

3 一の文書が2の規定によりこの表の各号のうち二以上の号に掲げる文書に該当することとなる場合には、次に定めるところによりその所属を決定する。

　イ　第1号又は第2号に掲げる文書と第3号から第17号までに掲げる文書とに該当する文書は、第1号又は第2号に掲げる文書とする。ただし、第1号又は第2号に掲げる文書で契約金額の記載のないものと第7号に掲げる文書とに該当する文書は、同号に掲げる文書とし、第1号又は第2号に掲げる文書と第17号に掲げる文書とに該当する文書のうち、当該文書に売上代金（同号の定義の欄1に規定する売上代金をいう。以下この通則において同じ。）に係る受取金額（100万円を超えるものに限る。）の記載があるもので、当該受取金額が当該文書に記載された契約金額（当該金額が二以上ある場合には、その合計額）を超えるもの又は契約金額の記載のないものは、同号に掲げる文書とする。

　ロ　第1号に掲げる文書と第2号に掲げる文書とに該当する文書は、第1号に掲げる文書とする。ただし、当該文書に契約金額の記載があり、かつ、当該契約金額を第1号及び第2号に掲げる文書のそれぞれにより証されるべき事項ごとに区分することができる場合において、第1号に掲げる文書により証されるべき事項に係る金額として記載されている契約金額（当該金額が二以上ある場合には、その合計額。以下このロにおいて同じ。）が第2号に掲げる文書により証されるべき事項に係る金額として記載されている契約金額に満たないときは、同号に掲げる文書とする。

ハ 第 3 号から第 17 号までに掲げる文書のうち二以上の号に掲げる文書に該当する文書は、当該二以上の号のうち最も号数の少ない号に掲げる文書とする。ただし、当該文書に売上代金に係る受取金額（100 万円を超えるものに限る。）の記載があるときは、第 17 号に掲げる文書とする。

ニ ホに規定する場合を除くほか、第 18 号から第 20 号までに掲げる文書と第 1 号から第 17 号までに掲げる文書とに該当する文書は、第 18 号から第 20 号までに掲げる文書とする。

ホ 第 19 号若しくは第 20 号に掲げる文書と第 1 号に掲げる文書とに該当する文書で同号に掲げる文書に係る記載された契約金額が 10 万円を超えるもの、第 19 号若しくは第 20 号に掲げる文書と第 2 号に掲げる文書とに該当する文書で同号に掲げる文書に係る記載された契約金額が 100 万円を超えるもの又は第 19 号若しくは第 20 号に掲げる文書と第 17 号に掲げる文書とに該当する文書で同号に掲げる文書に係る記載された売上代金に係る受取金額が 100 万円を超えるものは、それぞれ、第 1 号、第 2 号又は第 17 号に掲げる文書とする。

4 この表の課税標準及び税率の欄の税率又は非課税物件の欄の金額が契約金額、券面金額その他当該文書により証されるべき事項に係る金額（以下この 4 において「契約金額等」という。）として当該文書に記載された金額（以下この 4 において「記載金額」という。）を基礎として定められている場合における当該金額の計算については、次に定めるところによる。

イ 当該文書に二以上の記載金額があり、かつ、これらの金額が同一の号に該当する文書により証されるべき事項に係るものである場合には、これらの金額の合計額を当該文書の記載金額とする。

ロ 当該文書が 2 の規定によりこの表の二以上の号に該当する文書である場合には、次に定めるところによる。

（1） 当該文書の記載金額を当該二以上の号のそれぞれに掲げる文書により証されるべき事項ごとに区分することができるときは、当該文書が 3 の規定によりこの表のいずれの号に掲げる文書に所属することとなるかに応じ、その所属する号に掲げる文書により証されるべき事項に係る金額を当該文書の記載金額とする。

（2） 当該文書の記載金額を当該二以上の号のそれぞれに掲げる文書により証さ

れるべき事項ごとに区分することができないときは、当該金額（当該金額のうちに、当該文書が3の規定によりこの表のいずれかの号に所属することとなる場合における当該所属する号に掲げる文書により証されるべき事項に係る金額以外の金額として明らかにされている部分があるときは、当該明らかにされている部分の金額を除く。）を当該文書の記載金額とする。

ハ　当該文書が第17号に掲げる文書（3の規定により同号に掲げる文書となるものを含む。）のうち同号の物件名の欄1に掲げる受取書である場合には、税率の適用に関しては、イ又はロの規定にかかわらず、次に定めるところによる。

（1）　当該受取書の記載金額を売上代金に係る金額とその他の金額に区分することができるときは、売上代金に係る金額を当該受取書の記載金額とする。

（2）　当該受取書の記載金額を売上代金に係る金額とその他の金額に区分することができないときは、当該記載金額（当該金額のうちに売上代金に係る金額以外の金額として明らかにされている部分があるときは、当該明らかにされている部分の金額を除く。）を当該受取書の記載金額とする。

ニ　契約金額等の変更の事実を証すべき文書について、当該文書に係る契約についての変更前の契約金額等の記載のある文書が作成されていることが明らかであり、かつ、変更の事実を証すべき文書により変更金額（変更前の契約金額等と変更後の契約金額等の差額に相当する金額をいう。以下同じ。）が記載されている場合（変更前の契約金額等と変更後の契約金額等が記載されていることにより変更金額を明らかにすることができる場合を含む。）には、当該変更金額が変更前の契約金額等を増加させるものであるときは、当該変更金額を当該文書の記載金額とし、当該変更金額が変更前の契約金額等を減少させるものであるときは、当該文書の記載金額の記載はないものとする。

ホ　次の（1）から（3）までの規定に該当する文書の記載金額については、それぞれ（1）から（3）までに定めるところによる。

（1）　当該文書に記載されている単価及び数量、記号その他によりその契約金額等の計算をすることができるときは、その計算により算出した金額を当該文書の記載金額とする。

（2）　第1号又は第2号に掲げる文書に当該文書に係る契約についての契約金額

又は単価、数量、記号その他の記載のある見積書、注文書その他これらに類する文書（この表に掲げる文書を除く。）の名称、発行の日、記号、番号その他の記載があることにより、当事者間において当該契約についての契約金額が明らかであるとき又は当該契約についての契約金額の計算をすることができるときは、当該明らかである契約金額又は当該計算により算出した契約金額を当該第1号又は第2号に掲げる文書の記載金額とする。

（3）　第17号に掲げる文書のうち売上代金として受け取る有価証券の受取書に当該有価証券の発行者の名称、発行の日、記号、番号その他の記載があること、又は同号に掲げる文書のうち売上代金として受け取る金銭若しくは有価証券の受取書に当該売上代金に係る受取金額の記載のある支払通知書、請求書その他これらに類する文書の名称、発行の日、記号、番号その他の記載があることにより、当事者間において当該売上代金に係る受取金額が明らかであるときは、当該明らかである受取金額を当該受取書の記載金額とする。

ヘ　当該文書の記載金額が外国通貨により表示されている場合には、当該文書を作成した日における外国為替及び外国貿易法（昭和24年法律第228号）第7条第1項（外国為替相場）の規定により財務大臣が定めた基準外国為替相場又は裁定外国為替相場により当該記載金額を本邦通貨に換算した金額を当該文書についての記載金額とする。

5　この表の第1号、第2号、第7号及び第12号から第15号までにおいて「契約書」とは、契約証書、協定書、約定書その他名称のいかんを問わず、契約（その予約を含む。以下同じ。）の成立若しくは更改又は契約の内容の変更若しくは補充の事実（以下「契約の成立等」という。）を証すべき文書をいい、念書、請書その他契約の当事者の一方のみが作成する文書又は契約の当事者の全部若しくは一部の署名を欠く文書で、当事者間の了解又は商慣習に基づき契約の成立等を証することとされているものを含むものとする。

6　1から5までに規定するもののほか、この表の規定の適用に関し必要な事項は、政令で定める。

430 法令集

3 課税物件表

番号	課税物件	
	物件名	定義
1	1．不動産、鉱業権、無体財産権、船舶若しくは航空機又は営業の譲渡に関する契約書 2．地上権又は土地の賃借権の設定又は譲渡に関する契約書 3．消費貸借に関する契約書 4．運送に関する契約書（傭船契約書を含む。）	1．不動産には、法律の規定により不動産とみなされるもののほか、鉄道財団、軌道財団及び自動車交通事業財団を含むものとする。 2．無体財産権とは、特許権、実用新案権、商標権、意匠権、回路配置利用権、育成者権、商号及び著作権をいう。 3．運送に関する契約書には、乗車券、乗船券、航空券及び送り状を含まないものとする。 4．傭船契約書には、航空機の傭船契約書を含むものとし、裸傭船契約書を含まないものとする。

※租税特別措置法第91条第2項の規定により、上記1のうち、不動産の譲渡に関する契約書で記載された契約金額が10万円を超え、かつ、平成26年4月1日から令和2年3月31日までの間に作成されたものは右の税額とされている。

(参考)
※租税特別措置法第91条第1項の規定により、上記1のうち、不動産の譲渡に関する契約書で記載された契約金額が1,000万円を超え、かつ、平成9年4月1日から平成26年3月31日までの間に作成されたものは右の税額とされている。

課税標準及び税率		非課税物件
1．契約金額の記載のある契約書 　次に掲げる契約金額の区分に応じ、一通につき、次に掲げる税率とする。		1．契約金額の記載のある契約書（課税物件表の適用に関する通則3イの規定が適用されることによりこの号に掲げる文書となるものを除く。）のうち、当該契約金額が1万円未満のもの
10万円以下のもの	200円	
10万円を超え　　50万円以下のもの	400円	
50万円を超え　100万円以下のもの	1,000円	
100万円を超え　500万円以下のもの	2,000円	
500万円を超え 1,000万円以下のもの	1万円	
1,000万円を超え 5,000万円以下のもの	2万円	
5,000万円を超え　　1億円以下のもの	6万円	
1億円を超え　　　5億円以下のもの	10万円	
5億円を超え　　10億円以下のもの	20万円	
10億円を超え　　50億円以下のもの	40万円	
50億円を超えるもの	60万円	
2．契約金額の記載のない契約書		
1通につき	200円	
10万円を超え　　50万円以下のもの	200円	
50万円を超え　100万円以下のもの	500円	
100万円を超え　500万円以下のもの	1,000円	
500万円を超え 1,000万円以下のもの	5,000円	
1,000万円を超え 5,000万円以下のもの	1万円	
5,000万円を超え　　1億円以下のもの	3万円	
1億円を超え　　　5億円以下のもの	6万円	
5億円を超え　　10億円以下のもの	16万円	
10億円を超え　　50億円以下のもの	32万円	
50億円を超えるもの	48万円	
1,000万円を超え 5,000万円以下のもの	1万5千円	
5,000万円を超え　　1億円以下のもの	4万5千円	
1億円を超え　　　5億円以下のもの	8万円	

番号	課税物件	
	物件名	定義
2	請負に関する契約書	1. 請負には、職業野球の選手、映画の俳優その他これらに類する者で政令で定めるものの役務の提供を約することを内容とする契約を含むものとする。
	※租税特別措置法第91条第3項の規定により、建設業法第2条第1項に規定する建設工業の請負に係る契約に基づき作成されるもので記載された契約金額が100万円を超え、かつ、平成26年4月1日から令和2年3月31日までの間に作成されたものは右の税額とされている。	
	(参考) ※租税特別措置法第91条第1項の規定により、建設業法第2条第1項に規定する建設工業の請負に係る契約に基づき作成されるもので記載された契約金額が1,000	

課税標準及び税率		非課税物件
5億円を超え　　10億円以下のもの	18万円	
10億円を超え　　50億円以下のもの	36万円	
50億円を超えるもの	54万円	
1．契約金額の記載のある契約書 　次に掲げる契約金額の区分に応じ、一通につき、次に掲げる税率とする。		**1．契約金額の記載のある契約書**（課税物件表の適用に関する通則3イの規定が適用されることによりこの号に掲げる文書となるものを除く。）のうち、当該契約金額が1万円未満のもの
100万円以下のもの	200円	
100万円を超え　　200万円以下のもの	400円	
200万円を超え　　300万円以下のもの	1,000円	
300万円を超え　　500万円以下のもの	2,000円	
500万円を超え　　1,000万円以下のもの	1万円	
1,000万円を超え　5,000万円以下のもの	2万円	
5,000万円を超え　　1億円以下のもの	6万円	
1億円を超え　　　5億円以下のもの	10万円	
5億円を超え　　10億円以下のもの	20万円	
10億円を超え　　50億円以下のもの	40万円	
50億円を超えるもの	60万円	
2．契約金額の記載のない契約書		
1通につき	200円	
100万円を超え　　200万円以下のもの	200円	
200万円を超え　　300万円以下のもの	500円	
300万円を超え　　500万円以下のもの	1,000円	
500万円を超え　1,000万円以下のもの	5,000円	
1,000万円を超え　5,000万円以下のもの	1万円	
5,000万円を超え　　1億円以下のもの	3万円	
1億円を超え　　　5億円以下のもの	6万円	
5億円を超え　　10億円以下のもの	16万円	
10億円を超え　　50億円以下のもの	32万円	
50億円を超えるもの	48万円	
1,000万円を超え　5,000万円以下のもの	1万5千円	
5,000万円を超え　　1億円以下のもの	4万5千円	

番号	課税物件	
	物件名	定義
	万円を超え、かつ、平成9年4月1日から平成26年3月31日までの間に作成されたものは右の税額とされている。	
3	約束手形又は為替手形	

課税標準及び税率		非課税物件
1億円を超え　　5億円以下のもの	8万円	
5億円を超え　10億円以下のもの	18万円	
10億円を超え　50億円以下のもの	36万円	
50億円を超えるもの	54万円	

課税標準及び税率		非課税物件
1　2に掲げる手形以外の手形 　次に掲げる手形金額の区分に応じ、一通につき、次に掲げる税率とする。		1．手形金額が10万円未満の手形 2．手形金額の記載のない手形 3．手形の複本又は謄本
100万円以下のもの	200円	
100万円を超え　200万円以下のもの	400円	
200万円を超え　300万円以下のもの	600円	
300万円を超え　500万円以下のもの	1,000円	
500万円を超え　1,000万円以下のもの	2,000円	
1,000万円を超え　2,000万円以下のもの	4,000円	
2,000万円を超え　3,000万円以下のもの	6,000円	
3,000万円を超え　5,000万円以下のもの	1万円	
5,000万円を超え　　1億円以下のもの	2万円	
1億円を超え　　2億円以下のもの	4万円	
2億円を超え　　3億円以下のもの	6万円	
3億円を超え　　5億円以下のもの	10万円	
5億円を超え　10億円以下のもの	15万円	
10億円を超えるもの	20万円	
2　次に掲げる手形		
1通につき	200円	

イ　一覧払の手形（手形法（昭和7年法律第20号）第34条第2項（一覧払の為替手形の呈示開始期日の定め）（同法第77条第1項第2号（約束手形への準用）において準用する場合を含む。）の定めをするものを除く。）

ロ　日本銀行又は銀行その他政令で定める金融機関を振出人及び受取人とする手形（振出人である銀行その他当該政令で定める金融機関を受取人とするものを除く。）

ハ　外国通貨により手形金額が表示される手形

ニ　外国為替及び外国貿易法第6条第1項第6号（定義）に規定する非居住者の本邦にある同法第16条の2（支

番号	課税物件	
	物件名	定義
4	株券、出資証券若しくは社債券又は投資信託、貸付信託、特定目的信託若しくは受益証券発行信託の受益証券	1．出資証券とは、相互会社（保険業法（平成 7 年法律第 105 号）第 2 条第 5 項（定義）に規定する相互会社をいう。以下同じ。）の作成する基金証券及び法人の社員又は出資者たる地位を証する文書（投資信託及び投資法人に関する法律（昭和 26 年法律第 198 号）に規定する投資証券を含む。）をいう。 2．社債券には、特別の法律により法人の発行する債券及び相互会社の社債券を含むものとする。
5	合併契約書又は吸収分割契約書若しくは新設分割計画書	1．合併契約書とは、会社法（平成 17 年法律第 86 号）第 748 条（合併契約の締結）に規定する合併契約（保険業法第 159 条第 1 項（相互会社と株式会社の合併）に規定する合併契約を含む。）を証する文書（当該合併契約の変更又は補充の事実を証するものを含む。）をいう。 2．吸収分割契約書とは、会社法第 757 条（吸収分割契約の締結）に規定する吸収分割契約を証する文書（当該吸収分割契約の変更又は補充の事実を証するものを含む。）をいう。

課税標準及び税率	非課税物件
払等の制限）に規定する銀行等（以下この号において「銀行等」という。）に対する本邦通貨をもつて表示される勘定を通ずる方法により決済される手形で政令で定めるもの ホ　本邦から貨物を輸出し又は本邦に貨物を輸入する外国為替及び外国貿易法第6条第1項第5号（定義）に規定する居住者が本邦にある銀行等を支払人として振り出す本邦通貨により手形金額が表示される手形で政令で定めるもの ヘ　ホに掲げる手形及び外国の法令に準拠して外国において銀行業を営む者が本邦にある銀行等を支払人として振り出した本邦通貨により手形金額が表示される手形で政令で定めるものを担保として、銀行等が自己を支払人として振り出す本邦通貨により手形金額が表示される手形で政令で定めるもの	
次に掲げる券面金額（券面金額の記載のない証券で株数又は口数の記載のあるものにあっては、一株又は一口につき政令で定める金額に当該株数又は口数を乗じて計算した金額）の区分に応じ、一通につき、次に掲げる税率とする。	1．日本銀行その他特別の法律により設立された法人で政令で定めるものの作成する出資証券（協同組織金融機関の優先出資に関する法律（平成5年法律第44号）に規定する優先出資証券を除く。） 2．受益権を他の投資信託の受託者に取得させることを目的とする投資信託の受益証券で政令で定めるもの

500万円以下のもの	200円
500万円を超え 1,000万円以下のもの	1,000円
1,000万円を超え 5,000万円以下のもの	2,000円
5,000万円を超え　　1億円以下のもの	1万円
1億円を超えるもの	2万円

1通につき	4万円

番号	課税物件	
	物件名	定義
		3．新設分割計画書とは、会社法第762条第1項（新設分割計画の作成）に規定する新設分割計画を証する文書（当該新設分割計画の変更又は補充の事実を証するものを含む。）をいう。
6	定款	1．定款は、会社（相互会社を含む。）の設立のときに作成される定款の原本に限るものとする。
7	継続的取引の基本となる契約書（契約期間の記載のあるもののうち、当該契約期間が3月以内であり、かつ、更新に関する定めのないものを除く。）	1．継続的取引の基本となる契約書とは、特約店契約書、代理店契約書、銀行取引約定書その他の契約書で、特定の相手方との間に継続的に生ずる取引の基本となるもののうち、政令で定めるものをいう。
8	預貯金証書	
9	倉荷証券、船荷証券又は複合運送証券	1．倉荷証券には、商法（明治32年法律第48号）第601条（倉荷証券の記載事項）の記載事項の一部を欠く証書で、倉荷証券と類似の効用を有するものを含むものとする。 2．船荷証券又は複合運送証券には、商法第758条（船荷証券の記載事項）（同法第769条第2項（複合運送証券）において準用する場合を含む。）の記載事項の一部を欠く証書で、これらの証券と類似の効用を有するものを含むものとする。
10	保険証券	1．保険証券とは、保険証券その他名称のいかんを問わず、保険法（平成20年法律第56号）第6条第1項（損害保険契約の締結時の書面交付）、第40条第1項（生命保険契約の締結時の書面交付）又は第69条第1項（傷害疾病定額保険契約の締結時の書面交付）その他の法令の規定により、保険契約に係る保険者が当該保険契約を締結したときに当該保険契約に係る保険契約者に対して交害疾病定額保険契約の締結時の書面交付）その他の法令の規定により、保険契

課税標準及び税率		非課税物件
1通につき	4万円	1．株式会社又は相互会社の定款のうち、公証人法第62条ノ3第3項（定款の認証手続）の規定により公証人の保存するもの以外のもの
1通につき	4,000円	
1通につき	200円	1．信用金庫その他政令で定める金融機関の作成する預貯金証書で、記載された預入額が1万円未満のもの
1通につき	200円	
1通につき	200円	

番号	課税物件	
	物件名	定義
		約に係る保険者が当該保険契約を締結した ときに当該保険契約に係る保険契約者に対 して交付する書面（当該保険契約者からの 再交付の請求により交付するものを含み、 保険業法第3条第5項第3号（免許）に掲 げる保険に係る保険契約その他政令で定め る保険契約に係るものを除く。）をいう。
11	信用状	
12	信託行為に関する契約書	1．信託行為に関する契約書には、信託証書 を含むものとする。
13	債務の保証に関する契約書（主た る債務の契約書に併記するものを 除く。）	
14	金銭又は有価証券の寄託に関する 契約書	
15	債権譲渡又は債務引受けに関する 契約書	
16	配当金領収証又は配当金振込通知 書	1．配当金領収証とは、配当金領収書その他名 称のいかんを問わず、配当金の支払を受け る権利を表彰する証書又は配当金の受領の 事実を証するための証書をいう。 2．配当金振込通知書とは、配当金振込票そ の他名称のいかんを問わず、配当金が銀行 その他の金融機関にある株主の預貯金口座 その他の勘定に振込済みである旨を株主に 通知する文書をいう。
17	1．売上代金に係る金銭又は有価 証券の受取書 2．金銭又は有価証券の受取書で 1に掲げる受取書以外のもの	1．売上代金に係る金銭又は有価証券の受取 書とは、資産を譲渡し若しくは使用させる こと（当該資産に係る権利を設定すること を含む。）又は役務を提供することによる対 価（手付けを含み、金融商品取引法（昭和 23年法律第25号）第2条第1項（定義） に規定する有価証券その他これに準ずるも ので政令で定めるものの譲渡の対価、保険 料その他政令で定めるものを除く。以下「売 上代金」という。）として受け取る金銭又は 有価証券の受取書をいい、次に掲げる受取 書を含むものとする。

3 課税物件表　441

課税標準及び税率	非課税物件
1通につき　200円	
1通につき　200円	
1通につき　200円	1．身元保証ニ関スル法律（昭和8年法律第42号）に定める身元保証に関する契約書
1通につき　200円	
1通につき　200円	1．契約金額の記載のある契約書のうち、当該契約金額が1万円未満のもの
1通につき　200円	1．記載された配当金額が3,000円未満の証書又は文書
1．売上代金に係る金銭又は有価証券の受取書で受取金額の記載のあるもの　次に掲げる受取金額の区分に応じ、一通につき、次に掲げる税率とする。 100万円以下のもの　200円 100万円を超え　200万円以下のもの　400円 200万円を超え　300万円以下のもの　600円 300万円を超え　500万円以下のもの　1,000円 500万円を超え1,000万円以下のもの　2,000円 1,000万円を超え2,000万円以下のもの　4,000円 2,000万円を超え3,000万円以下のもの　6,000円	1．記載された受取金額が5万円未満の受取書 2．営業（会社以外の法人で、法令の規定又は定款の定めにより利益金又は剰余金の配当又は分配をすることができることとなっているものが、その出資者以外の者に対して行う事業を含み、当該出資者がその出資をした法人に対して行う営業を除く。）に関しない受取書

番号	課税物件	
	物件名	定義
		イ　当該受取書に記載されている受取金額の一部に売上代金が含まれている金銭又は有価証券の受取書及び当該受取金額の全部又は一部が売上代金であるかどうかが当該受取書の記載事項により明らかにされていない金銭又は有価証券の受取書 ロ　他人の事務の委託を受けた者（以下この欄において「受託者」という。）が当該委託をした者（以下この欄において「委託者」という。）に代わって売上代金を受け取る場合に作成する金銭又は有価証券の受取書（銀行その他の金融機関が作成する預貯金口座への振込金の受取書その他これに類するもので政令で定めるものを除く。ニにおいて同じ。） ハ　受託者が委託者に代わって受け取る売上代金の全部又は一部に相当する金額を委託者が受託者から受け取る場合に作成する金銭又は有価証券の受取書 ニ　受託者が委託者に代わって支払う売上代金の全部又は一部に相当する金額を委託者から受け取る場合に作成する金銭又は有価証券の受取書
18	預貯金通帳、信託行為に関する通帳、銀行若しくは無尽会社の作成する掛金通帳、生命保険会社の作成する保険料通帳又は生命共済の掛金通帳	1．生命共済の掛金通帳とは、農業協同組合その他の法人が生命共済に係る契約に関し作成する掛金通帳で、政令で定めるものをいう。
19	第1号、第2号、第14号又は第17号に掲げる文書により証されるべき事項を付け込んで証明する目的をもって作成する通帳（前号に掲げる通帳を除く。）	
20	判取帳	1．判取帳とは、第1号、第2号、第14号又は第17号に掲げる文書により証されるべき事項につき2以上の相手方から付込証明を受ける目的をもって作成する帳簿をいう。

課税標準及び税率		非課税物件
3,000万円を超え 5,000万円以下のもの	1万円	3. 有価証券又は第8号、第12号、第14号若しくは前号に掲げる文書に追記した受取書
5,000万円を超え 1億円以下のもの	2万円	
1億円を超え 2億円以下のもの	4万円	
2億円を超え 3億円以下のもの	6万円	
3億円を超え 5億円以下のもの	10万円	
5億円を超え 10億円以下のもの	15万円	
10億円を超えるもの	20万円	
2. 1に掲げる受取書以外の受取書		
1通につき	200円	
1冊につき	200円	1. 信用金庫その他政令で定める金融機関の作成する預貯金通帳
		2. 所得税法第9条第1項第2号(非課税所得)に規定する預貯金に係る預貯金通帳その他政令で定める普通預金通帳
1冊につき	400円	
1冊につき	4,000円	

4 印紙税法施行令（抄）

（納税地）

第4条　法第6条第5号に掲げる政令で定める場所は、同号の課税文書の次の各号に掲げる区分に応じ、当該各号に掲げる場所とする。

一　その作成者の事業に係る事務所、事業所その他これらに準ずるものの所在地が記載されている課税文書　当該所在地

二　その他の課税文書　当該課税文書の作成の時における作成者の住所（住所がない場合には、居所。以下同じ。）

2　2以上の者が共同して作成した課税文書に係る法第6条第5号に掲げる政令で定める場所は、前項の規定にかかわらず、当該課税文書の次の各号に掲げる区分に応じ、当該各号に掲げる場所とする。

一　その作成者が所持している課税文書　当該所持している場所

二　その作成者以外の者が所持している課税文書　当該作成者のうち当該課税文書に最も先に記載されている者のみが当該課税文書を作成したものとした場合の前項各号に掲げる場所

（印紙を消す方法）

第5条　課税文書の作成者は、法第8条第2項の規定により印紙を消す場合には、自己又はその代理人（法人の代表者を含む。）、使用人その他の従業者の印章又は署名で消さなければならない。

（過誤納の確認等）

第14条　法第14条第1項の確認を受けようとする者は、次に掲げる事項を記載した申請書を当該税務署長に提出しなければならない。

一　申請者の住所、氏名又は名称及び個人番号又は法人番号（個人番号又は法人番号を有しない者にあっては、住所及び氏名又は名称）

二　当該過誤納に係る印紙税の次に掲げる区分に応じ、次に掲げる事項

イ　印紙を貼り付けた文書、税印を押した文書又は印紙税納付計器により印紙税額に相当する金額を表示して納付印を押した文書に係る印紙税　当該文書の種類、当該種類ごとの数量、当該過誤納となった金額及び当該印紙を貼付け又は当該税印若しくは納付印を押した年月日

ロ　イに掲げる印紙税を除くほか、法第9条第2項又は法第10条第4項の規定により納付した印紙税　当該納付した印紙税の額、当該印紙税の額のうち過誤納となった金額及び当該納付した年月日

三　過誤納となった理由

四　その他参考となるべき事項

2　法第14条第1項の確認を受けようとする者は、前項の申請書を提出する際、当該過誤納となった事実を証するため必要な文書その他の物件を当該税務署長に提示しなければならない。

3　税務署長は、法第14条第1項の確認をしたときは、前項の規定により提示された文書その他の物件に当該確認をしたことを明らかにするため必要な措置を講ずるものとする。

4　法第14条第2項の規定による確認と充当との請求をしようとする者は、第1項各号に掲げる事項及び当該過誤納金をその納付すべき印紙税に充当することを請求する旨を記載した請求書を当該税務署長に提出しなければならない。

5　第2項の規定は法第14条第2項の確認及び充当の請求をする場合について、第3項の規定は同条第2項の充当をした場合について、それぞれ準用する。

（印紙税を納付していない旨の申出等）

第19条　法第20条第2項の申出をしようとする者は、次に掲げる事項を記載した申出書を当該税務署長に提出しなければならない。

一　申出者の住所、氏名又は名称及び個人番号又は法人番号（個人番号又は法人番号を有しない者にあっては、住所及び氏名又は名称）

二　当該申出に係る課税文書の号別及び種類、数量並びにその作成年月日

三　当該課税文書に課されるべき印紙税額及び当該課税文書につき納付していない印紙税額並びにこれらの印紙税額のそれぞれの合計額

四　その他参考となるべき事項

2　法第20条第6項に規定する政令で定める事項は、次に掲げる事項とする。

一　当該過怠税に係る課税文書の号別及び種類、数量並びにその作成年月日並びに作成者の住所及び氏名又は名称

二　当該課税文書の所持者が明らかな場合には、当該所持者の住所及び氏名又は名称

三　過怠税を徴収する理由

446　法令集

（継続的取引の基本となる契約書の範囲）

第26条　法別表第一第7号の定義の欄に規定する政令で定める契約書は、次に掲げる契約書とする。

一　特約店契約書その他名称のいかんを問わず、営業者（法別表第一第17号の非課税物件の欄に規定する営業を行う者をいう。）の間において、売買、売買の委託、運送、運送取扱い又は請負に関する2以上の取引を継続して行うため作成される契約書で、当該2以上の取引に共通して適用される取引条件のうち目的物の種類、取扱数量、単価、対価の支払方法、債務不履行の場合の損害賠償の方法又は再販売価格を定めるもの（電気又はガスの供給に関するものを除く。）

二　代理店契約書、業務委託契約書その他名称のいかんを問わず、売買に関する業務、金融機関の業務、保険募集の業務又は株式の発行若しくは名義書換えの事務を継続して委託するため作成される契約書で、委託される業務又は事務の範囲又は対価の支払方法を定めるもの

三　銀行取引約定書その他名称のいかんを問わず、金融機関から信用の供与を受ける者と当該金融機関との間において、貸付け（手形割引及び当座貸越しを含む。）、支払承諾、外国為替その他の取引によって生ずる当該金融機関に対する一切の債務の履行について包括的に履行方法その他の基本的事項を定める契約書

四　信用取引口座設定約諾書その他名称のいかんを問わず、金融商品取引法第2条第9項（定義）に規定する金融商品取引業者又は商品先物取引法（昭和25年法律第239号）第2条第23項（定義）に規定する商品先物取引業者とこれらの顧客との間において、有価証券又は商品の売買に関する2以上の取引（有価証券の売買にあっては信用取引又は発行日決済取引に限り、商品の売買にあっては商品市場における取引（商品清算取引を除く。）に限る。）を継続して委託するため作成される契約書で、当該2以上の取引に共通して適用される取引条件のうち受渡しその他の決済方法、対価の支払方法又は債務不履行の場合の損害賠償の方法を定めるもの

五　保険特約書その他名称のいかんを問わず、損害保険会社と保険契約者との間において、2以上の保険契約を継続して行うため作成される契約書で、これらの保険契約に共通して適用される保険要件のうち保険の目的の種類、保険金額

又は保険料率を定めるもの

（売上代金に該当しない対価の範囲等）

第 28 条　法別表第一第 17 号の定義の欄に規定する政令で定める有価証券は、次に
　掲げるものとする。

　一　金融商品取引法第 2 条第 1 項第 1 号から第 15 号まで（定義）に掲げる有価
　　証券及び同項第 17 号に掲げる有価証券（同項第 16 号に掲げる有価証券の性
　　質を有するものを除く。）に表示されるべき権利（これらの有価証券が発行さ
　　れていないものに限る。）

　二　合名会社、合資会社又は合同会社の社員の持分、法人税法（昭和 40 年法律
　　第 34 号）第 2 条第 7 号（定義）に規定する協同組合等の組合員又は会員の持
　　分その他法人の出資者の持分

　三　株主又は投資主（投資信託及び投資法人に関する法律（昭和 26 年法律第
　　198 号）第 2 条第 16 項（定義）に規定する投資主をいう。）となる権利、優先
　　出資者（協同組織金融機関の優先出資に関する法律（平成 5 年法律第 44 号）
　　第 13 条（優先出資者となる時期）の優先出資者をいう。）となる権利、特定社
　　員（資産の流動化に関する法律（平成 10 年法律第 105 号）第 2 条第 5 項（定
　　義）に規定する特定社員をいう。）又は優先出資社員（同法第 26 条（社員）に
　　規定する優先出資社員をいう。）となる権利その他法人の出資者となる権利

2　法別表第一第 17 号の定義の欄に規定する政令で定める対価は、次に掲げる対
　価とする。

　一　公債及び社債（特別の法律により法人の発行する債券及び相互会社の社債を
　　含む。）並びに預貯金の利子

　二　財務大臣と銀行等との間又は銀行等相互間で行われる外国為替及び外国貿易
　　法第六条第一項第八号（定義）に規定する対外支払手段又は同項第 13 号に規
　　定する債権であって外国において若しくは外国通貨をもって支払を受けること
　　ができるものの譲渡の対価

3　法別表第一第 17 号の定義の欄 1 ロに規定する政令で定める受取書は、銀行そ
　の他の金融機関が作成する信託会社（金融機関の信託業務の兼営等に関する法律
　（昭和 18 年法律第 43 号）により同法第 1 条第 1 項（兼営の認可）に規定する信
　託業務を営む同項に規定する金融機関を含む。）にある信託勘定への振込金又は
　為替取引における送金資金の受取書とする。

著者紹介

税理士　小林　幸夫

国税庁課税部消費税課課長補佐、二本松税務署長、東京国税局消費税課長、品川税務署長、仙台国税局調査査察部次長、江戸川北税務署長等を経て、現在、税理士。

主な著書に「消費税の実務と申告（平成30年版）」（共著）、「これだけは押さえておきたい　消費税軽減税率の実務ポイント」（共著）（いずれも大蔵財務協会）、「迷ったときに開く　実務に活かす印紙税の実践と応用」（監修；新日本法規）ほか

税理士　佐藤　明弘

国税庁課税部消費税室課長補佐、税務大学校研究部教授、東京国税局調査第一部特別国税調査官、同局課税二部統括国税調査官（印紙税等調査担当）、弘前税務署長、税務大学校専門教育部主任教授、東京国税局消費税課長、仙台国税不服審判所部長審判官、江戸川北税務署長等を経て、現在、税理士。

主な著書に「消費税の実務と申告（平成31年版）」（共著；大蔵財務協会）、「税務調査官の視点からつかむ　印紙税の実務と対策」（第一法規）ほか

税理士　宮川　博行

国税庁課税部審理室課長補佐、同部消費税室課長補佐、税務大学校研究部教授、東京国税局調査第三部統括国税調査官、同局課税二部統括国税調査官（印紙税等調査担当）、王子税務署長、東京国税局消費税課長、札幌国税不服審判所部長審判官、江戸川北税務署長等を経て、現在、税理士。

主な著書に「消費税　課否判定・軽減税率判定　早見表」（共著；大蔵財務協会）ほか

本書の内容に関するご質問は、ファクシミリ等、文書で編集部宛にお願いいたします。(fax 03-6777-3483)
　なお、個別のご相談は受け付けておりません。

業種別文書実例から学ぶ
印紙税の課否判断と実務対応

令和元年 8 月30日　初版第 1 刷印刷　　　　　　　　　　　　　　　（著者承認検印省略）
令和元年 9 月10日　初版第 1 刷発行

© 監修者　小　　林　　幸　　夫
© 共著者　佐　　藤　　明　　弘
　　　　　宮　　川　　博　　行
発 行 所　税 務 研 究 会 出 版 局

週刊「税務通信」「経営財務」発行所

代 表 者　山　　根　　　　毅

郵便番号100-0005
東京都千代田区丸の内 1 - 8 - 2
鉄鋼ビルディング
振替00160-3-76223
電話〔書 籍 編 集〕03(6777)3463
　　〔書 店 専 用〕03(6777)3466
　　〔書 籍 注 文〕03(6777)3450
　　（お客さまサービスセンター）

● 各事業所　電話番号一覧 ●

北海道 011(221)8348	神奈川 045(263)2822	中　国 082(243)3720
東　北 022(222)3858	中　部 052(261)0381	九　州 092(721)0644
関　信 048(647)5544	関　西 06(6943)2251	

当社HP → https://www.zeiken.co.jp

乱丁・落丁の場合はお取替え致します。　　　　　印刷・製本　㈱光邦

ISBN978-4-7931-2471-6